# 우리의 상처가　　　　미래를

## 바꿀 수 있을까

김승섭
김사강
김새롬
김지환
김희진
변재원

코로나19 팬데믹,
재난이 차별을 만났을 때

동아시아

# 차
# 례

# 우리의 상처는
# 미래를 바꾸고 있는가

2023년 5월 5일 세계보건기구(WHO)는 국제공중보건위기
상황Public Health Emergency of International Concern을 3년 4개월 만에 해제한다
고 발표했다. 2019년 12월 시작된 코로나19 팬데믹Pandemic으로 인
해 전 세계적으로 600만 명이 넘는 이가 목숨을 잃었고, 한국에서
도 3만 명이 넘는 이가 세상을 떠났다. 그 비극의 시간이 지나가고
있다. 마스크를 쓰지 않았다는 이유로 식당에서 쫓겨나거나 버스
를 타지 못하는 일은 더 이상 벌어지지 않는다. 확진자와 접촉했다
는 이유로 보건소 앞에서 몇 시간씩 기다려 검사를 받거나, 감염자
가 발생했다는 이유로 공장과 학교가 폐쇄되는 일은 이제 옛이야
기가 되었다.

WHO는 감염병이 유행할 때 원인이 되는 바이러스의 확산 정도

와 치명률에 따라 여섯 단계의 경보를 선포한다. 그중 최고 등급인 팬데믹은 치명적인 감염병이 특정 지역을 벗어나 전 세계에 퍼져 있는 상태를 뜻한다. 1948년 WHO가 설립된 이후, 지금까지 전 세계적인 팬데믹 선포는 세 차례 있었다. 그 첫 번째인 1968년 인플루엔자(H3N2)로 인한 사망자 수는 약 100만 명, 2009년 신종플루(H1N1)로 인한 사망자 수는 약 28만 명으로 추정된다. 코로나19로 인한 사망자 수는 과거 두 차례의 팬데믹으로 인한 사망자 수보다 압도적으로 많다. 코로나19 팬데믹은 오늘날 살아 있는 인간이 경험한 가장 거대한 감염병 재난이었다.

한국에서는 2020년 1월 20일 첫 환자가 발생한 이래 몇 차례의 대규모 유행이 일어났다. 2023년 5월 5일 기준으로 한국의 누적 확진자 숫자는 3,126만 명에 달하고, 사망자는 그 수의 0.11%인 3만 4,521명이다. 그러나 지난 3년 동안 코로나19 팬데믹으로 인해 발생한 피해를 감염자와 사망자 수만으로 가늠해서는 안 된다. 사업장 폐쇄로 인해 노동자들이 직장을 잃었고, 학교가 문을 닫아 아이들은 갈 곳을 잃었다. 대면 서비스 업종 노동자들의 실업률은 치솟았고 병실은 포화 상태였다. 정치·경제·문화를 포함한 한국 사회의 모든 영역은 코로나19 팬데믹의 영향을 받아 변화했다.

사람들은 팬데믹 초기부터 이 감염병이 한국 사회를 변화시킬 것이라 말해왔다. 코로나19 유행으로 인해 오프라인에서 이뤄지는 사람들 간의 인적교류가 급격히 감소했고, 교육·노동·의료 분야에서 온라인을 매개로 한 비대면·비접촉 형태로의 전환이 신속히 이루어지고 있다. 이러한 변화는 팬데믹이 끝나고 난 이후에도 멈추지 않고 계속되고 있다. 사람들은 코로나19로 인해 생겨나는 사회 변화를 두고 뉴노멀New Normal 시대라 표현하며, 사회의 표준이 바뀌고 있다고 말한다.

감염병 재난으로 인해 문명이 거대한 변화를 겪을 수 있다는 통찰은 낯선 것이 아니다. 급격한 인구 감소를 통해 중세 유럽의 봉건제를 붕괴시킨 14세기 페스트 유행이나 스페인 군대의 침략과 함께 남미의 찬란한 잉카 문명을 무너뜨린 16세기의 천연두 유행은 그 극적인 영향력을 잘 보여주고 있다. 이제 한국 인구의 절반이 코로나19에 감염되고 백신 접종 등으로 인해 치명률이 일반 독감 수준으로 감소한 이 시기, 사람들은 다가올 거대한 변화를 논의하고 대비하는 것에 몰두하고 있다.

그러나 기술 혁신이 모든 변화를 추동하는 것처럼 보이는 이 변화의 시기, 우리는 질문해야 한다. 미래란 무엇인가? 미래는 저 멀리서 다가오는 무엇이 아니다. 미래는 과거의 축적이 만들어 낸 현재가 밀고 나가는 세계다. 코로나19가 지나간 자리에서 살아가는 우리의 미래를 정확히 이해하기 위한 시작은, 팬데믹 시기 우리의 모습이 어떠했는가에 대한 면밀한 검토다. 한국 사회의 미래는 그 과거의 축적으로 만들어지기 때문이다. 그렇다면 우리는 코로나19와 함께 지낸 지난 3년을 어떻게 검토해야 하는가.

우리의 상처가 미래를 바꿀 수 있을까

## 코로나19 바이러스 ≠ 코로나19 팬데믹

> "질병에는 국경이 없다. 바이러스는 국경·국적·민족·인종·남녀·
> 정치를 알지 못한다. 바이러스는 사람을 가리지 않고 침투해 병
> 을 일으킨다."

코로나19 팬데믹 초기였던 2020년 3월 한 법학전문대학원 교수
가 기고한 칼럼의 일부다.[1] 이 말은 타당하다. 바이러스는 인종과 성
별에 따라 상대를 차별적으로 감염시키지 않는다. 유명 정치인이
나 연예인과 같은 이들이 코로나19에 감염되는 모습이 언론에 보
도되었고, 우리는 누구도 바이러스 감염으로부터 안전하지 않다는
사실을 확인했다. 전 뉴욕 주지사였던 앤드루 쿠오모Andrew Cuomo는
팬데믹 속에서 모든 인간이 똑같이 위험하다며 '거대한 평준화Great
Equalizer'라고 표현하기도 했다.[2] "코로나19 바이러스는 누구도 차별
하지 않는다COVID-19 does not discriminate"라는 말이 전 세계 곳곳에서 들
려왔다.[3]

그러나 감염병 재난은 모든 상황이 통제된 실험실에서 한 인간과
바이러스가 만나는 형태로 이루어지지 않는다. 특정한 정치적·경
제적 조건 속에서, 고유한 역사 위에서 인간은 바이러스와 만난다.
전 세계 어디에서건, 팬데믹의 모습은 코로나19 바이러스와 그 사
회가 만나 생겨난 풍경이었다.

미국의 육류포장 공장은 고위험, 저임금으로 장시간 노동을 요

구하기 때문에, 미등록 이주노동자Undocumented immigrant worker가 대다수인 사업장이다. 2020년 코로나19가 발생하기 이전, 그들은 일할 권리를 박탈당한 이들이었다. 미등록 이주노동자들을 '침략자'로 규정하고 재판 없이 곧바로 추방할 것을 공약으로 내세웠던 트럼프 대통령은 미시시피주를 비롯한, 육류포장 공장이 있는 지역에서 무작위로 사람들의 비자 상태를 확인한 후 미등록 이주노동자들을 체포하고 추방했다.[4]

그러나 2020년 코로나19 팬데믹이 시작되고 나서 상황은 바뀌었다. 소, 돼지, 닭을 도살하고 가공하는 육류포장 공장은 거리두기가 불가능한, 비위생적이고 열악한 근무환경으로 인해 코로나19의 핫스폿hotspot이 되었다. 2020년 4월 15일을 기준으로 미국에서 코로나19 발생 장소를 감염자 숫자별로 나열했을 때, 가장 많은 이가 발생했던 장소는 사우스다코타주의 한 육류포장 공장이었다.[5] 4월 27일 미국 질병통제예방센터(CDC)는 감염된 육류포장 노동자 숫자가 4,913명에 달했다고 특별리포트를 발표했고, 공장이 폐쇄되기 시작했다.[6]

미국은 2019년 기준으로 1인당 1년에 126킬로그램의 육류를 소비하는, 세계 최대 육류 소비 국가다. 그런데 미국뿐 아니라, 미국이 육류를 수입할 수 있는 브라질과 캐나다 등의 육류포장 공장에서도 비슷한 상황이 발생해 공장이 폐쇄되었다. 그러한 상황에서 고깃값이 폭등했다. 대형마트에서는 육류 판매를 제한하기 시작했고 더 이상 저렴한 가격에 고기를 공급할 수 없게 된 패스트푸드 음식점

우리의 상처가 미래를 바꿀 수 있을까

도 문을 닫기 시작했다. 식생활에서 육류가 큰 비중을 차지하는 미국은 비상이 걸렸고, 2020년 4월 28일 트럼프 당시 대통령은 한국전쟁 시기 군수물자 강제 공급을 위해 만들어진 국방물자생산법 Defense Production Act을 이용해 "육류와 가금류 공장은 필수적 국가기반 시설"이라고 주장하며 공장 가동을 재개하라는 강제 행정명령을 내렸다.[7]

"공장 재가동을 위해 모든 가능한 조치를 취하라"라는 강제 행정명령을 노동자들은 거부할 수 없었다. 미국 전역의 육류포장 공장은 다시 가동되기 시작했다. 서로 팔꿈치가 닿을 만큼 밀접한 거리에서 계속 일해야 했던 노동자들은 코로나19에 무방비로 노출되었다. 행정명령이 내려지고 채 2주가 지나지 않은 2020년 5월 8일, 아이오와주에 위치한 타이슨푸드의 육류포장 공장에서는 공장 노동자의 60%인 730명이 코로나19에 걸렸다.[8, 9] 코로나19 이전에는 일할 권리를 박탈당했던 육류포장 노동자들이 코로나19 유행 동안에는 일하지 않을 권리를 박탈당했다. 밀집되어 일해야 하는 위험하고 비위생적인 노동 환경과 미등록 이주노동자라고 하는 신분상의 취약성, 그리고 그 노동자들의 건강과 안전에 가치를 두지 않는 정부라는 조합이 없었다면 생겨나지 않았을 비극이다.

영국에서는 가사노동자로 일하며 본국으로 생활비를 송금해 오던 필리핀 여성들의 삶이 벼랑 끝으로 내몰렸다.[10] 영국은 매년 외국인 가사노동자를 대상으로 2만 3,000여 건의 비자를 발송하는데, 그중 절반이 필리핀 출신 여성 노동자였다. 팬데믹이 시작되고 필리핀의 실업률이 2배 가까이 치솟자, 그들은 어느 때보다도 절박하게 본국의 가족에게 돈을 보내야 하는 상황이 된 것이다. 그처럼, 일을 그만둘 수 없는 상황이 되었지만, 외국인에 의한 감염을 두려워하던 팬데믹 초기 두 달 동안 영국에서 일하는 필리핀 가사노동자의 절반이 직장을 잃었다.[11]

일자리를 유지한 가사노동자들도 급여가 삭감되고 과로에 시달렸다. 고용주가 출근하고 나면 조금이나마 휴식을 취할 수 있던 가사노동자들은 팬데믹으로 인한 감염을 우려한 고용주 가족 전체가 하루 종일 집에 머무르면서 청소, 요리를 포함한 노동량이 급증했다. 그런 상황에서 언어폭력이나 성희롱이 발생했지만 가사노동자들이 이에 대항하여 할 수 있는 일은 많지 않았다. 줄어든 일자리 때문만이 아니었다. 영국 보수당이 집권하던 2012년에 법이 개정되어 가사노동자가 고용주를 바꿀 권리가 사라졌기 때문이다.[11]

바이러스에 맞서는 인류의 가장 강력한 무기로 사람들은 백신을 떠올린다. 2019년 12월 중국 우한에서 첫 환자가 발생하고, 백신 개발에 착수한 인류는 불과 11개월 만에 백신 개발에 성공했고, 많은 사람이 현대 과학의 힘에 경탄했다.[12] 그러나 그 백신이 개발되고 사용되는 세상은 불평등한 권력과 차별적인 역사가 존재하는 사회였다.

2020년 4월 1일, 프랑스의 두 의사는 뉴스방송토론에서 '아프리카에서 코로나19 백신 실험을 진행하자'라는 주장을 했다. 코로나19에 감염된 환자를 치료하기 위한 항바이러스제 개발에 대해 이야기하는 와중에 나온 이야기로, '아프리카에서 성매매 여성을 대상으로 에이즈 약품 개발 연구를 한 적이 있다'라는 것이 그 근거였다. 아프면 치료를 받을 수 있고 개인보호장비를 사용하는 고소득 국가의 보건의료노동자들을 대상으로 하는 것보다, 의약품, 집중치료실을 비롯한 체계적인 의료시스템이 부재한 아프리카 저소득 국가의 국민들을 대상으로 실험하면 백신의 효과와 유해성을 훨씬 더 정확히 확인할 수 있다는 주장이었다. 이를 두고서《랜싯글로벌 헬스The Lancet Global Health》는 〈코로나19 바이러스 탈식민지화Decolonising COVID-19〉라는 제목의 논평을 통해, 이러한 관점이 과거 권력과 자원 모두를 박탈당했던 식민지인들을 상대로 의약품 실험을 진행했던 제국주의적 사고방식을 반영하고 있다고 지적했다.[13]

2020년 11월《뉴잉글랜드의학저널The New England Journal of Medicine》에 발표된 한 연구는 코로나19 백신 개발 과정에 흑인들이 참여하지 못하는 상황을 지적했다. 미국 인구 중 흑인은 13%에 불과하지만, 코로나19 사망자 중에서는 흑인이 21%에 달했다. 그런데 문제는, 당시 인간을 대상으로 백신 유효성과 안전성을 검증하기 위해 진행된 3상 실험에 참여한 흑인의 비율은 3%에 불과했다는 것이다. 백인 연구 참여자들을 대상으로 개발된 백신이 흑인을 상대로도 충분히 효과와 안전성이 있을지 보장하기는 어려웠다.[14]

연구자들은 그 이유로 흑인들이 의료보험에 가입하지 못했던 제도적 장벽이나 병원에서 일상적으로 경험했던 인종차별과 함께 역사적 트라우마를 이야기했다. 그 대표적인 사례가 터스키기 매독 실험이다. 1932년부터 1972년까지 무려 40년 동안, 매독 환자가 어떠한 경과를 거치는지 확인하기 위해, 치료제가 개발된 이후에도 약을 제공하지 않고 수백 명의 흑인을 실험실 동물처럼 사용했던 것이다. 그 역사를 간직한 사회에서 흑인들은 쉽사리 의료시스템과 의학 연구를 신뢰하기 어려웠고, 그러한 트라우마는 가장 위험한 이들이 가장 필요한 연구에서 배제되는 결과를 낳았다.[15]

캐나다에서는 유럽인이 도착하기 이전부터 수천 년 동안 아메리카 대륙에서 살아오던 선주민들은 팬데믹 시기에 다시 한번 위기에 내몰렸다. 이들은 코로나19 유행 이전에도 열악한 거주 조건으로 인해 당뇨, 심장병, 간질환 등으로 사망할 위험성이 비선주민 캐나다인에 비해 압도적으로 높았다.[16] 2021년 초 캐나다에서 전 국민을 대상으로 한 코로나19 백신 접종이 시작되었을 때, 선주민은 70세 이상 노인, 보건의료노동자와 함께 캐나다 정부가 지정한 우선 접종 대상이었다.[17] 그러나 2021년 4월 캐나다 북부 지역 거주민을 대상으로 진행된 조사에 따르면, 비선주민 캐나다인의 백신 접종율은 83.5%에 달했지만 선주민의 경우는 64%에 불과했다.[18]

이러한 결과는 캐나다 선주민이 겪었던 역사적 트라우마를 제외하고는 설명하기 어렵다. 캐나다 정부에서는 19세기부터 1990년대 후반까지 누적 15만 명에 달하는 선주민 어린이들을 선주민 기숙학교에 수용해 백인동화교육을 진행했다. 그런데 이 기숙학교에 수용된 선주민 어린이들은 본인의 동의가 없는 상태에서 의학 실험을 위해 백신과 약물 접종을 강요받았다. 게다가 1942년부터 1952년

우리의 상처가 미래를 바꿀 수 있을까

까지 캐나다 매니토바Manitoba 지역의 6개 선주민 기숙학교에서 선
주민 학생의 동의 없이 판매 승인이 나지 않았던 밀가루 섭취를 포
함한 영양실험이 진행되었다는 사실이 2013년에 이르러서야 뒤늦
게 밝혀지기도 했다.[19]

이런 역사 때문에 캐나다 선주민들은 코로나19 백신 개발 과정
에서 자신들이 또다시 실험 대상이 될 수 있다는 두려움을 가지고
있었다. 백신을 접종하지 않은 이유를 묻는 설문조사에서 선주민
설문 응답자의 3분의 1이 "백신이 너무 빨리 개발되었다"라는 것을
이유로 꼽은 것 역시 그 때문이었다.[18] 역사적 트라우마로 인해 국
가와 보건의료 체계에 대한 신뢰를 잃어버린 것이, 실은 가장 백신
이 필요한 취약 집단이 백신 접종을 꺼리는 원인이 된 것이다.[20]

재난이 일어나고 전개되는 곳은 모든 변수가 통제된 실험실이
아니라 권력과 이해관계가 얽힌 현실 사회다. 미국의 육류포장 노
동자, 영국의 필리핀 출신 가사노동자와 캐나다 선주민의 삶을 위
협한 것은 정말로 코로나19 바이러스였을까.

**역사 속의 감염병 불평등과 코로나19 팬데믹**

우리는 세계를 종종 총합과 평균값으로 인지한다. 지난 3년
간 매일 발표되었던 코로나19 확진자, 사망자, 백신 접종자, 중증
입원 환자의 숫자를 바탕으로 팬데믹을 분석하는 관점이 바로 이
에 해당한다. 이러한 시각은 전 세계 또는 특정 국가나 사회를 하나

의 단위로서 뭉그러뜨려 바라보는 것이다.

만약 감염병이 인종, 성별, 빈부와 무관하게 모든 이에게 무차별적으로 발생했다면 이러한 분석만으로 충분히 감염병 유행 사태를 이해할 수 있을지도 모른다. 인류 역사에서 반복적으로 발생했던 거대한 감염병 재난을 두고, 사람들은 그 감염과 사망이 무차별적이었다고 생각했다. 그러한 관점은 문학작품이나 역사적 사료를 통해서도 반복적으로 드러난다. 보카치오는 14세기 유럽 인구의 3분의 1 이상을 사망에 이르게 했던 흑사병의 공포를 다음과 같이 묘사했다.

"하나님의 아들이 태어나시고 1,348년이 지났을 때, 이탈리아에서 가장 번영한 도시인 피렌체에 흑사병이 돌아 죽음을 몰고 왔습니다. 사람들은 그것이 천체의 움직임 때문이라고도 말했고 또 어떤 이들은 잘못된 삶을 살아가는 인간에게 분노한 하느님의 처벌이라고도 했습니다. 이 전염병은 몇 해 전 동쪽에서 나타나 셀 수 없이 많은 이들의 목숨을 빼앗으며 퍼져나가더니 마침내 서쪽까지 도달했습니다. 도시의 공무원들이 온갖 더러운 오염물을 치우고 아픈 사람들이 도시에 들어오지 못하게 하는 등 수많은 위생 지침이 시행되었지만, 그 잔혹한 전염병 앞에서는 인간의 어떠한 지혜나 대책도 소용이 없었습니다.

(…)

사람들은 다른 사람을 멀리했고, 이웃은 서로를 생각하지 않았습니다. 친척들도 아주 드물게 만나거나 서로를 완전히 피했습

우리의 상처가 미래를 바꿀 수 있을까

니다. 이 전염병은 남녀 모두의 마음에 공포를 일으켜 형제가 형제를, 삼촌이 조카를, 누나가 동생을, 더 흔하게는 아내가 남편을 버리게 만들었습니다. 믿기 어렵지만, 심지어 부모가 자식을 만나지 않고 돌보기를 포기하는 경우도 있었습니다."

— 『데카메론』(조반니 보카치오, 1353)

그러나 과연 인류 역사상 최악의 감염병으로 여겨지는 흑사병의 위험은 모든 이에게 똑같이 다가왔을까? 이 질문에 답하는 일은 간단치 않다. 당시 흑사병이 유럽 전역을 초토화시켰기에 그 시기 사망률을 상세히 볼 수 있는 기록을 찾기 어렵기 때문이다. 하지만 14세기 흑사병이 유럽을 휩쓸고 난 이후에도, 유럽에서는 여러 차례 감염병 유행이 반복되었는데, 이 시기 정보를 이용해 여러 연구들이 "흑사병으로 인한 사망은 무차별적이었나"라는 질문에 간접적으로 답하고 있다. 그 좋은 예가 파리-사클레대학 피에르 갈라누Pierre Galanaud 박사 연구팀의 논문이다.[21] 연구진은 1400년과 1438~1439년 감염병 유행 시기 프랑스 디종Dijion 지역의 세대주, 사망 여부, 거주지 정보를 포함한 세금 납부 기록을 분석했다. 이 데이터를 이용해 경제적 수준, 디종 지역에 거주한 기간, 사망 여부를 확인해 감염병 유행 시기 죽음의 불평등 여부를 확인할 수 있었다. 연구 결과, 감염병 유행 1년 전에 디종으로 이사 온 저소득층에서 사망률이 가장 높게 나타났다. 낯선 지역에서 살게 되면서 사회적 고립과 빈곤이 함께 감염병 사망률에 영향을 미쳤던 것이다.

흑사병과 함께 손꼽히는 감염병 재난으로 알려진 1918년 인플루엔자 유행 역시 다르지 않다.[22] 이는 오랫동안 스페인독감으로도 불렸으며, 전 세계적으로 5,000만 명의 목숨을 앗아 간 거대한 재난이었다. 그 원인은 조류독감 바이러스라고도 불리는 A형 인플루엔자 H1N1 아형이였고, 그 바이러스로 인한 사망 역시 무차별적인 것으로 여겨져 왔다. 그러나 오슬로대학의 메임룬드 박사Svenn-Erik Mamelund가 2006년 발표한 연구는 다른 일면을 보여준다.[23] 그는 1918~1919년 노르웨이의 크리스티아니아Kristiania에 거주했던 이들의 가구 재산에 따른 사망률 차이를 검토했다. 논문에서는 거주하는 집의 방 개수로 가구 재산을 추정했는데, 보다 큰 집에 거주하는 사람일수록 사망률이 낮게 나타났다. 방이 하나인 집에 살던 이들에 비해, 방이 2개인 집에 거주하는 이는 사망률이 30% 낮았고 방이 6개인 집에 거주하는 이는 사망률이 64% 낮았다.

코로나19에서도 이는 다르지 않았다. 여러 연구들이 왜 우리가 재난을 바라볼 때 각 나라를 하나의 공동체로 뭉그러뜨려 바라보는 게 아니라, 인구 집단에 따른 피해를 별도로 살펴야 하는지 보여준다. 2023년 4월 24일 업데이트된 미국 질병통제예방센터의 코로나19 통계에 따르면, 백인의 코로나19 사망률과 비교했을 때 선주민은 2.0배, 흑인은 1.6배 높은 사망률을 기록했다.[24] 멕시코에서 2021년 1월까지의 코로나19 검사를 받은 이들을 조사한 연구는 소득 하위 10% 집단의 사망률은 상위 10% 집단에 비해 5배 높았다고 보고했다.[25]

우리의 상처가 미래를 바꿀 수 있을까

코로나19라는 파도가 몰아치는 바다를 건너는 동안, 사람들은 같은 배를 타고 건널 수 없었다. 개개인의 역사와 각자가 처한 정치적, 경제적 조건에 따라 모든 사람은 그 시간을 다른 방식으로 경험해야 했다.


### 한국의 코로나19를 바라보기 위한 시각

감염병의 원인이 되는 바이러스와 균은 사람을 가리지 않는다. 그러나 코로나19 팬데믹을 포함한 역사 속 대다수의 감염병 재난으로 인한 피해는 차별적이었다. 전 세계적으로 부자보다는 가난한 이가, 백인보다는 유색인종이, 사회적 권력과 자원을 덜 가진 이들이 더 많이 감염되고 더 많이 죽었다. 왜 사회적으로 소외된 이들이 재난에 더 많이 노출될까?

심지어 같은 재난에 노출되더라도 사회적으로 소외된 취약계층이 받는 충격은 다른 인구 집단에 비해서 훨씬 크다. 재난으로 인한 고통의 내용과 규모가 각 개인이 처한 역사적·정치적·경제적 상황에 따라 달라지는 것이다. 이와 관련해 존 머터John C. Mutter는 『재난 불평등』에서 "어떤 사건을 재난으로 보는 데 필요한 최소한의 피해 수준을 정하기란 매우 어렵지만, 그 수준은 일단 상대적이어야 한다"라고 말한다. "가난한 사람의 집은 시장가치로 따지면 거의 아무것도 아닐 수 있지만 재난이 발생했을 때는 그 사람에게 실로 엄청난 손실"일 수 있기 때문이다.

이러한 통찰은 한국의 코로나19 팬데믹 시기 사회적 약자의 삶을 이해하는 데 있어 중요한 방향을 제시한다. 예를 들어 팬데믹 시기, 본인이 확진되거나 확진자와 접촉했기 때문에 자가격리를 해야 했던 비정규직이나 일용직 노동자의 경우를 생각해 보자. 그들은 몸이 아플 때 최소한의 소득을 보전받으며 쉬는 유급 병가의 혜택을 누릴 수 없었다. 일정 기간 일을 하지 못하게 되더라도 부유층에게는 소득이 일시적으로 감소한 단기간의 어려움에 지나지 않았지만, 그 일정 기간을 버틸 여력이 없는 빈곤층에게는 생계를 위협하는 생존의 문제가 되었다. 같은 사건을 겪더라도 개인이 가진 사회적·경제적 자원에 따라 삶에서 받게 되는 실질적인 피해는 분명 다르다.

한국의 코로나19 팬데믹을 우리는 어느 자리에서 바라봐야 하는가. 장애학자 김도현은 '시좌'라는 표현을 사용한다. 시좌는 사물을 보는 자리를 뜻한다. 그는 다음과 같이 말한다.

> "보는 자리(시좌 position of view)가 달라지면 풍경 landscape 자체가 달라진다고 할 수 있지 않을까요? 예컨대 맨 앞줄에 앉은 사람이 볼 수 있는 것과 맨 뒷줄에 앉은 사람이 볼 수 있는 것. 어떤 세계의 중심에 자리 잡은 이들이 볼 수 있는 것과 변방/경계에 서 있는 이들이 볼 수 있는 것의 차이, 그것을 이 '시좌'라는 용어로 담아낼 수 있지 않을까 생각하게 된 것입니다."
>
> – 『장애학의 도전』(김도현, 오월의 봄, 2019)

우리의 상처가 미래를 바꿀 수 있을까

## 재난을 통과한 이들이 감당해야 하는 책무

재난은 막아야 한다. 재난으로 잃어버린 시간과 생명의 빈자리는 다른 무엇으로도 채울 수 없다. 그러나 그 온갖 노력에도 불구하고 재난은 발생한다. 그 속에서 어떤 이들은 세상을 떠나가고, 다른 이들은 그 지워진 존재들의 채울 수 없는 빈자리 위에서 살아가게 된다. 재난을 통과하고 살아남은 자들에게는 책임이 있다. 우리는 그 재난의 시작과 경과와 회복과정에 대해 상세히 기록하고 이야기로 만들어, 우리 사회가 그 재난의 모든 과정을 직시하고 미래의 재난으로 인해 사람들이 같은 고통을 경험하지 않을 수 있도록 준비해야 한다.

지난 3년 동안 한국에서는 코로나19 팬데믹에 대한 신문기사와 보고서, 논문이 쏟아져 나왔다. 그 수많은 정보는 병렬적·산발적으로 생산될 뿐, 체계적으로 엮이거나 '지식'으로 살아남지 못한 채 사라지고 있다. 그 기록들이 구조를 갖춘 이야기가 되어 세상에 남지 못한다면, 재난의 시간 동안 쌓인 고통과 분노와 슬픔과 희망의 에너지 역시 휘발되고 만다. 그 기록의 가장 큰 용도가 이 먼 훗날 누군가 재난을 겪으며 공부하는 연구자에게 "2020년 코로나19 팬데믹 때에도 이런 일이 있었다"라는 식의 과거 인용문헌으로 언급되고 마는 일이어서는 안된다. 기록은 현실에서 변화를 만들어 낼 수 있는 통찰을 간직한 이야기로 만들어져 사용되어야 한다.

많은 사람이 코로나19 팬데믹이 끝났다고 생각한다. 그렇게 사람들은 3년의 시간을 뒤로하고 앞을 향해 뛸 준비를 하고 있다. 한국에서는 코로나19 감염으로 인해 3만여 명이 목숨을 잃었다. 그러나 한국 사회가 잃어버린 것은 이들의 생명만이 아니다. 우리는 많은 것을 감당하며 3년을 견뎠고, 가진 게 적은 사람들일수록 더 많이 감내해야 했다.

그 고통을 유의미한 기록으로 정리하기 위해서 지난 1년 동안 이주, 장애, 비정규직, 아동, 여성 분야에서 오랫동안 활동하고 공부해온 다섯 명의 연구자를 모아 함께 공부하며 이야기로 만드는 프로젝트를 진행했다. 한국어로 쓰인 학술교양서가 대학에서 유의미한 실적이 되지 못하고, 재난과 고통에 대한 책이 대중으로부터 외면받는 상황에서도 김사강, 김새롬, 김지환, 김희진, 변재원은 함께 공부하고 책을 쓰자는 내 제안에 흔쾌히 응해주었다.

이 책을 통해 우리는 한국 사회가 경험한 코로나19 팬데믹을 취약계층의 시좌에서 분석하고 이야기하고자 했다. 그 과정에서 우리는 크게 두 가지 형태의 연구 방법을 이용했다.

첫째는 한국에서 지난 3년간 발표된 논문, 보고서, 신문기사, 단행본을 포함한 각 취약계층 집단의 경험과 건강에 대한 내용을 정리하는 작업이다. 방송과 언론, 중앙정부와 지자체, 학계와 시민단체 등에서 코로나19 팬데믹 시기를 살아가는 취약계층의 삶에 대한 수많은 통계자료와 사례를 보고서와 기사의 형태로 소개했다. 그러나 그 자료들은 체계적인 구조를 갖추지 못한 채 흩어져 있다. 그 자료들을 모아 분류하고 정리해 기록하는 작업이 이루어지지 않는다면 그 숫자와 이야기들은 시간 속에서 휘발되고, 그 정보는 지식으로 살아남지 못하고 미래의 팬데믹을 준비하는 지혜가 될 수 없다.

둘째로 현장에서 사회적 약자의 곁에 머무르며 그 시간을 함께 감당했던 활동가들을 인터뷰하고 기록하고자 했다. 정책을 결정하고 집행하는 정부 관료와 학자, 당사자의 목소리는 신문기사, 단행본, 정부 보고서 등을 통해 여러 차례 보고되고 정리된 바 있다. 그러나 당사자와 함께 현장에서 코로나19 팬데믹을 마주했던 활동가들의 경험은 상대적으로 기록되지 못했다. K-방역이라는 이름으로 진행되는 여러 정책이 실제로 어떤 효과를 낳았는지, 코로나19 팬데믹으로 인한 실업과 사회적 고립으로 인한 고통이 어떤 형태로 삶을 뒤흔들고 생채기를 남겼는지 우리는 충분히 알지 못했다. 연구팀은 활동가들의 목소리를 통해 그 경험을 지식의 형태로 남기고자 총 37건의 인터뷰를 진행했다.

이 프로젝트를 시작할 때부터 각 분야의 전문가들에게 글을 맡기고 따로따로 수정할 뿐인 방식이어서는 안 된다고 생각했다. 필자들은 2022년 여름부터 매주 정해진 시간에 함께 모여 책을 쓰기 위한 공부를 하며 자신이 담당한 부분에서 찾은 내용과 고민을 나누는 시간을 가졌고, 글쓰기의 과정도 함께 했다. 두 가지 이유 때문이었다.

하나는 교차성Intersectionality이었다. 우리가 마주한 어떤 아동은 자폐증을 가진 장애인이었고 많은 여성과 이주민은 비정규직 노동자였으며, 또 어떤 이는 장애를 가진 이주 여성이었다. 그렇게 한국 사회에서 사회적 약자의 정체성은 중첩되어 있었고 그 중첩은 기계적으로 나누어 분석할 수 없는 것이었다. 언어의 한계 속에서 함께 논의하며 길을 찾으려 했다. 그러면서, 책 전체에서 같은 내용이 반복되지 않도록 내용을 배분했다.

팬데믹으로 인해 여성 쉼터가 신규 입소자를 받지 않게 된 것은 가정폭력에 빈번하게 노출되는 결혼이주여성이 기댈 곳이 사라졌다는 뜻이기도 했다. 요양보호사의 경험은 고령 여성으로서 비정규직 노동을 하는 중국 동포의 이야기이기도 했으며, 자폐 아동과 그 가족의 경험은 장애와 아동이 교차하는 지점일 뿐 아니라 그 돌봄 부담으로 인해 실직한 부모의 이야기는 비정규직 노동과 닿아 있었다. 그런 주제가 나타날 때마다 상의를 하며, 어느 파트에서 그 내용을 다룰지 함께 결정했다.

또 하나는 한국 사회라는 공통의 지반이었다. 이 책에서 다루는 다섯 집단은 같은 시기 한국 사회를 살아낸 이들이었다. 팬데믹 시기 이주민이 겪은 고통을 이해하기 위한 공부는 장애나 여성 분야 공부에도 밑거름이 되었다. 여섯 연구자가 각자 공부하고 활동하면서 구축한 세계를 서로 내보이고 나누며, 홀로 공부하고 글을 쓸 때는 얻을 수 없는 통찰이 생겨나리라 믿었다.

한국 사회에서 차별과 배제의 시스템은 권력을 가지지 못한 이들에게 때로는 놀라울 만큼 비슷하게, 하지만 때로는 전혀 다른 형태로 함께 작동했다. 쪼개기 계약으로 일해야 했던 비정규직 요양보호사는 코로나19에 감염되면 일자리를 잃게 되었지만, 직장을 옮길 권한이 없는 이주노동자들은 서로에게 '안전한' 확진이 된 노동자들만 모아서 야간 노동을 하라는 요구사항에 저항하지 못했다. 팬데믹 시기를 거치며 실업률이 높아졌지만, 사회보장제도의 사각지대에 있는 한국인 비정규직 노동자와 이주민 노동자는 실업급여의 혜택을 받지 못하는 경우가 많았다.

'감염취약시설 선제 예방'이라는 이름으로 예방적 코호트 격리가 진행된 사회복지시설에서는 아동과 장애인의 기본권이 방역을 이유로 박탈당했다. 어떤 아동들은 수개월 동안 시설 앞 편의점에도 갈 수 없었고, 어떤 장애인들은 건물 내 층간 이동조차 제한받았다. 그러나 아동이나 장애인과 달리 시설에서 일하는 관리자와 노동자는 매일 외부에서 출퇴근하며 지내야 했는데, 감염은 당연히 그들을 통해서 시설로 들어왔다. 이런 상황에서 선제적으로 격리된 이들이 포기한 삶의 시간이 과연 방역을 위해 꼭 치러야 하는 비용이었는지에 대해서는 누구도 묻지 않았다.

때로는 함께 연구하는 시간이 서로에게 적절한 긴장을 불어넣었다. 한 연구자가 글을 쓰며 '우리나라'라는 표현을 사용했을 때, 이주민을 연구해 온 김사강은 '우리나라'라는 표현이 이 책을 읽는 어떤 독자에게는 대한민국이 아닐 수 있다고 지적했다. 특히 K-방역의 국가적 성공 속에서 코로나19 팬데믹은 이주민에게 자신들이 '국민'이 되지 못한다는 사실을 끊임없이 반복적으로 확인시킨 시간이었음을 상기할 때, 타당한 지적이었다. 이주민들은 위험한 저임금 노동과 재생산을 담당해 줄 이주노동자와 결혼이주여성으로 호명되어 한국으로 왔지만, 감염병 재난을 겪는 내내 존재하지 않는 사람으로 취급되었다.

코로나19 팬데믹은 한국 사회와 코로나19 바이러스가 만나 생겨난 재난이었다. 이주민, 장애인, 비정규직 노동자, 아동, 여성 등의 취약계층은 코로나19 팬데믹 이전부터 인종차별, 비장애중심주의, 비정규직 차별, 연령차별, 가부장제의 역사 위에서 살아왔으며, 그 열악하고 위험한 삶의 조건은 코로나19 팬데믹을 만나 재생산되고 증폭되었다. 이들은 사회적 고립과 경제위기와 같은 팬데믹이 초래한 어려움을 견디기 위한 사회적 자원을 충분히 가지고 있지 못했고, 조직의 의사결정 과정에서 권력을 가지고 있지 못했기에 방역과 관련되어 자신의 목소리를 낼 길이 없었다.

지난 10년 동안 쌍용자동차 정리해고와 세월호 참사와 천안함 사건 생존자의 삶과 건강을 연구하면서 품었던 질문이 있었다. 우리의 상처는 미래를 바꾸고 있는가. 그들은 모두 자신이 아끼던 직장 동료와 학교 친구와 전우를 재난 속에서 잃고 살아남은 자들이었다. 그들이 기꺼이 자신의 고통을 세상에 드러내고 목소리를 높여 거리에 섰던 것은 자신들이 겪었던 비극이 다시는 반복되어서는 안 된다는 믿음 때문이었다.

많은 전문가들이 머지않은 미래에 또 다른 감염병 재난이 찾아올 것이라고 예측한다. 과연 그때 한국 사회는 그 위급한 상황에서 중앙이 결정하는 방역 정책에 이주민, 아동, 여성, 비정규직 노동자, 장애인의 삶을 끼워 넣는 것이 아니라, 그들이 '최저보다 낮은' 시간

우리의 상처가 미래를 바꿀 수 있을까

을 감수하지 않도록 그들의 삶 속에 방역 정책을 끼워 넣을 수 있을 것인가.[26] 권력을 가지지 못했던 이들의 목소리가 재난 속에서 사라지지 않게 만드는 일은 어떻게 가능할 것인가. 미래에 재난을 겪는 우리는 지난 3년보다 더 나은 시간을 보낼 수 있을까.

# 1장

# 감염보다
# 추방이 두려운
# 사람들

코로나19와 이주민

# "국민이 먼저다",
# 그 뒤에 남겨진 사람들

    지난 30여 년간 한국 정부는 인력난 해소에 필요한 저숙련 이주노동자로, 재생산을 담당할 결혼이주여성으로, 지역 소멸을 막아줄 유학생으로 재외동포를 포함한 외국인들을 적극적으로 유치했다. 그러나 외국인의 출입국과 체류관리, 국적 취득을 다루는 법률과 제도는 이들이 한국에 영구적으로 체류하거나 귀화를 통해 한국인이 될 수 있는 길을 바늘구멍처럼 좁게 만들어 두었다. 한편 개인의 인간다운 삶과 기본적인 권리를 보장해야 할 국가의 의무를 규정하고 있는 국내의 법률과 제도는 일부 예외를 제외하고 그 대상을 '국민'으로 한정하고 있다. 그 결과 대다수의 이주민들은 아무리 오랫동안 한국에 거주하더라도 국가의 보호를 받지도, 국가가 책임지지도 않는 외국인으로 남게 되었다.

우리의 상처가 미래를 바꿀 수 있을까

2018년 3월, 헌정사상 초유의 대통령 탄핵 이후 출범한 새 정부가 헌법 개정안을 내놓았다. 개정안의 여러 내용 중에서도 이목을 끈 것은 기본권의 주체를 '국민'이 아닌 '사람'으로 확대하겠다는 지점이었다. 국가가 국민이 아닌 사람, 다시 말해 외국인으로서 대한민국에 사는 이주민들의 기본권까지도 보장하겠다는 것을 받아들일 수 없었던 많은 이들이 "사람보다 국민이 먼저다"라는 역설적인 구호를 앞세워 헌법 개정안에 반대했다. 헌법 개정안은 정치권의 이해관계에 부딪혀 결국 좌초되었지만, 그 과정에서 이주민은 국민과 동등한 권리를 누려서는 안 된다는 인식은 더욱 공고해졌다. 그리고 이러한 인식은 전례 없는 위기였던 코로나19 팬데믹 시기에 다시 한번 확인되었다.

코로나19 팬데믹 시기, 방역당국의 예방수칙은 '국민' 행동수칙이라는 이름으로 배포되었고, 공적마스크 제도는 '국민'의 불편을 해소하기 위해 도입되었다. 행정당국의 재난지원금은 코로나19로 어려움을 겪는 대한민국 '국민'에게 지급되었고, 아동 특별돌봄·비대면 학습지원금은 '국민'인 아동에게 제공되었다. K-방역은 '국민' 덕분에 가능하다고 칭송되었고, 코로나19는 '국민'의 관심과 참여로 극복할 수 있다고 독려되었다. "국민이 먼저다"는 구호가 아닌 일상이었다. 그러나 이주민들 역시 '국민'의 곁에서 코로나19 팬데믹을 함께 겪고 있었다. 이주민들은 코호트 격리에 들어간 요양병원의 간병인이기도 했고, 쉴 새 없이 기계를 돌리던 마스크 공장의 노동자이기도 했고, 사회적 거리두기로 문을 닫아야 했던 식당 주인이기도 했고, 등교 연기로 비대면 수업을 맞이한 아동이기도 했다. 그러나 이들은 팬데믹 기간 내내 마치 존재하지 않는 사람처럼, 언급되지 않았다.

한 사람이 위험하면 모두가 위험해질 수 있는 감염병 시대에 운명 공동체의 구성원은 같은 국적을 가진 '국민'이 아니라 같은 지역에 사는 '주민'이다. 그러나 코로나19 팬데믹 시기 한국 정부의 방역 및 지원 정책에서는 이러한 인식을 좀처럼 찾아보기 어려웠다. 생산과 재생산을 담당할 인력으로서의 이주민은 절실하지만 공동체의 일원으로는 받아들일 준비가 되지 않았던 한국 사회의 모습이 마스크 한 장조차 동등하게 지급하는 것을 껄끄러워한 방역 정책에서 고스란히 드러났다. 코로나19 시기 이주민들에게 전달된 메시지는 몹시 명료한 것이었다. "필요하니 여기 남아라, 하지만 알아서 살아남아라."

# 오지도 말고 가지도 말라

한국에 거주하는 이주민들의 다수는 짧게는 수개월에서 길게는 수년간 출국 한 번 하지 않고 국내에서만 생활해 온 장기 체류 이주민들이다. 그러나 코로나19 팬데믹 시기 이들은 단지 외국 국적자라는 이유로 외국발 바이러스의 보균자 또는 매개자 취급을 당하게 되었다. 이주민들이 갖고 있을지 모르는 바이러스에 대한 공포는 이들에 대한 혐오로 이어졌고, 이주민들은 다중이용시설에서 출입 금지를 당하는 한편 직장에서는 외출 금지를 당하는 이중의 족쇄 속에서 위축된 생활을 해야 했다.

내국인과 마찬가지로 휴업이나 실직을 겪는 이주민들이 증가했지만 휴업수당이나 실업급여를 받지 못하는 경우가 많았고, 일자리를 유지하더라도 노동 강도 증대나 임금 체불 증가와 같은 악화된 노동 조건을 견뎌야 했다. 한편, 각국의 국경 통제와 국제 항공편의 급감으로 체류기간이 만료되고도 귀국하지 못하는 이주민도 늘었다. 출입국 당국은 이들에게 한시적 체류기간 연장이나 출국 기한 유예 조치만 취함으로써 이주민들의 체류를 불안정하게 만들었고, 활동 범위를 제한함으로써 생계와 건강을 위협했다.

### 이주민에 대한 혐오 정서의 확산

코로나19가 중국 후베이성의 우한武汉, Wuhan 지역에서 처음 발생했다고 알려지면서, 국내에 체류하고 있는 중국 국적의 이주민들은 2020년 초반부터 경계와 질타의 대상이 되었다. 2020년 1월 19일 중국 우한시에서 입국한 중국 국적의 여성이 다음 날 국내 코로나19 첫 확진자로 발표되자 중국발 '폐렴'에 대한 공포는 중국에서 들어오는 중국인에 대한 공포로 번졌다. 당시 청와대가 운영하던 국민청원 사이트에는 "중국인 입국 금지 요청"이라는 제목의 청원이 올라와 76만 명이 넘는 사람들의 동의를 받았다.[1] 정치권 일각에서도 중국인 입국 금지 주장이 확산되었다. 한 국회의원은 본인의 페이스북에 "세금 한 푼 안 낸 중국인들이 지금 폐렴 무상치료를 받기 위해 폐렴 발병 사실을 숨기고 국내에 입국한다"라는 근거 없는 주장을 펼치기도 했다.[2] 중국 국적이 문제가 아니라 중국에서 입국하는 것이 문제이고, 일단 지역사회 확진자가 나오게 되면 그마저도 의미가 없다는 지적은 무시되었다.

　　　　　　　　　우리의 상처가 미래를 바꿀 수 있을까

중국인 입국 금지 논란은 자연스럽게 국내에 체류하고 있는 중국 국적 이주민과 중국 동포에 대한 공포와 혐오로 이어졌다. 한 언론은 중국 동포 밀집 지역으로 알려진 서울 대림동에 대한 르포 기사에서 "대림중앙시장 공영 주차장 쪽 흡연 금지 구역에서는 중년 남성들이 모여 담배를 피운 후 가래침을 길바닥에 뱉는 경우가 다반사였다. 일부 행인은 마스크를 착용하고 있지만 중국인 또는 화교처럼 보이는 사람 중에는 마스크를 착용하는 비율이 극히 낮았다"라고 보도하기도 했다.[3, 4] 중국인이나 화교가 외모상 한국인과 구별될 리 만무할 뿐 아니라 기사가 발표된 2020년 1월 말은 마스크 착용이 의무화되기 전이라 내외국인을 막론하고 마스크를 쓰고 다니는 사람이 많지 않았다는 점을 고려하면, 이는 노골적으로 혐오를 부추기는 기사였다. 이에 대해 중국 동포들에 대한 상담과 지원 활동을 해온 서울의 한 이주민 단체 활동가는 다음과 같이 당시의 상황을 설명했다.

　　"초기에 이제 우한 폐렴이라고 해서 중국 동포들이 들어와서 코로나를 퍼뜨린다고. (…) 신문에 또 뭐가 나왔냐면, 대림동이 더럽고, 대림동 가면 음식점 앞에 커버 안 씌우고 그냥 이렇게 물건 놓고 판다, 뭐 이런. 그러니까 그런 것들이 코로나에 취약하다고 언론에서 막 그러고. (…) 그런데 실상으로 보면 (2020년) 6월까지 중국 동포 중에 코로나 확진자가 나온 적이 없어요."

－ 활동가 A(S 이주민 단체)

중국인이나 중국 동포에 대한 혐오 정서는 한국 사회에서 새로운 것이 아니었다. 그러나 기존의 혐오 정서가 코로나19로 더욱 직접적이고 노골적인 양상을 띠게 된 것은 분명했다. 그리고 이는 팬데믹이 지속되면서 점차 국적과 무관하게 이주민 전반에 대한 혐오로 번졌다. 식당, 카페, 체육관 등 다중이용시설의 문 앞에는 '중국인 출입 금지'만큼이나 많은 '외국인 출입 금지' 표지판이 내걸렸고, '외국인처럼 보이는' 사람들은 거리에서 '코로나'라고 불리거나 본국으로 돌아가라는 말을 듣는 등 폭언의 대상이 되기도 했다.[5] 이는 코로나19 팬데믹 기간 중 비아시아권 국가들에서 동양인에 대한 혐오가 기승을 부린 것과 매우 흡사했다. 국내 언론들은 이를 '아시안 혐오'로 규정하면서 비판적인 기사를 쏟아냈지만, 이러한 비판이 내부로 향하지는 못했다.[6, 7, 8] 그러는 동안 이주민들은 괜히 목소리를 냈다가 더 큰 봉변을 당할까 눈치를 보며, 가능한 한 '외국인'임을 티 내지 않으려고 애써야 했다.

"잘 알고 지내는 이주민 중에 코로나 기간 동안에 다쳐서 병원에 입원한 분이 있어요, 좀 길게. 근데 병원에 면회나 이런 게 안 되잖아요. 그래서 걱정이 돼서 몇 번 연락을 했는데, 그분이 그런 말을 하는 거예요, 전화 자꾸 하지 말라고. 자기 외국인인 거 티 나면 안 된다고. 여기 되게 분위기 살벌하다고. 병원에서 직접적으로 듣는다는 거예요. 외국인들이 병원에 드나들고 그러면 감염 위험이 높아진다, 이런 얘기를 환자들한테 의료진한테 그냥 막

우리의 상처가 미래를 바꿀 수 있을까

듣는다는 거예요. 그래서 자기 외국인인 거 드러나면 안 된다고 그런 말씀을 하시고. 이분이 중국 출신이었는데 자기는 그래도 귀화해서 신분상으로는 안 나타나는데, 그냥 외국인 신분에 있는 사람은 병원에 입원도 못 하겠더라고, 분위기 자체가 그렇더라고 말씀하시더라고요."

– 허오영숙(한국이주여성인권센터)

불특정 다수를 상대로 하는 다중이용시설에서 이주민들의 출입을 금지했다면, 이주민들을 고용하고 있는 일터에서는 이주민들의 외출을 막는 일도 비일비재했다. 사업장과 기숙사 외에는 아무 곳도 가지 못하게 하는 바람에 슈퍼마켓에 식료품을 사러 가는 것마저 허가가 필요했고, 심지어 외출했다가 다시 들어오려면 무조건 코로나19 검사를 받고 음성 확인서를 가져오라는 요구를 받기도 했다. 외출하면 해고라는 협박을 당한 이주노동자들도 있었다.

"회사에서 일 끝나면 기숙사로 바로 가라고 하고 기숙사에서 못 나가게 했대요. 본인이 두려워서 나가지 못하기도 하지만 회사에서 통제를 하니까 못 나가는 거죠. 심지어 우리 네팔 조합원이 다니는 회사 같은 경우에는 CCTV를 이렇게 회사 정문 쪽으로 비춰서 '나가면 해고야' 이렇게 통제를 당했던 그런 얘기들이 있고."

– 김용철(성서공단 노동조합)

이주노동자들에 대한 외출 금지는 코로나19 감염자 수의 증감이나 사회적 거리두기 단계와 무관하게 다양한 사업장에서 꽤 오래 지속되었다. 이주노동자들은 방역을 위해 어쩔 수 없이 외출 자제는 필요하다고 느끼면서도 같은 사업장에서 일하는 한국인 노동자들과 관리자들은 자유롭게 출퇴근을 하는 것을 보며 외출 금지가 과연 방역을 위한 것이 맞는지 의문을 가질 수밖에 없었다. 그러나 코로나19로 휴업이나 폐업을 하는 사업장이 늘어나면서 이주노동자들은 외출 금지라는 불편함과는 비교가 되지 않는 생계와 생존의 위기를 맞닥뜨리게 되었다.

### 실직과 노동 조건의 악화

코로나19 첫 대규모 유행이 한국을 휩쓸고 난 직후인 2020년 5월, 통계청에서 실시한 고용조사에 따르면, 전년 동월에 비해 내국인과 외국인 모두 고용률은 감소하고 실업률은 증가한 것으로 나타났다. 그러나 고용률 감소폭과 실업률 증가폭은 외국인 인구 쪽이 더 컸으며, 1년 뒤 조사에서 이전 수준을 회복한 전체 인구와는 달리, 외국인 인구의 회복세는 더뎠다.

실제로 이주민들의 다수는 코로나19로 인해 사업장의 휴업·폐업이나 실직·해고를 경험했다. 2020년 실시한 설문조사에서 이주민들에게 코로나19로 일터에서 경험한 피해를 복수 응답하도록 했을 때 274명 중 27.0%가 무급휴업, 15.0%가 해고 및 권고사직,

**1-1. 외국 국적 이주민과 전체 인구의 고용률·실업률 비교(2019~2021년)**

| | 고용률(%) | | 실업률(%) | |
|---|---|---|---|---|
| | 전체 인구 | 외국인 인구 | 전체 인구 | 외국인 인구 |
| 2019년 5월 | 61.5 | 65.3 | 4.0 | 5.5 |
| 2020년 5월 | 60.2 | 63.7 | 4.5 | 7.6 |
| 2021년 5월 | 61.2 | 64.2 | 4.0 | 6.0 |

* 출처: 〈이민자 체류실태 및 고용조사〉, 각 연도.

12.4%가 유급휴업을 꼽았다. 휴업이나 실직은 면했더라도 임금 삭감을 경험한 사람은 28.5%였다.[9]

하지만 휴업이나 실직·해고를 경험한 이주노동자 다수는 유급휴업이나 실업급여의 대상이 되지 못했다. 휴업급여를 지급받으려면 5인 이상 사업장에서 일해야 하는데, 5인 미만의 소규모 사업장에서 일하는 노동자의 비율이 높고, 고용보험 적용 제외 사업장인 5인 미만 비법인 농림어업 사업장, 소규모 건설현장, 가사서비스업에서 일하는 노동자도 많았기 때문이다. 취업 체류자격(교수(E-1)부터 선원취업(E-10)까지)과 재외동포(F-4) 체류자격 소지자는 고용보험 당연 적용 대상이기는 하지만 실업급여는 별도의 신청을 통해 가입하도록 되어 있어 역시 제외된 경우가 많았다.

휴업, 실직, 임금 삭감, 임금 체불 등을 경험한 이주노동자들은 코로나19로 인해 어쩔 수 없는 상황이라며 체념하기도 하고, 심지어 경영이 어려워진 사업주를 되레 걱정하며 스스로의 처지를 위로하기도 했다. 그러나 이후 재난지원금이나 고용안정지원금의 지급 대상에서도 배제되면서 소외감을 느껴야 했다.

"사실은 이주노동자들이 그런 얘기들을 되게 많이 했어요. 초창기에 휴업도 하고 일을 못 하기도 하고 그랬을 때, 그리고 심지어 임금체불이 되고 그랬을 때, '사장님도 힘들고 사장님이 코로나를 만든 것도 아니니까 우리가 좀 참자', 이런 분위기였거든요. '임금 체불 가지고 (노동청에) 진정 넣고 그러지 말고, 좀 참자' 했는데 휴업급여를 한국인들한테만 주고, 그다음에 재난지원금까지 한국인들한테만 줄 때 사람들 마음이 많이 상한 거죠. 우리도 같이 참고 기다렸고, 오히려 사장님 상황을 더 배려해서 임금 체불이 됐는데도 아무 말도 안 하고 기다리고 있었는데 왜 우리한테는 안 주냐, 이런 얘기들이 많이 나오고."

– 활동가 L(P 이주민 단체)

한편, 코로나19 팬데믹으로 신규 이주노동자 도입에 차질이 생기자 코로나19의 영향을 받지 않는 농업이나 어업과 같은 업종, 또는 마스크 등 방역 물품 생산 사업장을 비롯해 코로나19로 인해 노동력이 더욱 필요하게 된 사업장들은 심각한 일손 부족을 겪어야 했다. 공식적인 비전문 외국인력 정책인 고용허가제하에서는 이주노동자들의 업종이나 사업장 변경이 매우 제한적으로 허용되기에 갑자기 인력 수요가 늘어난 사업장에서 적시에 이주노동자를 고용하는 것이 쉽지 않다. 팬데믹 이전에는 농어촌 계절노동자 또는 취

우리의 상처가 미래를 바꿀 수 있을까

업자격이 없는 단기 체류자를 활용해 일시적인 인력난에 대처하기도 했지만, 이들이 입국하지 못하면서 이러한 대응이 불가능해졌다. 이로 인해 기존에 고용되어 있던 이주노동자들이 두세 명 몫의 일을 해야 하는 경우가 발생하기도 했다.[10] 노동 강도를 견디지 못한 노동자들이 사업장 변경을 요구하고 사업주는 이를 거부하면서, 이전에 비해 사업장 변경을 둘러싼 갈등도 심해졌다.

> "그 사업장이 노동 시간도 길어지고, 일도 많이 힘들어졌대요. 그런데 월급은 제대로 안 주고. 그러니까 베트남 노동자가 사업장을 바꿔달라고 했나 봐요. 그랬더니 사업주가 '너 코로나 검사부터 해봐라.' (검사해서) 음성이 나왔는데도 (사업주가) 양성이라고 우기면서, 회사 내에 창고 같은 데 가둬놓고 못 나오게 하고, 아예 창고 문에 확진자라고 써 붙여놓고. 그 안에 침대가 있는 것도 아니니까 그냥 의자 붙여놓고 자고, 밥도 제대로 안 주니까 못 먹고. 사업주가 '다른 데 안 가고 여기서 일을 열심히 하겠습니다.' 각서 써야 나올 수 있다고 해서 어쩔 수 없이 각서를 쓰고 나왔대요."
>
> – 정영섭(이주노동자평등연대)

코로나19 이전에도 이주노동자들은 사업주로부터 병가를 허락받지 못하기 일쑤였다. 코로나19 이후에도 이러한 상황은 변하지 않아, 심지어 코로나19 검사를 위한 휴가조차도 받을 수 없었다. 검사일 하루뿐 아니라 혹시라도 확진 판정을 받았을 때, 여러 날을 쉬게 될까 사업주들이 우려한 탓이었다. 초기보다 코로나19 감염에 대한 경각심과 위험성이 떨어지자 감염된 이주노동자들에게 병가는커녕 야간 근무를 요구하는 사업장들도 생기기 시작했다. 그러나 새로운 직장을 구하는 것이 예전보다 훨씬 어려워진 상황에서 소득 감소가 곧 생계의 위협으로 이어지는 이주노동자들은 이를 감내할 수밖에 없었다.

### 불안정해진 체류

전 세계적으로 코로나19가 확산되면서 바이러스의 해외 유입을 차단하고자 국경을 통제하는 국가가 늘어났다. 외국인의 입국을 막는 것은 물론 자국민의 입국까지 제한하는 국가도 생겼고, 그에 따라 국제 항공편의 운항도 크게 줄었다. 국내에서도 체류기간 만료로 출국을 해야 하지만 출국하지 못하는 이주민들이 생기기 시작했다. 신규 이주민, 특히 이주노동자의 유입 규모가 급감하고, 떠나지 못하는 이주민들이 증가하자 정부는 대책을 마련하기에 이르렀다.

가장 먼저 시행된 것은 체류기간이 만료될 예정에 있는 중국 동포들에 대한 체류기간 연장이었다.[11] 2020년 2월에 실시된 이 조치의 배경에는 간병인의 비중이 높은 중국 동포들이 체류기간 갱신을 위해 중국을 방문했다가 다시 돌아오지 못할까를 우려한 대한병원협회의 건의가 있었다.[12] 중국 동포들의 상황을 고려한 인도주의적인 조치가 아니라 한국인 환자들의 돌봄 공백을 우려한 조치였던 것이다.

　이어 정부는 신규 이주노동자 도입 지연에 따른 산업 현장의 인력 부족 해소를 위해, 취업 활동 기간인 4년 10개월이 만료될 예정인 이주노동자 중 비전문취업(E-9) 및 선원(E-10) 체류자격 소지자의 체류기간을 최대 50일까지 연장해 주겠다고 발표했다.[13] 이러한 50일 연장 조치는 2020년 2월 21일과 4월 13일 두 차례에 걸쳐 실시되었고, 더 이상 체류기간 연장이 어렵다는 판단에서 이후에는 비전문취업(E-9) 체류자격 소지자로 체류기간 연장을 받거나, 출국기한 유예를 받은 이주노동자에게 기타(G-1) 체류자격으로 변경 후 최대 3개월까지 농어촌 계절근로 참여를 허용하는 것으로 바뀌었다.[14, 15] 그때그때 임시방편으로 내놓는 한시적 체류기간 연장이나 제한적 계절근로 허용 조치는 이주노동자들에게 있어, 체류의 불확실성을 키울 뿐이었다.

　　"이게 50일 주고 유예만 해주고 하는 거지, 1년을 주거나 코로나 끝날 때까지 연장해 주는 게 아니잖아요. 언제 나가라고 할지 모르는 거야. 그거는 미등록(체류)하고 비슷한 거 같아요, 제 생각에. 그리고 또 계절근로는 농업, 어업에서 일하는 건데 제조업(종사자였던 이주노동자)만 (허용을) 해줬어요. 원래 농업하던 사람은 안 해줘. (허가받아도) 자기가 원하는 지역에 (노동자를) 모집하는 농장이 없는 경우도 있고, 남성인데 여성만 원하는 경우도 있고, 조건이 안 맞아요. 그래서 그렇게 신청해서 더 있었던 사람도 있지만 어차피 못 나가니까 [출국은 못 시키니까] 그냥 포기하고 미등록 한 사람도 있어요. 허가받은 사람이랑 미등록으로 돼버린 사람이랑 그 숫자가 비슷한 거 같아요, 제 경험으로는.”

– 우다야 라이 (이주노동자 노동조합)

정부는 2020년 12월이 되어서야 고용허가제 이주노동자(비전문취업(E-9) 및 방문취업(H-2) 체류자격 소지자)의 취업 활동 기간을 예외적으로 연장할 수 있도록 「외국인근로자의 고용 등에 관한 법률」을 개정하겠다고 발표했다.[16] 그리고 2021년 4월 13일, 해당 법률에 “감염병 확산, 천재지변 등의 사유로 외국인근로자의 입국과 출국이 어렵다고 인정되는 경우에는 정책위원회의 심의·의결을 거쳐 1년의 범위에서 취업 활동 기간을 연장할 수 있다”라는 조항이 신설되었다. 이에 따라 2021년 4월, 2021년 12월, 2022년 3월, 세 차례에 걸쳐 고용허가제 이주노동자의 체류 및 취업 활동 기간이 1년씩 연장되었다.[17, 18, 19]

코로나19와 같은 감염병이 유행하는 시기에 이주노동자를 포함한 이주민들에게 체류기간을 연장하거나, 체류자격을 부여하는 것은 사회 전체적인 방역과 이주민 당사자들의 보건의료 접근권 제고를 위해 반드시 필요한 것이었다. 예를 들어, 포르투갈 정부는 코로나19 팬데믹 기간에 이주민들이 보건의료와 사회보장 서비스에 접근할 수 있는 권리를 보장하기 위해 한시적으로 모든 이주민에게 영주권자에 준하는 권리를 부여하기로 결정했고, 태국 정부는 코로나19 확산 방지를 위해 약 13만 명의 미등록 이주민들에게 2년 간 취업이 가능한 체류허가를 부여하기도 했다.[20, 21] 그러나 한국 정부는 인력난 해소만을 목적으로 일부 이주민들에 한해서 임시방편적이고 한시적으로 체류기간 연장을 허용했을 뿐, 방역과 인권까지 보장할 수 있는 체류관리 정책까지 나아가지 못했다.

그나마 체류기간이 아직 남아 있던 이주민들에게는 앞서 언급한 체류기간 연장이 도움이 되었겠지만, 정책 발표 전 체류기간이 만료된 이주민들, 정책 대상 체류자격이 아닌 체류자격을 가지고 있던 이주민들에게는 그렇지 못했다. 그럼에도 출국을 하지 못하는 사정은 마찬가지였기 때문에, 이런 이주민들은 출국명령을 받은 뒤 한 달짜리 출국기한 유예나 출국을 위한 체류기간 연장 허가를 반복해서 받으며 체류해야 했다.

실제로 코로나19 전후 출국기한 연장을 받은 이주민의 수를 비교하면, 코로나19 팬데믹 기간 중 얼마나 많은 이주민들이 이러한 유예의 삶을 살았는지 확인할 수 있다.

**1-2. 국내 체류 이주민의 출국기한 연장 현황**(2017~2021년)

| 연도 | 2017년 | 2018년 | 2019년 | 2020년 | 2021년 |
|---|---|---|---|---|---|
| 인원(명) | 3,915 | 4,663 | 3,919 | 361,455 | 99,084 |

* 출처: 〈출입국·외국인정책 통계연보〉, 각 연도.

출국기한 연장 조치를 받은 이들은 외국인등록을 하거나 적절한 체류자격을 부여받은 것이 아니기 때문에 길게는 1년이 넘는 기간 동안 합법적으로 취업도 하지 못하고 건강보험에도 가입하지 못한 채 각자가 알아서 생존해야만 했다.

우리의 상처가 미래를 바꿀 수 있을까

# 쏟아지는 정보,
# 비켜 가는 지원

코로나19의 확산 상황에 따라 방역과 관련된 수많은 수칙과 규정들이 나왔지만 관련 정보는 이주민들이 이해할 수 있는 언어, 찾기 쉬운 방식으로 제공되지 않았다. 이주민들은 이해할 수 없는 언어로 쏟아지는 정보의 홍수 속에서 혹시나 방역 수칙을 위반해 처벌을 받거나 추방을 당하지는 않을까 두려워 했다.

한편 정부와 지자체는 방역의 필수품인 마스크 보급, 재난을 극복하기 위한 지원금 제공, 자녀 돌봄을 위한 지원 등에서 이주민을 국민과 차별하는 정책을 펼쳤다. 이주민들은 살아남기 위해 필사적으로 자구책을 찾거나, 정부의 지원으로부터 소외된 이주민들을 위해 적극적인 구호 및 복지 활동을 펼쳤던 이주민 지원단체들의 도움에 기대야 했다.

## 정보 소외와 방역 수칙 위반의 두려움

2020년 1월 17일, 질병관리본부(현 질병관리청)에서 신종코로나바이러스 예방수칙을 발표했다. 어떻게 하면 바이러스 감염을 피할 수 있는지, 감염이 의심될 때는 어디로 연락해야 하는지와 같은 내용을 담은 이 수칙은 한국어로 제작된 뒤 영어와 중국어로만 번역·배포되었다. 2020년 2월, 대구의 대규모 집단감염을 계기로 코로나19와 관련된 안전 안내문자 발송이 폭증하기 시작했다. 확진자 현황과 확진자 동선, 예방수칙이 시도 때도 없이 휴대전화 문자로 전송되었고, 같은 달 29일부터 사회적 거리두기 방역 체계가 시행되면서 거리두기 단계 조정과 그에 따른 주의사항, 공공기관의 휴관 정보도 안내문자에 포함되었다. 한편 질병관리본부의 정례 브리핑은 매일 두 차례씩 TV로 방송되었고, 관련 내용은 모든 언론과 포털 뉴스의 전면에 도배되었다. 그러나 안전 안내문자는 신청한 사람에 한해 일부 내용만이 영어와 중국어로 전송되었고, 질병관리본부의 정례 브리핑 자막 서비스는 영어로밖에 제공되지 않았다.

코로나19 초기 전국의 이주민 1,060명을 대상으로 실시한 설문조사에 따르면, 이주민들이 코로나19와 관련된 정보를 얻는 출처는 한국 정부기관이 55.9%, 정보 취득 매체는 휴대전화 문자가 46.4%로 가장 많았다.[22] 그러나 같은 조사에서 안전 안내문자는 지속적으로 오는데 내용을 이해할 수 없어서 불안하다고 한 이주민들도 적지 않았다. 경기도 거주 이주민 150명을 대상으로 한 설문조사에서도 응답자들은 안전 안내문자를 이해하지 못한다고 답했으며, 내용을 이해하기 위해 번역기를 활용해 보기도 하지만 복사가 되지 않거나 번역의 내용이 정확하지 않다며 답답함을 호소하기도 했다.[23]

안전 안내문자나 질병관리본부의 정례 브리핑을 통해 코로나19와 관련된 정보를 제대로 이해하기 어려웠던 이주민들은 어쩔 수 없이 자국어로 된 정보를 찾고, 거기에 의존해야 했다. 앞서 언급한 전국 설문조사에서 코로나19 관련 정보를 얻는 출처로 같은 나라 친구·이웃·직장 동료(39.0%)가, 정보 취득 매체로 같은 나라 사람들과 하는 SNS(37.7%)가 각각 두 번째로 높게 나타난 것은 이를 방증한다. 문제는 번역의 질이 검증되지 않다 보니 정보의 정확성을 담보할 수 없다는 것이었다.

"(나중에는) 정보가 다국어로도 나왔어요. 그런데 이게 한국어 정보가 나오고 한참 있다가 나오니까, 이거를 그사이에 공동체들이 막 급하게 번역을 하다가 오역이 나와요. 그런 것들이 막 돌아다니는 거예요. 그러니까 (다국어 정보가) 진짜인지 아닌지 어디까지가 맞는지 몰라요. (…) 또, (다국어 안내가) 바로바로 안 나오니까, 예를 들면 사회적 거리두기 단계가 계속 바뀌는데 번역본을 보면 이전 걸로 돼 있단 말이에요. 그럼 지금이랑 안 맞는 거죠. 이런 현상들이 되게 많았어요."

– 활동가 A(S 이주민 단체)

2020년 3월 여성가족부는 다문화 가족지원 포털 '다누리'를 통해 코로나19 예방과 관련된 다국어 정보를 제공하겠다고 밝혔지만, 코로나19 상황의 변화에 따라 새롭게 발표되는 정부의 정책들이 시의적절하고 충분하게 제공되지는 못했다. 특히 코로나19 검사, 격리 및 치료 과정과 이주민에 대한 비용 지원 여부, 공적 마스크 구매, 재난지원금 지급, 예방접종의 이주민 적용 및 비용 지원 여부와 같은 기본적인 정보는 물론 각국의 국경 통제에 따른 출입국 관련 조치, 체류기간 연장을 포함한 한국의 출입국 정책 변화와 같은 이주민들에게 직접적인 영향을 미치는 정보들도 일부 언어에 한해 제한적으로 제공되었다.[24]

결국 팬데믹 기간 중 이러한 유관 정책의 변화를 파악하고 다국어로 번역해 배포하는 것은 전국에 산재한 이주민 지원단체들의 몫이었다. 하지만 이주민 지원단체 활동가들은 자체적으로 번역을 해서 제공하려고 해도 필요한 정보를 찾기 어려웠다고 지적했다. 국내뿐 아니라 세계적으로도 코로나19 팬데믹 상황은 시시각각 변했고, 그에 따라 해외 입국자 자가격리, 사회적 거리두기, 확진자 격리 및 치료, PCR 검사 또는 예방접종 확인서 제출과 같은 방역 관련 수칙도 계속해서 달라지는데 관련 부처 홈페이지에서도 정보를 찾기가 쉽지 않았다는 것이다.

이주민 지원단체 활동가들도 찾기 어려운 수많은 방역 수칙을 이주민들이 숙지하고 지키는 것은 사실상 불가능에 가까운 일이었다. 방역 수칙이나 감염병 예방과 관련된 법 규정을 정확하게 파악하지 못한 이주민들은 코로나19에 감염될까 봐 걱정하기보다 지침이나 규정을 어겨서 처벌받거나 추방당하게 될까 봐 두려워하는 경우가 더 많았다.

> "(한국에 입국하면) 오자마자 하루 이틀 안에 코로나 검사를 받도록 되어 있는데, 내가 금요일에 왔어요. (검사소가) 토요일도 일요일도 문을 안 열어. 그러면 월요일에 검사받으면 내가 벌금 물어야 되는 거 아니냐, 추방되는 거 아니냐, 이렇게 문의가 들어와요. 또, 내가 코로나에 걸렸는데 사업주가 무관심한 거야. 그러면 다른 사람들도 있는데 어떡하냐고. 이게 사장도 따로 있으라고 얘기 안 하고, 따로 있고 싶어도 그럴 장소도 없어요. 그래서 감염자하고 비감염자하고 같이 있으면서 만약에 나중에 보건소에서 내가 이렇게 한 거 알게 되면 나한테 불이익이 생기는 건 아니냐, 벌금 내는 건 아니냐, 추방되는 건 아니냐, 이런 걸 물어봐요. 이주노동자들이 제일 많이 불안해하는 게 내가 추방이 되지 않을까, 또, 처벌을 받지 않을까, 그런 거예요."
>
> – 우다야 라이 (이주노동자 노동조합)

이주민들의 두려움은 과장된 것이 아니었다. 2020년 4월 법무부 출입국·외국인정책본부는 해외에서 입국하는 모든 외국인에 대해 활동범위 제한 조치를 시행하겠다고 발표했고, 이에 따라 자가격리 조치를 위반하거나 격리 중 생활수칙을 준수하지 않는 외국인에 대해서는 검역법이나 감염병예방법에 의한 처벌과는 별도로 출입국관리법에 따라 강제퇴거, 입국 금지 처분과 더불어 징역형이나 벌금형 등 형사처벌도 불사하겠다고 밝혔다.[25] 이후 자가격리 지침을 위반한 외국인들이 강제퇴거 명령을 받은 사례가 연이어 언론에 보도되면서, 이주민들의 두려움은 커져만 갔다.[26, 27, 28]

특히 미등록으로 체류하는 이주민들의 경우, 방역 수칙이나 감염병예방법 위반으로 적발되면 강제퇴거의 대상이 될 가능성이 큰 만큼 누구보다도 조심했다. 그러나 매번 바뀌는 거리두기 단계와 그에 따른 시간대별 허용 모임 인원수를 정확히 아는 것은 거의 불가능했다. 정보로부터 소외된 대가는 고스란히 이들이 치러야 했다.

"(2021년) 9월인가 10월인가에 미등록으로 체류하던 미얀마 이주노동자한테 연락이 왔어요. 그때는 식당에 (오후) 6시 넘으면 두 명까지밖에 못 모였던 때였는데 세 명인가가 모여 있다가 6시 10분에 단속이 됐대요. 단순히 방역 지침을 위반한 거면 과태료 한 10만 원 내고 끝났겠죠. 근데 경찰이 조사를 해보니까 이 친구가 미등록 체류자라 출입국관리사무소에 인계를 한 거예요. 출입국에서는 이 사람이 미얀마 사람이라서 [미얀마의 군부 쿠데타 때문에] 어차피 못 보내는 상황이잖아요.[29] 그런데도 붙잡아 놓고 있었던 거죠. 우리가 봤을 때는 어차피 (본국에) 갈 수 없는데 이 사람을 붙잡아 놓고 괴롭힌다고 해서 될 일도 아니니까 빨리 풀어줘라 이렇게 얘기를 했죠. 그런데 출입국에서는 외국인이 방역법을 위반한 것이 얼마나 내국인들한테 불쾌감을 주는 건지 아느냐는 거예요. 벌금은 내야 한다, 500만 원을 가지고 와라, 그래서 500만 원 내고 나왔어요."

- 활동가 L(P 이주민 단체)

거리두기 방역 체제 도입으로 이주민을 대상으로 하는 공공기관의 서비스 제공 업무가 비대면으로 전환되면서, 이주민의 정보 소외 문제는 더욱 심각해졌다. 필요한 정보를 적시에 얻지 못함에 따라 코로나19 시기 이주민들은 감염에 대한 공포는 물론 추방과 처벌의 두려움까지 견뎌야 했다. 그러나 코로나19 팬데믹이 2년 이상 지속되는 상황에서도 이를 해소하기 위한 적절한 대책은 마련되지 않았다.

### 기본적인 방역 준비로부터의 배제

코로나19 유행 초기부터 감염 예방을 위한 중요한 개인위생 수칙으로 홍보되었던 것은 마스크 착용이었다. 매일 교체해야 하는 마스크의 특성상 사람들은 마스크 사재기에 나섰고, 마스크의 가격이 급등하는 것과 동시에 마스크 품귀 사태가 벌어졌다. 대구를 기점으로 코로나19 지역사회 전파가 확산되면서 지자체들은 자체적으로 주민들에게 마스크를 지급하기 시작했다. 그러나 '외국인' 주민들은 지급 대상에서 제외되었다.[30] 지자체 지급 마스크는 가구 단위로 지급되었는데, 외국 국적자로만 구성된 가구는 당연히 제외되었고, 만약 가구 구성원 중에 외국 국적자가 포함된 경우에는 그 사람 몫의 마스크는 빼고 지급되었다. 사업장에서 노동자들에게 마스크를 지급한 경우에도 이주노동자들은 제외하거나 한국인 노동자들에 비해 적은 수의 마스크를 지급하는 일이 잦았다.[31]

> "영주권 취득한 태국 국적의 결혼 이주여성이었는데, 그분 사는 지자체에서 가구당 마스크를 나눠줬대요. 한 사람당 세 개인가 다섯 개인가 이렇게 줬는데, 그 집에 온 마스크를 세어보니까 한 사람분이 부족한 거예요. 그래서 그 집 시어머니가 동사무소에 전화를 해서 한 명 빠졌다고 했더니 그럴 리가 없다면서 확인을 하더래요. 그러더니 며느리가 외국인이라고, 그래서 빠졌다고. 이게 한국 시스템이 주민등록 인구를 중심으로 정책이 만들어지다 보니까 (외국 국적자는) 그냥 자연스럽게 빠지게 되는 거죠."
>
> – 허오영숙(한국이주여성인권센터)

마스크 부족 사태가 절정에 달한 2020년 3월 5일, 정부는 마스크의 수출을 전면 금지하고 마스크 생산량의 80% 이상을 공적공급 물량으로 확보한 뒤 모든 '국민'이 약국, 우체국 등 공적 판매처에서 공평하게 마스크를 구입할 수 있도록 하는 공적마스크 구매제도 도입을 발표했다.[32] 당시 정부가 제시한 공적마스크 3대 구매원칙은 ①일주일에 1인 2매, ②출생연도에 따른 요일별 5부제, ③중복

우리의 상처가 미래를 바꿀 수 있을까

구매 방지를 위한 확인 시스템 가동이었다. 공적마스크 구매 대상에는 외국인도 포함되었는데, 본인 확인을 위해 주민등록증만 제시하면 되는 국민과 달리, 외국인은 외국인등록증과 건강보험증을 함께 제시하도록 했다.

공적마스크 구매 제도는 절반 정도의 외국 국적 이주민을 마스크 구매 기회에서 배제시켰다. 공적마스크를 건강보험에 가입한 이주민만이 구매할 수 있도록 했는데, 당시 국내 체류 외국인의 40% 이상이 건강보험 미가입자였기 때문이다. 한편, 대부분의 병의원과 약국에서 건강보험 가입 여부를 주민등록번호나 외국인등록번호로 확인하기 때문에 내외국인을 막론하고 건강보험 가입자가 건강보험증을 소지하고 있는 일은 드물었다. 그런데 공적마스크 구매 시 외국인에게만 건강보험증 제시를 요구하는 바람에 건강보험에 가입한 이주민들은 건강보험증을 받기 위해 건강보험공단 외국인민원센터로 몰려들었다. 건강보험증 출력으로 업무가 마비될 지경에 이르자 건강보험공단은 공적마스크 구매제도 시행 사흘 만에 외국인도 외국인등록증만 제시하면 마스크를 구입할 수 있다고 번복했다. 그러나 본인 확인 절차가 간소화된 것만으로는 부족했다. 사업장의 외출 금지 조치, 약국, 우체국, 농협 등 공적마스크 판매처와의 거리, 그리고 공적마스크 제도에 대한 정보 부족은 이주민들이 공적 마스크에 접근하는 것을 가로막았다. 무엇보다 다수의 건강보험 미가입 이주민들에게 공적 마스크는 그림의 떡이었다.

이주민들 사이의 마스크 부족 사태가 심각하고, 이주민들을 마스크 지급·구매에서 배제하는 것이 방역에도 효과적이지 않다는 비판의 목소리가 커지자 뒤늦게 지자체들도 마스크 지원에 뛰어들었다.[33] 그러나 방역용 마스크가 부족한 상황에서 지자체들이 지원할 수 있는 마스크는 면 마스크나 덴탈 마스크 정도가 고작이었으며, 그마저도 숫자가 크게 부족했다. 결국 이주민들은 자구책을 마련해야 했다. 몇 장 없는 마스크를 서로 나누고, 직접 천으로 마스크를 만드는 일도 흔했다. 외국인이라는 이유로 본인들을 배제한 지자체에 손수 만든 마스크를 기부한 이들도 있었다.

"2020년에 막 코로나 확산되던 시기에 마스크를 구하기 어려웠던 상황들이 여기도 똑같이 있었어요. 그래서 그때는 동두천 난민 공동체에서 난민분들이 면 마스크 만들어서 서로서로 나누고, 많이 만들어서 시청에 기부도 했어요. (나이지리아) 비아프라 공동체는 공동체분들이 돈을 모아서 손 소독제를 400개인가 사가지고 기부했고요. 비아프라 공동체는 그거 기부하는 날 동두천 시청 앞에서 성명서 발표 같은 것도 했어요. 우리도 지역사회의 일원이다, 그래서 우리의 힘을 한국 사회에 같이 보탠다, 이런 것도 하고 그랬었죠."

– 강슬기 (의정부 엑소더스)

마스크를 착용하지 않고는 대중교통 이용부터 다중이용시설 출입까지 일상생활이 아예 불가능한 상황에서 마스크가 없어 어려움을 겪는 이주민들은 늘어만 갔다. 이주민 지원단체들은 가용한 모든 자원을 동원해 마스크를 지원받아 이주민들에게 나누는 활동을 했다.

> "한국인들도 마스크 구하기 어려웠잖아요. 그러니까 이주민들한테 돌아갈 마스크는 더 없는 거죠. 그래서 저희들이 마스크 보급활동을 한 거죠. 저희들이 SNS를 통해서 마스크를 구한다고 했더니 한 5,000장 정도, 주로 교회나 이런 데서 좀 보내주더라고요. 저희하고는 전혀 관계가 없었던 데인데 이렇게 모아서, 같은 게 한 개도 없는, 집에서 쓰려고 했던 한 개, 두 개 이렇게 모아서 왔더라고요. 그래서 그런 마스크부터 나누기 시작했죠. 저희가 '코로나는 사람을 차별하지 않고 국적을 차별하지 않는다. 그런데 한국 정부의 감염병 대책은 국적을 이유로 비자를 이유로 사람을 차별한다', 이런 의미에서 항의의 뜻을 담아서 평등 마스크라고 이름을 붙였죠. 그리고 한 달 동안 일요일마다 오전 11시에, 저쪽 대로변에 자리를 잡아서 평등 마스크를 나눠줬어요."
>
> – 김용철(성서공단 노동조합)

마스크는 방역의 상징이자 필수품이었다. 그러나 이주민들은 그 기본적인 방역 물품의 지급과 구매에서 배제되었다. 이는 이후 코로나19 상황에서 반복된, 이주민 배제 정책의 서막이었다.

## 재난지원으로부터의 배제

코로나19로 인한 휴업과 실직, 영업시간 축소와 영업장 휴·폐업, 대면 교육의 중단 등에 따라 한국뿐 아니라 전 세계적으로 많은 사람들이 소득 감소나 생계 곤란, 돌봄 공백과 같은 문제를 겪어야 했다. 각국 정부와 지자체들은 개인과 가계, 자영업자와 프리랜서, 자녀를 양육하는 부모 등에 대한 현금 지원 정책을 마련했고, 한국도 마찬가지였다.[34] 그러나 등록 이주민 모두를 지원한 일본이나 미등록 이주민까지 포함한 미국 캘리포니아주 같은 사례와는 달리 한국 정부와 지자체는 대부분의 이주민을 지원 대상에서 배제했다.[35, 36]

한국에서 재난지원금 지급은 지자체 차원에서 우선 시작되었다. 서울시는 2020년 3월 18일 '서울시 재난 긴급생활비 지원 대책'을 발표하며 중위소득 100% 이하 가구를 대상으로 30만~50만 원의 긴급생활비 지급을 결정했다. 곧이어 경기도도 3월 24일 '경기도 재난기본소득 지원 대책'을 통해 소득과 무관하게 도민 1인당 10만 원의 지역화폐 지급을 약속했다. 그러나 가구 단위 지급 정책을 마련한 서울시는 한국 국적자와 가족관계에 있는 외국인만을 지원 대상에 포함하기로 했고, 개인 단위 지급을 결정한 경기도는 아예 모든 외국인을 제외했다.

이주민 인권단체는 즉각 서울시와 경기도의 재난지원금 이주민 배제를 비판하는 성명서를 발표했고, 이주민 당사자들을 대리해 국가인권위원회에 진정을 제기했다.[37, 38] 그러나 이러한 움직임에

　　　　　　　　　　　　우리의 상처가 미래를 바꿀 수 있을까

도 정부는 2020년 4월 3일 '대한민국 모든 국민'을 대상으로 하는 가구 단위 긴급재난지원금 지급 계획을 발표했다. 단, 외국인은 국민의 "주민등록표에 함께 등재된 사람"인 경우 가구원으로 보겠다고 덧붙였다.[39] 서울시와 마찬가지로 중앙정부 역시 한국 국적자의 가족인 이주민만을 지원 대상에 포함하기로 한 것이다. 그러나 이주민은 한국인의 가족이라도 주민등록표에 등재가 될 뿐, 주민등록번호를 부여받는 것도 아니고, 당연히 세대주가 될 수도 없는 사람들이었다. 그러다 보니 세대주 중심의 가구 단위 지원을 통해 실질적으로 지원을 받지 못하는 이주민들도 나올 수밖에 없었다.

이후 중앙정부와 지자체의 재난지원금 지급 대상이 되는 이주민의 범위는 조금 조정된다. 4월 16일 정부는 국가 차원의 긴급재난지원금 세부기준을 발표하면서, 외국인 중 결혼이민자와 영주권자를 지원 대상에 포함하겠다고 밝혔다.[40] 모든 외국 국적자를 배제하기로 했던 경기도 역시 4월 20일 방침을 바꿔 재난기본소득 지급 대상에 결혼이민자와 영주권자를 포함하기로 했다.[41] 서울시는 재난 긴급생활비 지원사업 주요 Q&A를 통해 외국인 중에서는 결혼이민자 외에도 난민 인정자가 포함된다고 설명했다.[42]

서울시와 경기도는 이후 국가인권위원회로부터 재난지원금 정책에서 외국인 주민이 배제되지 않도록 관련 대책을 개선할 것을 권고받게 되는데, 이에 따라 서울시는 2020년 8월 말 서울시 외국인 주민 재난 긴급생활비 지원 대책을 발표해, 지원 대상이 되지 않았던 이주민들로부터 추가로 신청을 받아 긴급생활비를 지원하기로 했다.[43, 44] 하지만 경기도는 배제된 이주민을 기존 1차 재난기본소득 지급 대상에 추가하는 대신 2021년 1월, 2차 재난기본소득 지급 때 도내에 거주하고 있는 등록 외국인을 모두 포함하는 방식을 취했다.[45] 그러나 3차 재난기본소득에서는 지원 대상 외국인의 범위를 결혼이민자와 영주권자로 다시 축소했다.

그런데 2020년 8월 말부터 서울시가 추가로 시행한 외국인 주민 재난 긴급생활비 지원 대상은 서울시에 외국인등록이나 거소신고를 한 지 90일이 넘고, 국내에서 합법적으로 취업·영리 활동을 해온 이주민으로 국한되었다. 경제 활동 여부와 상관없이 주소지와 소득 기준만으로 지원 대상에 포함한 내국인과는 다른 기준이었다. 한편, 내국인과 마찬가지로 중위소득 100% 이하를 기준으로 가구 단위로 지급하기로 하면서, 주민등록 대신 가족사항 확인을 위해 건강보험자격확인서 또는 외국인등록사실증명서를 요구했다. 이때, 두 서류 모두에서 함께 기재되지 않은 가족들은 가구원의 수에 집계되지 못해 제외되는 경우도 발생했다.

"인권위 권고 이후에 서울시에서 이거를 어느 범위까지 줘야 하느냐 하는 논의가 굉장히 길어졌던 것 같아요. 시의 입장에서는 내국인들의 반발을 무시할 수 없다 이거죠. 그래서 찾아낸 대안이 세금을 내고 있는 사람, 기본적으로 서울에서 근로를 통해서 소득이 있었다는 증명을 하는 경우에만 지급을 하는 조건, 이렇게 타협점을 찾아낸 것 같아요. 그런데 또 문제가, 서울시는 가족

우리의 상처가 미래를 바꿀 수 있을까

당 얼마를 줬잖아요. 이게 쉽지 않은 거예요. 내국인은 가족 단위로 묶을 수가 있는데 이주민 같은 경우에는 몇 인 가구인지가 안 나온다는 거죠. 그러다 보니까 건강보험에 피부양자나 세대원으로 등재가 됐느냐로 확인하게 되는 거예요. 그런데 외국인들한테 건강보험료를 많이 받아내려고 꼼수를 썼잖아요. 가족들 등재 못 하게. 그러니까 제대로 파악이 안 되는 거죠. 제가 알기로는 결국 실제 서울시에서 예산 잡은 거의 반 정도만 나간 걸로 알고 있어요. 아예 자격이 안 되거나 입증하기 어려우신 분들이 상당히 많았죠."

– 활동가 A(S 이주민 단체)

서울시의 외국인 주민 재난 긴급생활비 신청 사이트는 한국어와 영어로만 구축되었고, 매뉴얼도 한국어, 영어, 중국어로만 제공되었다. 그러다 보니 대상이 되는 이주민들도 스스로 신청하는 데 어려움을 겪을 수밖에 없었다. 결국 서울시는 관내 외국인 주민 지원시설과 다문화가족 지원시설 40곳에 콜센터를 설치해 온라인 접수를 지원했고, 구청마다 통역을 배치해 현장 접수를 도왔다. 처음부터 보편적으로, 가구가 아닌 개인을 단위로 지급했으면 발생하지 않았을 엄청난 행정력과 비용이 낭비되었다는 비판이 뒤따를 수밖에 없었다.

코로나19 팬데믹 기간 중 중앙정부는 여섯 차례에 걸쳐 재난지원금을 지급했다. 그러나 소상공인과 자영업자처럼 집합 금지나

영업시간 조정으로 직접적인 피해를 입은 이들을 지원한 것이 아닌 일반 지원은 원칙적으로 '국민'만이 대상이었고, 이주민은 결혼이민자나 영주권자처럼 예외적인 경우에만 포함되었다. 지자체의 재난지원금 외국인 주민 배제에 대한 차별 진정에서는 이주민들을 포함하라고 권고한 국가인권위원회도 중앙정부의 이주민 배제에 대한 진정에서는 2020년 11월과 2022년 2월 두 차례에 걸쳐 기각 결정을 내리면서 재난지원금의 지급 대상을 정하는 것을 정부의 재량권으로 인정했다.[46, 47]

정부와 지자체의 재난지원금 지급에서 배제되었을 때 실망을 넘어 분노를 느낀 이주민들도 있었다. 앞서 언급했듯이 소득감소나 임금체불을 겪으면서도 한국인 사업주를 이해하고 걱정했던 이들은 특히 그럴 수밖에 없었다. 그러나 대부분의 이주민들은 그러한 배제 또한 당연하게 받아들였다. 한국에서 '국민'이 아닌 '외국인'이 동일한 지원을 받을 수 있을 것이라는 기대조차 하지 않았기 때문이다.

"동포들 중에는 자국민 챙기기도 바쁜데 외국인한테까지 그게 올까 하면서 (재난지원금을 받을 수 있을 거라고) 기대한 사람이 오히려 소수예요. 그리고 또 그동안 한국 사회로부터 받았던 차별, 그리고 무언가를 요구했을 때 돌아오는 비난, 그런 거에 대한 두려움이 학습된 것 같아요. 제가 봤을 때는 괜히 이것저것 요구했다가는 미운털만 박힌다, 그냥 조용히 입 닫고 있자, 이런 분위기였어요."

– 박동찬 (이주민센터 친구)

그러나 교육부의 비대면 학습 지원금 배제 때는 분위기가 사뭇 달랐다. 2020년 9월, 보건복지부와 교육부, 여성가족부는 중학교 학령기 이하의 자녀를 키우는 부모들을 대상으로 '아동 특별돌봄·비대면 학습 지원'을 발표했다. 미취학 아동과 초등학생 학령기 아동에게 20만 원의 돌봄 지원금, 중학생 학령기 아동에게 15만 원의 비대면 학습 지원금을 지급하겠다는 내용이었다. 그런데 지원의 대상은 아동이 대한민국 국적을 가진 경우로 제한했다.[48]

그러자 이 같은 결정에 대해 서울시 내 이주민 밀집 지역에 있는 학교 교사와 학부모들이 반발에 나섰다. 지원 대상을 대한민국 국적 학생으로 한정하는 것은 외국 국적을 가진 학생들에게 상처를 주는 노골적인 차별이며, 최소한 교육 현장에서 그러한 차별이 자행되는 것은 묵인할 수 없다는 것이 그 이유였다. 이들은 반대 성명서를 발표하며 국가인권위원회에 차별 시정을 위한 진정서를 제출했다. 서울교육단체협의회도 교육 당국에 국적 차별 없는 돌봄 지원을 촉구하는 성명서를 발표했다.[49]

서울시교육감은 돌봄 지원에서 외국 국적 학생을 제외한 것이, 학교 안 학생들을 구분 짓고, 서울학생인권조례에도 부합하지 않으며, 의무는 지우고 권리를 배제하는 조치라며 동일한 지원을 추진하겠다는 입장문을 발표했다.[50] 뒤이어 다른 시도들에서도 반대 의견이 모였고, 결국 교육부는 17개 시·도교육청의 자체예산으로 외국 국적 학생들에게 돌봄 지원비를 지급할 수 있도록 하겠다고 밝혔다.[51] 그러나 보건복지부는 미취학 외국 국적 아동을 돌봄 지원 대상에 포함하라는 국가인권위원회의 권고에도 끝내 이주아동에 대한 특별돌봄 지원금을 지급하지 않았다.[52] 이주아동들은 평상시에도 국가의 양육 및 보육 지원 대상에서 배제되고 있었으니, 어쩌면 당연한 결과였다.

결국 자녀를 양육하는 이주민 가정, 갑자기 해고되거나 임금이 체불되어 생활이 어려워진 이주노동자, 더 이상 무너질 수 없는 삶을 견디고 있는 난민들이 벼랑 끝에서 손을 내민 곳은 이주민 인권단체나 이주민 지원단체들이었다. 다수의 이주민 지원단체들은 코로나19 팬데믹 기간 내내 시민들의 후원이나 민간기금의 지원을 통해 정부와 지자체의 지원에서 배제된 이주민들에게 현금과 물품을 지원하는 구호 활동을 지속했다.

# 혼돈 그 자체였던 감염과 치료, 검사와 예방접종

국내 체류 이주민의 집단감염은 우려와는 달리 크게 발생하지는 않았다. 그러나 내국인에 비해 훨씬 적은 수의 집단감염에도 방역 및 치료 시스템이 제대로 작동하지 않는 경우가 많았다. 이주민이 코로나19를 확산시킬 것만을 염려했지, 이주민이 확진되었을 때 어떻게 대처할지에 대한 준비는 미흡했기 때문이다.

일부 지역의 이주민 집단감염으로 여러 지자체가 이주노동자 전수에 대한 진단검사 행정명령을 발동했는데, 이는 비과학적이고 차별적인 조치로 비난을 받기도 했다. 코로나19 방역 정책에서 나타난 정보 전달, 의사소통, 이주민의 구분과 배제와 같은 문제들은 코로나19 백신 접종 정책에서도 그대로 반복되었다.

### 이주민 집단감염 사례를 통해 본 확진자 관리

2020년 4월 초, 싱가포르에서 이주노동자들의 코로나19 대규모 집단감염이 발생했다는 소식이 언론에 보도되면서, 밀집·밀접·밀폐라는 3밀 환경에서 일하는 국내 체류 이주노동자들의 집단감염 위험성에 대한 우려도 제기되기 시작했다.[53] 정부는 코로나19 감염취약시설 및 취약인구집단에 대한 종합적인 샘플링 검사를 하겠다는 계획을 발표하며 이주노동자도 검사 대상에 포함시키겠다고 밝혔다.[54] 그리고 5월 초에는 미등록 체류자를 포함한 모든 이주민이 비용 부담과 강제출국에 대한 걱정 없이 보건소에서 코로나19 검사를 받을 수 있게 하고, 보건소 선별진료소에서 비대면 통역 서비스를 지원하며, 외국인 고용 사업장 및 외국인 밀집지역에 대한 방역 환경을 점검하겠다고 발표했다.[55]

그러나 우려와는 달리 2020년 상반기 국내 발생 코로나19 확진자의 수는 내국인 5만 4,025명, 외국인 1,322명으로, 외국인 확진자의 비율은 2.4%에 불과했다.[56] 국내 체류 외국인의 비율이 전체 인구의 3.7%인 점을 고려할 때, 인구대비 확진자 수는 낮았던 셈이다. 이주민 인권·지원단체 활동가들은 이를 대부분의 이주민들이 주류사회와 동선이 겹치지 않는 공간에서 일하고 생활하기 때문이라고 분석하기도 했다.[10]

하지만 2020년 12월, 코로나19 3차 대유행 시기를 지나면서 상황은 달라졌다. 특정 사업장을 중심으로 이주노동자 집단감염이 발생하기 시작했고, 일부 지역에서는 지역사회 중심의 이주민 집단감

우리의 상처가 미래를 바꿀 수 있을까

염도 발생했다.[57, 58] 2021년 2월과 3월에는 국내 발생 코로나19 확진자 중 이주민의 비율이 10%를 웃돌 정도로 상황이 심각했다. 그러나 이주민 집단감염이나 확진 사례들을 살펴보면, 코로나19 확산에 대한 우려만 있었을 뿐 정작 확진자에 대한 관리나 지원은 미흡했다는 것을 알 수 있다.

2021년 3월 초, 경기도 동두천시의 지역사회 감염으로 100명이 넘는 이주민 코로나19 확진자가 발생했다. 당시만 해도 확진자들은 무조건 생활치료센터에 입소해야 했다. 그러나 예기치 않게 확진자가 급증한 탓인지 확진자 이송은 때맞춰 이뤄지지 않았다. 이송을 기다리면서 자가격리를 하게 된 확진자들에게 생필품이나 의약품 등도 원활하게 지급되지 않았다. 확진자만 격리할 공간이 없던 대부분의 이주민 가정에서는 추가 확진자도 속출했다.

> "한집에 다 같이 확진됐으면 상관없는데 다섯 명 중 두 명은 안 걸리고 세 명만 확진이라고 하면, 확진자가 격리센터로 이송되기 전까지 최소한 3~4일은 같이 있어야 했던 거예요. 그런데 여기 집들이 방이 여러 개고 화장실이 두 개여서 서로 격리할 수 있는 집들이 아니잖아요. 게다가 여기는 미군 기지촌이었던 데라서 쪽방이 많거든요. 대문 열고 딱 들어가면 방이 여러 개 쭉 이렇게 있는 거. 거기 방 하나에서 다 같이 사는 가족들이 많으니까 그사이에 추가 확진자가 나오는 거죠."

– 강슬기(의정부 엑소더스)

어렵게 생활치료센터로 들어가고 난 뒤에는 의사소통이 문제가되었다. 하루에도 몇 번씩 체온을 비롯한 본인의 몸 상태를 확인해의료진에게 보고를 하는, 치료를 위한 가장 기본적인 소통도 어려웠다. 격리가 해제될 때 들어갈 때 입었던 옷과 가져갔던 소지품을소각한다는 규정도 이주민들에게는 명확하게 전달되지 않았다. 여권을 비롯한 중요 서류를 챙겨 생활치료센터에 들고 갔다가 모든것을 소각당하는 황당한 일을 당한 이들도 있었다.

코로나19 팬데믹 이전에는 감염병 예방법에 따라 치명률이 높거나 집단 발생의 우려가 큰 감염병에 걸린 외국인 환자의 입원치료,조사, 진찰 등에 드는 비용을 국가가 부담하도록 되어 있었다. 그러나 2020년 8월 법률의 개정으로 해외에서 감염되어 입국하는 외국인은 이러한 지원에서 제외되었다. 코로나19 확진자가 증가하고있는 상황에서 모든 외국인 감염병 환자에게 비용을 지원하는 것은 방역 활동과 의료자원의 효율적 활용에 부담이 된다는 것이 이유였다. 그러나 개정 법률은 국내에서 감염병에 감염된 것으로 확인된 외국인은 여전히 국가의 비용 부담으로 치료 등을 받을 수 있도록 단서를 달았다. 감염병의 조기 발견과 치료를 유도해야 더 큰확산을 막을 수 있다는 점에서 당연한 것이었다.

따라서 국내 체류 이주민들이 역학적 연관성이나 증상 발현으로코로나19 검사를 받는 경우, 코로나19에 감염되어 생활치료센터또는 의료기관에서 치료를 받는 경우의 비용 지원은 코로나19 팬데믹 기간 내내 지속되었다. 그러나 코로나19 검사와 치료 과정에서 이주민에 대한 통역 지원과 생필품 지원, 격리 후 생활비 지원 등은 원활하게 이루어지지 않았다. 역학조사나 치료를 위한 의사소통 문제는 끊임없이 제기되었지만 끝까지 민간의 영역으로 남았다.

2021년 상반기부터 코로나19 백신 접종이 실시되고, 예방접종률이 70%를 넘어서면서 정부는 2021년 10월 중증환자가 아닌 감염자에 대한 재택치료 확대 방안을 발표했다.[59] 이어 2022년 2월에는 재택치료자에게 생필품 지급을 간소화하고 재택치료 키트도 집중관리군 확진자에게만 지급하는 것으로 방침을 변경했다.[60] 그러나 관련 정보를 알지 못한 채 코로나19에 확진된 이주민들은 큰 혼란을 겪어야 했다. 설사 변경된 방침을 안다고 해도 이주민 확진자들은 비대면 진료를 통한 의약품 처방과 수령이 어렵거나 생필품을 구입할 수 있는 수단이 없는 경우가 많았다.

> "코로나에 확진되면 보건소에서 와가지고 많이 아프면 병원에 데려가고 조금 아프면 생활치료센터에 데려가서 먹여주고 재워주고 치료를 해줄 거라고 생각을 했는데 갑자기 올해(2022년) 2월 둘째 주부터 그걸 안 하게 됐잖아요. 사람들은 그걸 몰랐던 거죠. 막상 확진되고 나니까 나는 어떡하냐, 가족도 없는데 누가 대신 가서 약을 받아 올 것이고 누가 식료품을 사다 줄 것이냐, 이렇게 된 거죠.
>
> 약 같은 경우는 저희가 그 뉴스 나오자마자 일주일 만에 감기약 세트를 400개 만들었어요. 그런데 2월, 3월에 너무 확진자가 많

이 나오니까, 감당이 안 되는 거예요. 제가 심지어 보건소 직원 개인 휴대폰으로 전화를 했잖아요. 정말 너무 바쁘신 줄 알아서 이러고 싶지는 않은데, 이주민들 약 안 갖다주면 죽겠다고, 구청에도 생필품 좀 보내달라고 전화했어요. 그랬더니 담당자 말이 혼자 사는 사람들은 인터넷에서 주문하면 된다는 거예요. 근데 자기 명의의 휴대폰도 없는 사람들이 무슨 인터넷 쇼핑을 하냐고요. 우리 3월, 4월은 택배기사들이었어요."

– 활동가 L(P 이주민 단체)

정부는 코로나19 기간 동안 직장에서 유급휴가비를 받지 못하는 확진자 및 격리자들에게 생활지원비를 지급해 왔다. 2020년 2월 처음 발표된 생활지원비는 1인 가구 45만 4,900원부터 5인 이상 가구 145만 7,500원까지 가구원 수에 따라 달리 책정되었다. 그러나 외국인의 경우, 가구원 수와 무관하게 1인 가구 지원비를 적용했다.[61] 이후 코로나19의 확산 상황과 격리 기간 등을 반영해 생활지원비의 액수가 달라지기도 하고, 가구원 수가 아닌 격리자 수에 따라 지원되기도 하는 등 변화가 있기는 했지만, 외국인에게는 무조건 1인 가구 지원비를 지급하는 방침은 고수되었다. 결국 이주민 확진자 및 격리자에 대한 생활비 지원도 이주민 인권·지원단체의 몫이었다.

사회구성원 전체의 안전을 위해서 국민과 동일하게 이주민들에게도 검사와 치료는 제공하지만, 치료 과정에서 생계를 이어나가기 위한 지원 여부는 국민과 차등을 두기로 한 것이 정부의 정책이었다. 이는 마스크 보급과 재난지원금 지급에서 이주민을 차별해 온 기존의 정책과 일맥상통하는 것이었다.

**행정명령이라는 이름의 폭력**

경기도 동두천시에서 이주민 집단감염이 확인된 직후, 동두천시에서 코로나19 민관협력 방역대책 간담회가 열렸다. 동두천시와 동두천 보건소는 물론, 질병관리청, 보건복지부, 법무부, 관할 출입국·외국인청과 이주민 지원단체가 모여 상황을 공유하고 향후 방역 대응에 대해 논의하는 자리였다. 이주민 지원단체 참석자들은 그동안 이주민들이 방역에서 배제되고 정보에서도 소외되었다는 사실을 지적하며, 정부와 지자체 차원에서 이주민 개인에게 어떠한 불이익도 없이 검사나 격리, 치료를 받을 수 있다는 것을 알리고 필요한 지원을 제공해야 한다는 것을 강조했다. 그러나 동두천시가 택한 대응은 이주노동자에 대한 전수검사였다.

2021년 3월 3일, 동두천시는 「외국인 근로자 코로나19 진단검사 행정명령」을 발표하면서, 3월 10일까지 외국인 고용사업주는 사업장 내 모든 외국인근로자가 코로나19 검사를 받을 수 있도록 조치해야 하며, 이를 위반하면 감염병예방법에 따라 벌금 부과와 함께 향후 감염병 발생 시 방역비용이 구상 청구될 것이라고 밝혔다.[62] 동두천시의 이주노동자 전수검사 행정명령은 유행처럼 전국으로 퍼져나갔다.

2021년 3월 8일, 경기도는 「코로나-19 확산 차단을 위한 외국인 고용사업주 및 외국인 노동자 진단검사 행정명령」을 발표했다. 동두천시의 행정명령과 내용은 동일했고, 경기도 전역의 모든 이주노동자가 2주 내로 코로나19 검사를 받아야 한다는 명령이었다.[63] 국내에서 이주민이 가장 많이 사는 광역지자체가 내린 전수검사 행정명령에 이주민 당사자들과 이주민 인권단체들의 즉각적인 반발이 튀어나왔다. 이주노동자들에게만 검사를 강제하는 것은 이주노동자를 잠재적 전파자로 낙인찍는 차별이며, 코로나19 확산 방지에도 효과적이지 않다는 논평과 성명서가 잇달았다.[64, 65] 그럼에도 이주노동자에 대한 전수검사 행정명령은 경기도를 넘어 서울, 인천, 강원, 경북, 전남 등으로 들불처럼 번져나갔다.[66]

이주노동자에 대한 전수검사를 강행하던 2021년 3월 16일 경기도는 도내 사업장에서 이주노동자를 새로 고용할 경우 진단검사를 받은 사람만 채용하도록 하는 내용의 행정명령을 추가로 내릴 계획이라고 밝혔다.[67] 다음 날인 3월 17일, 서울시도 「코로나-19 확산 방지를 위한 외국인 노동자 진단검사 행정명령」을 발표하며 분위기에 편승했다. 그런데 경기도의 추가 행정명령 검토 계획 및 서울시의 행정명령 발동은 예상치 못한 반대에 부딪혔다. 바로 다음 날부터 서구권 대사관과 대학의 항의가 빗발친 것이었다.

3월 18일 주한 영국대사가 서울시와 경기도의 행정명령이 불공정하고 과하다며 국가인권위원회에 이 문제를 긴급 사안으로 제기하겠다고 발표한 이후, 미국, 캐나다, 독일 대사관에서도 행정명령이 차별이라는 입장을 표명했다.[68] EU 대표부와 EU 회원국 대사들은 외교부를 찾아 전수검사 조치의 법적, 의학적, 과학적 의구심과 함께 한국 정부와 지자체의 의사소통방식에 문제를 제기했다.[69] 3월 19일 서울대학교는 서울시의 외국인 노동자 전수검사 행정명령이 외국인에 대한 중대한 차별이자 헌법상 평등권을 침해하는 행위라며 행정명령 철회를 요청했다.[70] 대학에 재직 중인 외국인 교수들도 의무적으로 검사를 받아야 하고, 이에 불응하면 불이익을 받을 수 있는 상황에서 나온 요청이었다.

경기도의 전수검사 행정명령에 이주민 인권단체들이 반발했을 때는 아무런 반응이 없던 인권기구들과 정부가 이번에는 발 빠르게 움직였다. 서울시 인권위원회는 서울시의 전수검사 행정명령을 노동자의 국적과 관계없이 비차별적인 내용으로 수정·변경할 것을 권고했다.[71] 국가인권위원회도 서울시 행정명령이 차별이라고 제기한 진정에 대해 신속하게 판단하겠다는 입장을 밝혔다.[72] 중앙사고수습본부는 코로나19 방역 조치에서 내·외국인에 대한 차별적 요소나 인권침해가 발생하지 않아야 한다며, 서울시에 전수검사 행정명령 철회와 개선을 요청했다.[73]

결국 서울시는 외국인 노동자 전수검사 행정명령을 발령 이틀 만에 철회했다. 단, 3밀 근무환경에 있는 고위험 사업장에서 근무하는 외국인노동자들은 3월 31일까지 코로나19 진단검사를 받도록 권고한다고 덧붙였다.[74] 이주노동자를 제조업 등에 종사하는 비전문 인력으로만 생각했다가 철퇴를 맞았지만, 코로나19 감염 위험이 높은 사업장에서도 유독 이주노동자들만 검사의 대상이 되어야 한다는 차별적이고도 비과학적인 인식은 변하지 않은 것이다. 한편 경기도는 이러한 논란이 오가는 와중에 슬그머니 이주노동자 채용 전 진단검사 행정명령 계획을 철회했다.[75]

이주노동자 전수검사 행정명령이 별다른 준비 없이 갑작스럽게 발표된 것이다 보니 수많은 이주노동자들이 한꺼번에 검사소에 방문하는 상황에 대한 대비도 제대로 마련되어 있지 않았다. 특히 경기도의 경우, 행정명령이 발표된 2021년 3월 기준 외국인등록 및 거소신고를 한 이주민만 56만 명이 넘었고, 미등록 이주민을 포함하면 70만 명 이상이 거주하는 것으로 추산되고 있었다. 외국인 '노동자'만을 대상으로 한다는 것을 고려하더라도 진단검사를 받아야 하는 사람이 최소한 40만 명은 될 터였다.

그 정도 규모의 인원이 매일 비슷한 수로 분산되어 코로나 검사를 받는다고 해도 2주라는 행정명령 기간은 짧았을 텐데, 이주노동자들 대부분이 평일에 휴가를 얻기 어려운 환경에서 일하다 보니 주말에만 사람들이 몰리면서 검사소는 미어터질 수밖에 없었다. 행정명령이 발동되고 난 뒤 첫 번째 일요일이었던 2021년 3월 14일 선별진료소를 취재한 언론은 거리두기는커녕 움직이기도 어려울 정도로 붐비는 검사 현장이 오히려 코로나19 감염의 위험성을 높이고 있다고 지적하기도 했다.[76] 엄청난 인파에 검사소를 찾았다가 발길을 돌려야 했던 이주민들은 정해진 기간 안에 검사를 받지 못해 처벌을 당할까봐 노심초사해야 했다.

그런 상황에서도 경기도는 예정대로 전수검사를 강행하면서, 행정명령 이후 확진자가 감소하고 있고, 집단감염 클러스터 발견으로 감염 확산을 조기에 차단할 수 있었다며 자화자찬했다.[77, 78] 경기도의 외국인 노동자 진단검사 행정명령의 처분기간인 3월 8일부터 22일까지 도내 이주민 검사자 수는 34만 8,792명이었으며, 그중 329명이 양성 판정을 받아 검사 양성률은 약 0.09%를 기록했다.[77] 마치 엄청난 성과처럼 홍보했지만, 비슷한 규모의 검사를 통해 충분히 나올 수 있는 양성률이었다.

이주노동자 전수검사 행정명령으로 야기되었던 논란과 혼돈이 사그라질 무렵, 코로나19인권대응네트워크 등이 공동주최한 코로나19와 인종차별 토론회가 열렸다. 그 자리에서 한 발제자는 전수검사 행정명령이 이주민에 대한 차별과 인권침해였으며, 공중보건의 인권원칙을 무시한 처사였다고 지적했다. 감염병 대응에서 인권의 유보는 꼭 필요한 경우에 한해서 최소한으로 이루어져야 하고, 자의적이거나 차별적으로 적용하지 않고 과학적 증거에 기반해야 하며, 인권의 제한은 최후의 수단이 되어야 하는데, 이번 행정명령은 이 모든 원칙을 무시한 채 인권의 제한을 최초의 수단으로 선택했다는 이유에서였다.[79] 정부는 방역 수칙이 지켜지기 힘든 이주민의 노동환경과 주거환경에 대한 개선이 아니라 강제적인 전수검사를 선택함으로써, 이주민을 감염병 시대에 동등한 건강권을 누려야 할 주민으로 인정하지 않고 있다는 것을 단적으로 보여주었다.

**코로나19 백신 접종**

2021년 1월 초부터 질병관리청은 정례 브리핑을 통해 코로나19 백신 접종 계획을 발표하기 시작했다. 1월 8일에는 질병관리청장을 단장으로 하는 코로나19 예방접종 대응 추진단이 설치되었다. 그런데 외국인은 무료접종 대상에 포함될 것이라고 하면서도, 범위와 절차를 결정하지 못하고 있었다.[80] 1월 28일에는 장기 체류 중인 등록 외국인의 경우 내국인과 동일하게 순서에 따라 접종을 진행할 것이지만, '불법체류' 외국인의 경우에는 국민건강과 코로나19 전파, 고위험군들에게 미치는 영향을 고려해 필요하다고 판단되는 경우에 접종을 진행할 예정이라고 했다.[81] 2월 1일에는 장기 체류자이며 건강보험에 가입한 외국인은 백신 접종을 하되, 단기 체류자에게는 필요성에 따라 접종 여부를 판단할 것이라며 건강보험 가입자만이 대상인 것처럼 밝혔다.[82]

코로나19 팬데믹이 1년도 넘게 이어지면서 확진자와 사망자는 날로 늘어가고 병상 부족과 의료진의 소진 문제로 의료 체계 붕괴가 우려되고 있던 상황에서 백신 접종은 코로나19 확산을 막고 중증환자와 사망자를 줄일 수 있는 유일한 방법으로 거론되었다. 백신 개발과 임상 시험이 끝나고 2020년 말부터 일부 국가에서 백신 접종이 시작되면서, 한국에서도 백신 접종에 대한 필요성과 기대감이 그 어느 때보다 높았다. 그러한 상황에서 코로나19 확산을 막고 방역의 사각지대를 없애겠다는 명목으로 이주민에 대한 전수검사는 강행하면서 백신 접종에서는 대상자를 선별하겠다는 정부의 태도는 반인권적인 것을 넘어 과학적이지도 합리적이지도 않은 것이었다.

2021년 2월 26일부터 이미 요양병원과 요양시설 등의 입소자와 종사자를 대상으로 코로나19 백신 접종이 시작되었고, 4월부터 일반인을 대상으로 한 백신 접종이 진행될 예정인데도 접종 대상에 포함되는 이주민의 범위는 여전히 명확하게 발표되지 않은 상황에서 이주민들, 특히 미등록 체류자나 건강보험 미가입자들은 혼란에 빠졌다.

그런데 코로나19 예방접종 대응추진단이 2021년 3월 2일 발간한 지자체용 코로나19 예방접종 사업지침에 따르면, 이미 외국인 접종 대상자의 범위와 접종 절차는 결정되어 있었다. 90일 미만 단기체류자가 아닌 이상, 모든 외국인이 접종 대상이고, 건강보험 가입자는 위탁의료기관에서, 건강보험 미가입자는 보건소나 코로나19 예방접종센터에서 접종을 하게 되며, 건강보험 미가입자이면서 외국인등록번호도 없는 경우에는 보건소에서 임시관리번호를 발급받은 뒤 접종을 할 수 있다는 것이 내용이었다.[83]

그러나 코로나19 예방접종 대응추진단의 홈페이지 한 귀퉁이에 게시된 이 지침은 이주민 당사자나 이주민 인권·지원단체는 물론 예방접종을 실시하는 보건소, 접종센터, 의료기관에도 홍보 또는 전달되지 않았다. 또, 지자체용 지침에 실린 이주민 관련 내용은 코로나19 예방접종센터용 및 위탁의료기관용 지침에는 포함되지 않았다. 그 결과 이후 이주민의 백신 접종 과정에서는 한동안 대상 여부와 접종 절차에 대한 실랑이가 이어져야 했다.

관광객 등 단기 체류자로 입국해 국내 체류 3개월이 지나지 않은 경우를 제외한 모든 이주민이 코로나19 백신 접종 대상이 되면서 코로나19 예방접종 대응추진단은 한국어 외 12개 언어로 된 다국어 예방접종 안내문과 예방접종 예진표를 발표했다. 그러나 거기에는 고용허가제로 이주노동자를 도입하고 있는 16개 국가의 언어조차 다 포함되지 않았다. 호주 보건부가 63개 언어로, 미국 질병통제예방센터(CDC)가 65개 언어로 백신 정보를 제공한 것에 비하면 턱없이 부족한 숫자였다.[84, 85] 이주민 인권·지원단체들은 자주 접하는 이주민들의 출신국 언어로 안내문과 예진표를 추가 번역해 공유하는 일을 해야 했다.

한편, 코로나19 예방접종 대응추진단은 건강보험 가입 여부, 외국인등록번호 유무 여부와 무관하게 모든 이주민이 내국인과 동일하게 특정 직종이나 연령대가 접종 대상이 되는 시기에 예약 및 접종을 할 수 있다고 밝혔다. 그러나 스스로 백신 접종 예약을 하지 못하는 이주민도 적지 않았다. 특히 외국인등록번호가 없는 미등록 이주민은 보건소에서 임시관리번호를 부여받은 뒤 그 번호로 예약을 하고 접종을 하는 과정을 거쳐야 했기 때문에 주변의 도움 없이 백신 접종을 마치는 것은 꽤 어려운 일이었다.

일선 보건소나 예방접종센터도 혼란스러운 것은 마찬가지였다. 미등록 이주민이 예방접종 대상이라는 것을 모르는 보건소도 많았고, 일요일마다 수백 명씩 몰려드는, 한국어를 하지 못하는 접종 대

우리의 상처가 미래를 바꿀 수 있을까

기자들을 응대하는 것도 만만치 않았다. 통역이 제대로 마련되지 않은 접종센터에서는 반말과 고성, 무례한 표현이 난무하기도 했다. 결국 예약과 접종 과정에도 이주민 지원단체들이 개입할 수밖에 없었다.

> "보건소마다 중앙정부에서 만든 지침들이 전달이 안 됐나 봐요. 그러니까 보건소는 외국인들이 오면 난감해하는 거예요. 자기네들이 모르는 거예요. 이게 방역본부에서 각 보건소로 다 내려가서 절차대로 진행돼야 하는데, 어떤 보건소는 잘 알고 있지만 어떤 보건소는 아예 모르고 막 이런 거예요. 저희는 ○○구 보건소를 통해서 백신 접종을 많이 했는데, 처음에는 거기 사람들이 외국인등록번호 있는 사람은 어떻게 해야 하고 미등록 체류자는 어떻게 해야 하고 이걸 잘 모르더라고요. 보건소에서는 외국인에 대한 이해가 아예 없구나. 그래서 저희 직원들이 직접 나가서 여권이나 필요한 서류 가지고 가서 임시번호 발급받고 예약하고 해줘서 백신을 맞히고 그렇게 할 수밖에 없었죠."
>
> – 활동가 B(S 이주민 단체)

최종적으로 2022년 6월 기준 백신 접종을 마친 이주민의 수는 1차 188만 5,582명, 2차 185만 4,833명, 3차 137만 7,181명으로 국내 체류 이주민의 각각 91.7%, 90.2%, 67.0%를 차지했다. 같은 시점 내국인의 백신 접종률이 1차 83.7%, 2차 82.9%, 3차 62.0%인 것에 비하면, 더 높은 백신 접종률을 보인 것이다.[86] 이주민의 높은 백신 접종률은 초반에 백신 접종 대상 이주민의 범위를 두고 갈팡질팡했던 방역 당국이 이후 이주노동자와 미등록 이주민을 집단감염 우려가 높은 집단으로 판단해 우선 접종대상에 포함시키고 예방접종을 독려했기 때문이기도 하지만,[87] 접종 과정에서의 혼선과 혼란에도 불구하고 이주민 당사자들이 적극적으로 동참하고, 이주민 인권·지원 단체들이 지원에 주력했기에 가능한 결과였다.

# 갈 수 있는 병원이
# 사라졌다

이주민들은 비용 부담, 언어 장벽, 의료 이용 시스템에 대한 이해 부족 등의 이유로 내국인에 비해 의료기관을 제때 이용하지 못하는 비율이 높다. 그러다 보니 치료 시기를 놓쳐 응급이나 입원으로 의료기관을 이용하는 경우도 종종 발생한다.

2019년부터 이주민에게 건강보험 가입이 의무화되었지만, 여러 가지 제약으로 인해 건강보험 미가입자 비율은 여전히 높은 편이다. 감염병 유행 시기에 건강보험이 없다는 것은 이주민들에게 큰 걱정이었지만, 정부는 체류자격 요건이 맞지 않게 되는 이주민들에게 기존의 건강보험 가입자격을 박탈하는 것을 멈추지 않았다. 한편, 건강보험이 없는 이주민들이 주로 이용하던 공공병원과 보건소는 코로나19 대응 태세로 전환하면서 문턱이 높아졌고, 민간이 운영하던 무료진료소마저 폐쇄되거나 운영이 축소되어 코로나 19 시기 이주민의 의료공백은 심각한 수준이었다.


### 이주민의 미충족 의료와 의료 이용 실태

코로나19 이전에도 이주민들의 의료기관 이용은 원활하지 않았다. 2019년의 경험을 토대로 각각 내국인과 이주민을 대상으로 진행된 설문조사 결과를 살펴보면, 건강 문제로 의료기관에서 진단, 검사, 치료가 필요했으나 받지 못한 비율, 즉 미충족 의료율은 내국인 15.1%, 이주민 28.2%로, 이주민에게서 13.1%p 높았다.[88, 22] 미충족 의료의 이유를 비교하면 이주민은 '비용이 부담되어서'가 54.1%로 가장 많았지만, 내국인은 '시간을 내기가 어려워서'가 51.7%로 가장 많아 그 차이가 뚜렷했다. 그 밖에도 이주민들은 '의료진과의 의사소통이 어려워서'(27.9%), '어느 의료기관이나 진료과에 가야 할지 몰라서'(17.7%) 순으로 의료기관 이용을 하지 못하는 것으로 나타났다.

이주민의 높은 미충족 의료율은 일단 의료기관을 이용하게 되면 응급이나 입원 이용률을 높이는 결과로 이어진다. 최근 1년간 의료기관을 이용한 비율인 연간 의료 이용률을 외래, 응급, 입원으로 나누어 살펴보면, 내국인은 외래 이용률이 80.8%인 반면 이주민은 32.4%에 불과하다. 그런데 응급 이용률과 입원 이용률은 이주민이 내국인에 비해 각각 2.1%p, 1.8%p 높게 나타난다. 이는 이주민들이

## 1-3. 내외국인 연간 의료 이용률

| | 내국인(%) | 이주민(%) |
|---|---|---|
| 외래 이용 | 80.8 | 32.4 |
| 응급 이용 | 6.4 | 8.5 |
| 입원 이용 | 8.9 | 10.7 |

* 출처: 〈2019년 한국의료패널 기초분석보고서(II)〉(2021)[88],
〈이주민 건강권 실태와 의료보장제도 개선방안 연구〉(2020)[22]

내국인에 비해 의료 이용이 필요한 시기에 적절한 치료를 받지 못하고 있다가 상태가 악화되거나 중증으로 진행한 이후에야 의료기관을 방문하게 된다는 현실을 보여준다.

코로나19 팬데믹 전후 이주민의 미충족 의료와 의료 이용 실태 변화를 비교할 수 있는 연구는 아직 없다. 하지만 뒤이어 살펴보겠지만 건강보험자격을 상실하는 이주민이 증가하고, 건강보험 미가입 이주민들이 의료비 지원을 받으며 이용할 수 있었던 공공의료기관의 역할이 변화하면서 의료공백이 커지는 상황이 만들어진 것은 분명했다.

### 건강보험제도 바깥의 이주민들

이주민의 건강보험 지역가입 의무화를 골자로 하는 개정 국민건강보험법이 2019년 7월 16일부터 시행되면서 외국인등록이나 거소신고를 하고 국내에 합법적으로 체류하는 모든 이주민은

## 1-4. 장기 합법체류 이주민의 유형별 건강보험 가입자

| | 직장가입자 | | 지역가입자 | | 미가입자 | | 장기 합법체류자 | |
|---|---|---|---|---|---|---|---|---|
| | (명) | (%) | (명) | (%) | (명) | (%) | (명) | (%) |
| 2018년 | 647,057 | 40.5 | 299,688 | 18.8 | 649,906 | 40.7 | 1,596,651 | 100.0 |
| 2019년 | 697,234 | 42.7 | 515,241 | 31.5 | 422,197 | 25.8 | 1,634,672 | 100.0 |
| 2020년 | 687,435 | 45.8 | 494,906 | 33.0 | 317,643 | 21.2 | 1,499,984 | 100.0 |
| 2021년 | 672,510 | 46.6 | 564,765 | 39.1 | 206,112 | 14.3 | 1,443,387 | 100.0 |

* 출처: 〈건강보험통계연보〉(각 연도), 〈출입국·외국인정책통계연보〉(각 연도).

반드시 건강보험에 가입하게 되었다. 이미 직장가입은 의무였기 때문에 법률 개정 이후 이주민 지역가입자의 수가 크게 늘어난 것은 당연한 일이었다. 그러나 의무화라는 말이 무색하게 장기 합법체류 이주민 중에도 건강보험 미가입자 비율은 2019년 25.8%, 2020년 21.1%, 2021년 14.3%로 적지 않은 비중을 차지하고 있다.

장기 합법체류 이주민 중에서도 건강보험에 가입하지 못한 사람이 이렇게 많은 이유는 몇 가지로 살펴볼 수 있다. 첫째, 지역가입자가 되기 위한 체류기간 제한 때문이다. 이주민이 지역가입자가 되려면 국내 입국 후 6개월이 지나야 한다. 건강보험에 가입한 상태에서 출국 후 재입국을 하는 경우에도 국외 체류기간이 6개월이 넘으면 재입국 후 다시 6개월을 기다려야 지역가입자가 될 수 있다. 둘째, 합법적으로 체류하고 있더라도 지역가입자가 될 수 없는 체류자격이 존재한다. 산재치료, 소송, 권리 구제, 난민 신청, 그 밖의

우리의 상처가 미래를 바꿀 수 있을까

인도적 사유로 국내에 체류할 수밖에 없는 경우 기타(G-1) 체류자격을 부여받는데, 이 체류자격을 소지한 이주민은 일부를 제외하고 지역가입자가 될 수 없다. 셋째, 지역가입이 의무화되면서 유학생의 경우 2021년 2월까지 의무가입이 유예되었다. 그러면서 유학생들은 2019년 7월부터 2021년 2월까지 건강보험 지역가입자로 신규 가입을 하지 못했다. 넷째, 코로나19 팬데믹 기간 중 체류기간은 만료되었지만 출국하지 못해 출국기한 유예를 받은 이주민의 수가 크게 늘었고, 이들이 건강보험자격을 상실하면서 미가입자로 남게 되었다.

한편, 미등록 이주민이나 단기 체류 외국인까지 포함한 총 체류외국인의 건강보험 미가입자 현황을 살펴보면 2020년 85만 3,734명(41.9%), 2021년 71만 9,506명(36.8%)에 달한다. 코로나19 팬데믹 기간 중 건강보험제도 바깥에 있었던 이주민이 그만큼 많았다는 것이다.

감염병이 유행하는 시기에 건강보험이 없다는 것은 이주민들에게 큰 두려움으로 다가왔다. 주로 미등록 이주민 등 건강보험이 없는 이주민들이 가입비와 월 회비를 내면 회원이 되어 협력 병원 이용 시 의료비를 지원받는 방식의 의료공제회를 운영해 왔던 한국이주민건강협회 희망의친구들에 따르면, 코로나19 기간 중 회원으로 가입한 이주민들이 계속 늘었다고 한다.

"공제회 가입하는 대상들이 미등록이나 난민 신청자도 있었지만,

기존에 직장가입 안 되던 사람들, 동포나 유학생들도 있었거든요.

그래서 우리는 (이주민의 건강보험 지역가입이 의무화되면서) 회원이 줄어들 거라고 예상했어요. 그런데 아니더라고요. 특히 2020년에 코로나 상황이 되면서, 사람들이 의료 서비스를 받지 못하는 것에 더 위기의식을 갖게 된 거 같아요. 2019년에 회원이 2만 191명이 있었는데 2020년에는 2만 1,524명으로 늘었어요. 그래서 저희가 오랫동안 회비 안 낸 사람들 정리시키고, 또, 2021년에 유학생들 건강보험 유예됐던 게 풀리면서 유학생들도 그쪽으로 넘어가라고 안내하고 탈퇴를 시켰죠. 그런데도 2021년에는 2만 6,461명으로 더 늘었더라고요."

– 김미선(한국이주민건강협회 희망의친구들)

앞서 살펴본 바와 같이 코로나19 팬데믹 기간 중 이주민의 보건의료 접근성을 높이기 위해 체류자격 부여 등의 조치를 시행했던 일부 국가와는 달리, 한국의 출입국 당국은 출국기한 유예라는 임시방편적인 조치로 건강보험이 있던 이들에게서마저 건강보험자격을 박탈하는 조치를 취했다. 국가인권위원회는 2021년 3월, 보건복지부와 국민건강보험공단에 장기 체류자격을 받고 입국해 건강보험 가입자로 있다가 건강보험에 가입할 수 없는 체류자격으로 변경된 경우에는 건강보험자격을 유지할 수 있도록 제도를 개선할 것을 권고한 바 있다. 그러나 보건복지부와 국민건강보험공단은 해당 권고를 불수용했다.[89, 90]

그러는 와중에 건강보험자격을 상실하는 이주민은 늘어만 갔다.

건강보험 가입자였다가 체류기간이 만료되면서 출국기한 유예를 받은 이주민 가운데에는 건강보험료 자동이체가 계속되어서 본인의 가입자격이 유지되는 줄로 알고 병원을 이용했다가 이후 부당이득금 환수조치를 당하는 이들도 생겼다.

"체류기간이 끝난 이주민들이 많았단 말이에요. 코로나 때문에 나가지도 못하고 항공권도 없고 이런 시절에 체류 연장을 해주는 게 아니고, 외국인등록 말소를 하고 출국기한 유예나 이런 걸 하니까 건강보험이 상실이 돼요. 근데 건강보험공단은 출입국에서 외국인 정보를 받아서 실시간으로 재빨리 업데이트를 해줘야 되는데 그거를 제대로 안 하다 보니까, 말소가 됐는데 건강보험료는 계속 자동이체로 빠져나가고 건강보험자격도 계속 유지되는 걸로 나오는 분들이 생긴 거예요. 행정당국이 실수를 한 거죠. 제대로 처리를 안 해서. 어떤 분은 건강보험료를 내고 있으니까 당연히 계속 병원에 다니고 수술까지 받았는데 나중에 (건강보험공단에서) 당신한테 보험료를 징수하면 안 되는데 우리가 징수를 했다, 미안하다, 이거[냈던 보험료] 가져가라. 그러고 나서 그 뒤에 부당이득 환수를 당한 거예요. 그게 사실은 환수 규정에도 들어가 있지 않은 거예요. 기망이라든가 위조라든가 어떤 불법적인 행동을 해갖고 보험 혜택을 받은 경우에 환수가 되는 건데 이분은 그런 게 전혀 없었잖아요. 그게 한두 달 정도도 아니고 9개월, 10개월 동안 이루어졌어요. '열 달 동안 (보험료로) 가져간 120만

원은 돌려줄게, 수술비 400만 원은 뱉어내.' 너무 억울하잖아요."

– 활동가 B(S 이주민 단체)

건강보험공단에 따르면, 2019년 7월부터 2021년 10월까지 건강보험자격을 상실한 외국인에게 보험료를 징수하다가 이후 납부한 보험료를 반환 처리한 건수가 지역가입자 중 8,799건, 직장가입자 중 249건으로 나타났다.[91] 건강보험이 가장 필요한 시기에 본인도 모르는 사이에 자격을 상실하고, 보험료는 징수당하는 기막힌 일이 출국기한 유예자들에게 벌어진 것이다.

대다수의 종합병원이나 3차 의료기관들은 건강보험이 없는 이주민에게 의료관광차 방문하는 외국인에게 적용되는 '국제수가' 또는 '외국인수가'를 적용해, 건강보험이 적용되지 않는 일반수가보다도 2~5배 높은 진료비를 부과한다. 건강보험이 없는 이주민들은 의료비 부담도 높아지고 갈 수 있는 의료기관에도 제약이 생기기 때문에, 병원 이용을 가능한 한 자제한다. 실제로 2020년 조사에서 건강보험이나 의료급여 등 의료보장 제도 바깥에 있는 이주민의 미충족 의료율은 32.8%로, 의료보장이 있는 이주민보다 6.2%p 이상 높게 나타났다.[22] 의료기관 접근성이 크게 떨어진 코로나19 팬데믹 상황에서 건강보험이 없는 이주민들의 미충족 의료율은 더 높아졌으리라 예상된다.

우리의 상처가 미래를 바꿀 수 있을까

**의료기관 접근의 제약**

보건복지부는 2005년부터 미등록 이주노동자 등 건강보험에 가입할 수 없는 이주민들의 입원비와 수술비를 지원하는 '외국인근로자 등 의료지원사업'을 시행해 왔다. 비록 의료서비스를 필요로 하는 이주민들에 비해 예산이 부족하고, 사업 수행 지정 의료기관의 수가 한정적이고, 대상자 선정 조건이 까다롭다는 등의 한계가 있기는 하지만, 이러한 사업이 건강보험이 없는 이주민에게 최소한의 의료안전망 역할을 해온 것은 사실이다.[92] 그런데 코로나19로 사업 수행 지정 의료기관인 국공립의료원과 적십자병원 같은 공공병원들이 코로나19 전담병원으로 지정되면서 관련 사업을 통한 지원이 어려워졌다.

공공병원들이 입원환자를 소개하고 코로나19 감염자 외 신규 입원 환자를 받지 않으면서, 지원사업을 통해 입원 치료 중이었던 이주민들은 병원을 나올 수밖에 없었다. 그러나 이들을 다른 의료기관으로 전원시키는 조치가 병행되지 않았기에 환자들은 심각한 의료공백 상태에 놓일 수밖에 없었다. 실제로 모 지역의 시립의료원에서 암 수술 및 항암 치료를 받고 있던 이주민은 퇴원 조치 이후 타 의료기관으로 연계가 되지 않아 치료를 중단했다가 상태가 악화되어 사망하기도 했다.[10] 코로나19 전담병원으로 지정된 모든 공공병원의 자료를 확인할 수는 없었지만, 부산시의료원의 자료에 따르면 2018년 490명이었던 이주민 입원환자는 2020년 100명으로 급감한 것으로 나타났다.[93]

건강보험이 없는 이주민들을 지원해온 이주민 단체에서는 공공병원의 갑작스러운 폐쇄로 인해 의료비 지원 부담이 크게 늘었다고 밝혔다. 미리 대책을 마련하지 않고 코로나19 전담병원으로 전환 후 바로 환자들을 소개시킨 것에 대한 지적도 있었다. 공공병원밖에 갈 곳이 없는 사람들에게 자리를 일부 열어주거나, 다른 대안을 마련해 놓았어야 했다는 것이다.

한편, 코로나19 팬데믹 이전에는 여러 지역에서 이주민들을 대상으로 하는 무료진료소가 운영되었다. 이주민들은 꼭 의료비 부담 때문이 아니더라도 일요일에 문을 연다는 것과 의료진과의 소통을 도와줄 통역이 있다는 이유로 무료진료소를 찾았다. 그러나 코로나19로 인해 대부분의 무료진료소들이 문을 닫을 수밖에 없었고, 그 결과 만성질환이 있는 이주민들이 건강 관리에 어려움을 겪게 되었다. 더구나 보건소마저 코로나19 대응 업무에 주력하면서 건강보험이 없는 이주민들에게도 열려 있던 대사증후군실 운영, 임산부 건강 관리, 어린이 국가필수예방접종 사업이 중단되었다. 이주민 지원단체 활동가들은 코로나19 팬데믹 시기 공공병원과 보건소가 코로나19 감염병 대응에 주력하면서 오히려 이주민들의 건강권을 위험에 빠뜨렸다는 것을 지적하며, 의료 취약계층을 위한 최소한의 필수의료를 제공해야 했다고 강조했다.

> "보건소나 공공의료기관에서 기존에 하던 필수적인 진료 활동, 예방 활동은 놓치지 말고 갔어야 했는데, 전 국가적인 재난 상황

이라고 그걸 확 닫아버리니까 정말 취약계층은 갈 데가 없어졌어요. 그것 때문에 건강이 악화된 사람들이 많을 거라고 보고 있어요. 기초 의료, 필수 의료가 무너지면 안 되는 거잖아요. 그게 전체적으로 안 된다면 권역별로라도 나눠서 최소한 몇 곳은, 서울 같으면 4대 권역별로 나눠서 하나씩은 공공의료나 공공보건서비스에서 최소한의 것들은 운영될 수 있도록 그렇게 할 수는 없었을까 그런 생각이 들죠."

– 김미선(한국이주민건강협회 희망의 친구들)


공공의료서비스와 같은 의료 취약계층에 대한 사회적 안전망이 그 어느 때보다 절실했던 코로나19 팬데믹 시기, 한국의 방역 당국은 코로나19 감염병에 대한 대응에 총력을 기울인다는 명목으로 오히려 이주민을 포함한 수많은 의료 취약계층의 건강을 위험에 빠뜨렸다.

# 국민만의 K-방역,
# 또 다른 팬데믹이 온다면

코로나19 팬데믹에 대한 한국 정부, 특히 방역 당국의 대응은 K-방역이라는 이름으로 국내외에서 칭송을 받았다. 광범위한 진단검사, 감염경로 추적, 자가격리 독려, 효과적인 환자 분류 및 치료 등이 코로나19의 확산 방지와 낮은 사망률에 긍정적인 영향을 미쳤다는 것이 대부분의 평가였다. 그러나 이주민 당사자들과 이주민 인권·지원단체가 경험한 한국 정부의 방역 정책은 이주민을 소외시키고 차별하는 정책이었다. 이주민 집단이 코로나19 팬데믹 시기 동안 내국인에 비해 낮은 감염률과 높은 예방 접종률을 보인 것은 알아서 조심하고 스스로 도운 결과였다. 이런 상황에서 K-방역은 이주민들에게는 그야말로 남의 나라 얘기였을 뿐이다.

이주민들에게 K-방역이란 정보에서 소외되었다는 측면에서 알

　　　　　　　　　　　우리의 상처가 미래를 바꿀 수 있을까

수 없는 두려움이었고, 방역물품과 재난지원에서 배제됐다는 측면에서 차별이었으며, 전수검사의 대상이 되었다는 측면에서 과학적이지도 합리적이지도 효율적이지도 않은 인권침해였을 뿐이었다. 이주민들이 기대야 했던 것은 K-방역이 아니라 체류할 수는 있지만 알아서 살아남아야 했던 나홀로 방역이었다.

팬데믹 기간 '국민'만의 K-방역이 지속된 것은 한국 정부나 한국 사회의 이주민에 대한 인식 수준이 그대로 나타난 결과라고 평가할 수밖에 없을 것 같다. 이주민을 결코 한국인과 동등한 동료 시민으로, 함께 살아가야 하는 공동체의 구성원으로 인정하지 않았던 것이 방역과 지원 정책에도 반영된 것이기 때문이다. 정책의 공백을 메우기 위해 동분서주해야 했던 한 이주민 지원단체 활동가는 K-방역의 허상을 다음과 같이 평가했다.

> "코로나 때문에 (이주민에게는) 정말 어느 하나 제대로 작동되는 게 없다는 게 다 드러난 거예요. 정보 제공에서부터, 마스크, 재난지원금, 전수검사, 백신 접종…. 그리고 그 과정에서 국가가 얼마나 폭력적이고 차별적인지를 제대로 보여준 거죠. 재난 상황일 때에는 그냥 주민으로 인정하면 끝나는 문제예요. 그런데 행정 주무 관청이 그거를 인정을 안 해버리니까, 아예 법적으로 제도적으로 대놓고 이주민들을 배제해 버리니까, 사람[국민]들은 당연히 이주민은 차별해도 된다는 인식을 갖게 될 수밖에 없죠. 저는 이게 정말 문제였다고 봐요. 방역이라는 건 전 국가적인 걸 넘어서 전

세계적인 거잖아요. 그런 상황에서 왜 국적을 따지고 있는지…. 무슨 다문화 교육이니 문화 다양성 인식개선이니 그거 백날 해봐야 소용없어요. 이런 상황에서 같이 살고 있는 우리 모두가 하나의 공동체라는 걸 인식할 수 있게 되는 기회가, 정말 좋은 교육의 기회가 있었던 거잖아요. 그 기회를 차버리고 오히려 인식을 악화시킨 게 저는 중앙정부, 지자체라고 생각해요. 중앙정부나 지자체가 이번에 K-방역 어쩌구 하면서 백서 같은 걸 쓰겠지만 이런 내용은 전혀 안 실릴 거예요. 제가 볼 때는 코로나 끝나고 다른 거 나오잖아요? 똑같이 지금처럼 될 거예요."

– 활동가 A(S 이주민 단체)

국가가 국민이 아닌 이주민의 권리를 어디까지 보장해야 하는가에 대해서는 논쟁의 여지가 있을 수 있다. 그러나 권리 보장의 근거가 국가에 대한 기여라고 한다면 이주민을 배제하는 것은 정당하지 않다. 이주민도 한국 사회에서 경제 활동을 하는 생산과 소비의 주체이자, 이를 통해 세금을 납부하고 사회보험의 기여금을 분담하는 존재이기 때문이다. 그렇다고 대한민국의 헌법이 국가에 국민의 권리만을 보장할 의무를 부여하고 있는 것도 아니다. 국제법과 조약이 규정하고 있는 인간의 기본권을 국가의 관할권 내에 거주하는 외국인에게도 보장해야 한다는 것 역시 헌법의 조항에 포함되어 있기 때문이다. 대다수의 이주민이 아무리 애를 써도 닿을 수 없는 학력, 연령, 소득 등을 귀화의 조건으로 내걸어 국민이 될 수 있는 기회를 최대한 막고 있다 한들, 국가가 제공해야 할 비국민에 대한 최소한의 권리 보장 의무를 부정할 수는 없다. 무엇보다 그 권리가 코로나19와 같은 팬데믹 시기에 모두의 공생을 위해 필수적인 건강과 안전에 대한 권리라면 더더욱 그러하다.

앞으로 또 다른 팬데믹이 온다면 이주민을 소외시켰던 K-방역은 나아진 모습으로 거듭날 수 있을까? 지난 3년의 팬데믹 경험을 통해 보다 합리적이면서도 인권을 존중하는 방역 정책이 나올 수 있을까? 2022년 12월, 정부의 제4차 외국인정책기본계획안 공청회가 개최되었다. 2023년부터 5년간 중앙부처와 지방자치단체가 이주민의 도입과 관리, 통합과 인권보호를 위해 수립·시행할 정책의 방향을 제시하는 기본계획의 목표와 과제를 알리기 위한 것이었다. 계획안의 정책 환경 분석에는 코로나19로 인한 변화가 가장 먼저 언급되었다. 그러나 거기에서는 코로나19로 인한 이동제한, 국경폐쇄, 이민서비스 중단 등으로 국제이주가 감소했으며, 한국도 그로 인한 노동력 부족에 직면한 만큼 앞으로 국제이주 감소에 따른 인력부족에 대응할 수 있는 조치가 시행되어야 한다는 것만이 정책의 시사점으로 제시되었다.

코로나19 팬데믹 시기 이주민에 대한 한국 정부의 방역과 지원, 체류관리의 문제를 되짚어 보거나, 향후 닥칠 수 있는 또 다른 감염병의 유행에 대비한 다국어 정보 제공, 보건의료 서비스 접근성 제고, 최소한의 사회보장, 안정적 체류지원과 같은 과제를 기본계획에 담으려는 시도는 어디에서도 찾아볼 수 없었다. 이주민을 사람이 아닌 노동력으로 보는 시각, 외국인 정책이라는 이름에서 드러나는 국민과 비국민의 이분법이 변함없이 유지되고 있는 계획안을 보며, 이주민에게 K-방역은 미래에도 다른 나라 이야기가 될 것 같다는 암울한 확신이 들었다.

우리의 상처가 미래를 바꿀 수 있을까

2020년 3월 초, 뉴질랜드 국가인권위원회는 코로나19 감염병에 대처하는 2단계 가이드라인을 발표했다. 1단계 "손을 깨끗이 씻으라", 2단계 "인종차별과 외국인 혐오를 하지 말라". 이 간단한 두 가지 원칙이 시사하는 바는 분명했다. 바이러스 확산을 막기 위해 개인위생을 철저히 하는 것도 중요하지만, 감염병 시대에 사람들을 공격하는 것은 바이러스뿐 아니라 특정 인종이나 민족 집단에 대한 차별과 혐오이기에 이 또한 주의해야 한다는 것이었다. 안타깝게도 두 번째 원칙은 뉴질랜드는 물론 다른 국가들에서도 제대로 지켜지지 않았다. 아시아계 이주민들은 때로는 폭력까지 수반된 인종차별과 외국인 혐오에 직면해야 했고, "나는 중국인이 아니다"라는 문구가 새겨진 티셔츠를 입는 것만으로 차별과 혐오를 피할 수 없다는 것을 깨닫고 나서야 "아시안 혐오를 멈춰라"라는 캠페인으로 맞서기 시작했다.

코로나19 팬데믹 기간 중 심화된 인종차별과 외국인 혐오는 바다 건너 먼 나라 일이 아니라 한국 사회에서도 벌어진 현실이었다. 동포를 포함한 중국 국적 이주민들에게 향하던 차별과 혐오는 바이러스의 확산과 함께 국적과 민족을 넘어 모든 이주민들에게로 향하게 되었다. 정치인들과 정책입안자들은 아무렇지도 않게 각종 보호와 지원 정책에서 이주민을 배제했다. 코로나19 팬데믹의 모든 국면에서 어떤 정책들이 나왔고, 그것이 어떻게 이주민을 차별하고 소외시켰는지를 빠짐없이 담으려고 하다 보니 해석보다는 기록에 가까운 글이 되고 말았다. 아쉬운 지점이다. 분야는 다르지만 소외된 집단의 인권침해 문제에 천착해 온 연구팀 안에서도 차별이나 혐오 같은 용어를 사용하는 것, 국가가 '외국인'과 '국민'을 똑같이 보호해야 한다고 주장하는 것이 독자들에게 불편함을 줄 수 있다는 지적이 나오기도 했다. 그러다 보니 소극적이고 방어적인 글이 되지 않았나 하는 반성도 든다. 뒤늦게나마 솔직해져 본다. 그것은 인종차별이고 외국인 혐오였다. 정부도 사회도 감염병 시기 중요한 원칙 하나를 지키는 데는 실패했다. 또 다른 감염병이 우리를 덮칠 때는 다르기를 바란다.

# 2장

# 스스로 살아남아야만 했다

## 코로나19와 장애인

# 코로나19와
# 장애인 거주시설

코로나19 팬데믹은 수많은 시민의 삶을 앗아 갔다. 특히 중증 장애인은 더욱 가혹한 피해를 마주해야만 했다. 취약한 면역력과 오랜 기저질환 투병 등으로 인해 취약한 신체를 지닌 장애인들은 심각한 중증화 및 사망 위험에 노출되었다.

팬데믹 시기의 주된 비장애중심 방역 정책은 건강 취약계층을 위한 마땅한 지원책과 해결방안을 제시하지 못했다. 약자에 대한 구조적 소외가 전제된 방역 정책 앞에서 장애를 가진 시민들은 속수무책 스러졌다. 우리 사회 대다수 비장애 시민들은 이들을 무너뜨린 정책의 무서움에 대해 잘 알지 못한다. 이 장을 통해 팬데믹 시기 장애인을 위협한 혹독한 비장애중심 방역 체계에 대해 되짚어 보는 기회를 갖고자 한다.

우리의 상처가 미래를 바꿀 수 있을까

## 2-1. 국내 최초 코로나19 사망자 10인

| 번 | 신고시도 | 성별 | 연령 | 기저질환 | 사망일 | 비고 |
|---|---|---|---|---|---|---|
| 1 | 경북 | 남 | 62 | 정신질환 | 20.02.19 | 청도대남병원 |
| 2 | 부산 | 여 | 54 | 정신질환 | 20.02.21 | 청도대남병원 |
| 3 | 경북 | 남 | 40 | 고혈압 | 20.02.21 | |
| 4 | 경북 | 남 | 56 | 정신질환 | 20.02.23 | 청도대남병원 |
| 5 | 대구 | 여 | 56 | 만성신장질환 | 20.02.23 | |
| 6 | 경북 | 남 | 59 | 정신질환 | 20.02.23 | 청도대남병원 |
| 7 | 경북 | 남 | 61 | 정신질환 | 20.02.23 | 청도대남병원 |
| 8 | 대구 | 남 | 66 | 정신질환 | 20.02.24 | 청도대남병원 |
| 9 | 대구 | 여 | 68 | 고혈압, 당뇨 | 20.02.24 | |
| 10 | 경북 | 남 | 56 | 정신질환 | 20.02.25 | 청도대남병원 |

*출처: 질병관리본부 중앙방역대책본부 발표 자료(20.02.29) 재구성

코로나19 국내 첫 사망자는 누구일까? 최초 사망자의 존재를 기억하는 사람이라면, 자연히 청도대남병원에 관하여 들어본 적 있을 것이다. 2020년 2월 20일, 질병관리본부 중앙방역대책본부에서 공식 발표한 첫 사망기록이 청도대남병원에서 보고되었기 때문이다.

고인은 조현병을 앓던 정신장애인이었으며, 최초 사인으로 추정되는 폐렴 악화 당시 몸무게는 42킬로그램 수준에 불과했다.[1] 폐렴은 사후에 코로나19 확진에 의해 발생한 것으로 판정되었다.[2] 첫 사망 사례 보고 이후 약 5일간 같은 집단 거주 환경에 놓인 이들 중 7명이 연달아 사망하는 사례가 터져 나왔다.[3] 코로나19의 치명성을 가장 먼저 집단적으로 체감해야 했던 이들은 정신장애인이었다. '거

리두기'가 최선의 방역인 감염병 확산 시기, 정신장애인들은 거리 두기가 실현될 수 없는 집단 거주 환경에서 격리된 채 속수무책으로 희생당했다.

국내 첫 코호트 격리 조치는 2020년 2월 22일 청도대남병원 폐쇄 병동에서 비롯되었다. 당시 코호트 격리의 파급력은 심각한 결과를 낳았다. 코호트 격리 조치된 청도대남병원 수용 인원 중 98%가 확진되고, 그중 8.8%가 사망했다. 2023년 1월 기준 한국의 코로나19 누적 치명률이 0.11%라는 점에 비추어 보면 코호트 격리의 위험성을 가늠할 수 있다. 비단 앞의 사례에서 살펴본 정신병원 폐쇄병동 뿐만 아니라, 장애인 거주시설 등 한정된 공간에서 무수한 통제와 제약 아래 집단 거주 조건에 처했던 이들에게도 위험이 닥쳤다.

'사회적 거리두기' 방역 정책의 예외 대상으로 취급되는 것도 모자라, 그와 정반대로 물리적인 거리 유지 자체를 할 수 없는 '코호트 격리'로 일컬어지는 집단 폐쇄 방역 체계 속 고립되었던 삶들을 주목하고자 한다.

단체 거주 환경에서 집중 보고된 집단감염 사례 및 잔혹한 참사 소식은 놀라운 일이 아니었다. 비단 장애인 시설뿐만 아니라, 종교 시설, 콜센터, 군부대 등 다양한 집단 중심 환경에서 감염 소식이 속출했다.[4, 5, 6] 그중에서도, 극단적인 수준의 인명 피해 사례 대다수는 면역력이 취약한 장애인이 온종일 거주하는 생활시설에서 집중적으로 발생했다. 청도대남병원 내 정신질환 거주인 104명 중에서 102명이 집단감염되는 최초 사례를 시작으로, 연이은 장애인 집단

우리의 상처가 미래를 바꿀 수 있을까

거주 환경에서의 감염은 종잡을 수 없을 만큼 확산되었다.[7] 2022년 5월 기준, 장애인 거주시설 484곳에서 코로나19 감염 사례가 발생하였으며, 누적 확진자는 9,904명에 달했다.[8] 장애인 거주시설 내 전체 입소자 대비 감염률은 36%로 당시 전체 인구수 대비 감염률 26% 대비 훨씬 상회하는 수치를 기록했다.

거주시설 내 감염 사례 중 100명 이상 거주하는 대규모 시설의 경우, 거주 장애인의 절반 정도가 코로나19에 감염되었다는 사실은 쉬이 납득할 수 없는 충격적인 수치였다.[9] 감염병은 주거 밀집 정도에 따라, 환경에 따라 급격한 전파력의 차이를 보였다. 대다수의 시민은 사회적 거리두기를 통해 코로나19 예방 조치를 적극적으로 실천할 수 있었지만, 통제된 주거 환경에 놓인 이들은 감염병 예방을 위한 기본적인 분리 공간조차 꿈꿀 수 없었다. 병원 외부와의 소통마저 통제됐다. 병동 밖에서는 폐쇄병동에서 발생한 유례없는 참사를 쉽사리 파악할 수 없었다. 감염 앞에서 활로를 제공하기는커녕 병동 폐쇄를 결정한 방역 당국의 판단은 감염 치료를 우선하기보다, 끔찍한 집단감염 사고가 발생 공간의 예외적 사례가 되도록 밀봉한 게 아닐까 의구심이 들 정도였다. 팬데믹 기간 내내 외출과 면회가 자유롭지 않은 '밀폐 사회'에서 전해 온 유례없는 집단감염 참사는 폐쇄된 장소의 경계를 정확히 따랐다.[10]

수용시설 내 집단감염 및 참사는 팬데믹 시기 내내 되풀이됐다. 지역사회와 시설사회 사이에 상이하게 적용된 방역 정책 '사회적 거리두기'와 '코호트 격리' 사이의 간극 때문이었다. 일상을 살아가는

## 2-2. 거주시설 내 장애인 누적 확진자 수

| 구분(명) | 전체 누적 확진자 | 거주시설 장애인 누적 확진자 |
|---|---|---|
| 확진자(총 인원) | 88,516(51,638,809) | 177(24,980) |
| 1,000명 당 확진자 | 1.7 | 7.1 |

*출처: 2021년 2월 25일 보건복지부에서 정의당 장혜영 의원실에 제출한 자료 재구성

대다수 시민은 거리 간격 2미터를 유지하는 방역 지침에 따르며 감염 위험을 최소화했지만, 시설 거주 장애인은 폐쇄된 시설에서 집단 통제의 대상이 되었으며, 잦은 집단감염으로 전체 인구 대비 4배 이상 감염 위험에 노출되었다.

거주시설 안팎의 현저한 감염률 차이뿐만 아니라, 장애인 거주시설 내 감염자의 취약한 신체적 조건 및 면역력, 장기간 폐쇄 주거 환경으로 약화된 기초 체력을 전반적으로 고려한다면, 코호트 시설 내 거주인의 코로나19 감염은 상당한 중증화를 유발하는 심각한 문제였다. 시설 폐쇄 중심의 코호트 격리 방역 대책은 감염률과 중증화율 모두 치솟게 한 참사의 원인이 되었다.[11]

당초 국가의 효율적 자원 관리를 염두에 둔 방책으로 제안되었지만 결과적으로 돌이킬 수 없는 비극을 자아낸 장애인 집단 거주시설의 '코호트 격리' 정책을 비판적으로 검토할 필요가 있다.

### 차별과 배제를 근거로 한 방역, 코호트 격리

2021년 12월, 요양병원에서 부모님을 여읜 유족이 국가와

우리의 상처가 미래를 바꿀 수 있을까

지방자치단체, 병원을 상대로 소송을 제기했다. 유족 측은 방역 당국의 무리한 코호트 격리 집행으로 인해 사랑하는 가족이 적절한 치료를 받을 수 없었을 뿐만 아니라, 임종조차 지킬 수 없던 문제를 지적했다.[12] 소송의 핵심 쟁점으로 제기된 코호트 격리는 요양병원을 비롯하여 집단 거주 환경에서 심각한 참사 사례를 만든 요인으로 지속적으로 문제 제기되었다.

'동일 집단 격리'로 일컬어지기도 하는 코호트 격리는 '공통성을 지닌 한 집단'을 의미하는 영단어 '코호트cohort'와 '다른 것과 통하지 못하게 사이를 막거나 떼어놓는다'라는 의미를 지닌 '격리'를 합성한 개념이다. 코로나19 시기에 적극 활용되어 '동일한 병원체에 노출되거나 감염을 가진 환자군이 함께 배치'되는 집단 폐쇄 조치가 취해졌다.[13] 즉, 바이러스에 노출된 것으로 추정되는 집단을 단체 격리한다는 뜻이었다. 노인 주거시설, 노숙인 요양시설, 아동 양육시설, 장애인 거주시설 등 사회복지시설을 비롯한 요양시설 거주자들을 같은 집단으로 취급하고 모두 한 공간에 가두어 통제하는 것이 코호트 격리의 주된 실무 방식이었다.

정부 당국은 코호트 격리 대상 설정에 있어 '동일한 병원체에 노출되거나 감염된 환자들'로 한정했으나, 사회복지시설 및 요양병원 현장 및 관련 지자체는 '외부 감염 요인 차단', '인력 및 자원의 부족', '효율적 통제' 등의 이유로 적극적인 집단 격리를 지시했다. 당시 지역사회에서 채택한 코로나19 핵심 방역 지침은 '사회적 거리두기'로, 개인 간 거리를 최대한 유지하는 것을 목표로 했다. 하지만 시설

사회에서 정한 코로나19 핵심 방역 지침인 코호트 격리는 제약된 공간에 건강 취약계층을 밀집한 채 가두었다. 그 결과 집단감염 및 연속되는 사망 사례 등 돌이킬 수 없는 결과가 초래됐다. 국민의 목숨을 지키지 못한 실패한 방역 정책이었지만, 사람들은 이를 인식할 수 없었다. 직관적으로 해석할 수 없는 코호트 격리라는 명칭의 이면에는 사회적 약자들이 적절한 조치를 기대할 수 없도록 하는 감금과 더불어 참사 소식이 밖으로 새어 나가지 않도록 정보를 통제하는 악영향이 오해되거나 은폐됐다.[14]

코로나19 바이러스가 정확히 폐쇄 공간의 경계를 지키는 동시에 잔혹한 결과를 낳은 코호트 격리 조치는 결과적으로 집단 거주 경계 안 대다수 장애인의 감염 및 사망을 희생양으로 내어주고, 경계 밖 일상 사회의 평화를 지키는 용도로 활용되었다.[10, 16] 사회적 약자에게는 '사회적 참사'로, 다수의 시민에게는 '효과적 대응책'으로 기억되는 양면적인 코호트 격리 대책은 청도대남병원 사례 이후 본격적인 방역 정책으로 조명받게 되었다.

코호트 격리는 수많은 재난 영화에서 사회적 소수자들이 처하게끔 되는 고립의 꼴과 유사한 양상을 보인다. 여러 재난 관련 영화에서는 공통적으로 재난을 피해 서둘러 도피하는 사람들과 도망치지 못한 채 고립되고야 만 사람들이 기어이 재앙을 마주하는 상반된 모습을 비추곤 한다. 코호트 격리 앞 사회적 소수자들은 퇴로를 잃고 고립된 이들의 모습을 띤다. 비록 바이러스가 전파되는 과정은 지진과 해일이 발생하는 자연재해처럼 눈에 보이는 재난의 형태를

우리의 상처가 미래를 바꿀 수 있을까

보이지는 않지만, 재앙을 마주하는 사람들의 상반된 처지는 유사했다. 안전지대로 도망갈 수 있는 이들과 꼼짝도 할 수 없는 이들. 집단 거주 형태 시설에 사는 장애인과 사회적 약자, 그곳에서 일하며 돌봄을 제공하는 종사자들은 집단감염의 위험으로부터 도망갈 권리를 빼앗겼다. 코호트 격리는 제한적이고 엄격하게 운영될 것이라는 당초의 전제를 어기고 만연하게 쓰였다.[17]

위험천만한 코호트 격리는 어떠한 법적 근거 아래 이행될 수 있었을까. 헌법으로 보장된 행동의 자유를 제약하고, 위험 상황으로부터 꼼짝없이 도피할 수 없게끔 만드는 정책, '사회적 거리두기'를 정면으로 위배하는 이 예외적 조치의 실행을 두고 충분한 법적 근거가 있었는지 물음이 오갔다.[18] 그러나 놀랍게도 코호트 격리의 뚜렷한 법적 근거는 찾아보기 힘들다. 해당 조치는 합법은커녕, 위헌적이라는 법조계의 비판이 제기되었다.[19] 국민의 존엄과 가치를 보장하고 민주주의 질서 확립을 위한 국가인권위원회 또한 코호트 격리에 대해 명확한 법적 근거가 존재하지 않을 뿐만 아니라, 지자체별로 상이한 근거를 제시하거나 재량적으로 코호트 격리 조치를 실행하고 있다며 기본권 보호와 방역 목적 달성이 양립될 수 있도록 정책 개선 및 법 개정의 필요성을 언급했다.[20] 시설 거주자의 편의와 안전을 보장하는 것을 최우선해야 할 장애인 거주시설에서 일방적인 코호트 격리를 남발하는 것은 법률적으로 정당화되기 어려웠다.[21]

집단 거주 형태 시설에서 코호트 격리된 이들은 이전부터 거주 환경 특성에 영향을 받아 여타 사회구성원보다 훨씬 취약한 신체적·정신적 여건에 처해 있었다.[22] 거주인 다수가 장기간 입소한 이들이며, 폐쇄된 환경 안에서 집단적으로 신변을 처리해 왔고, 불량한 영양 상태를 경험했으며, 움직임이 제약된 내부 생활로 인한 적은 근육량, 약화된 면역력, 만성 호흡기 질환 등을 가지고 있었기 때문이다.

집단 거주 시설의 팬데믹은 우리가 살아가는 일상적인 공간과는 전혀 다른 여건 속에서 유행했다. 굳게 닫힌 창문과 출입문으로 인해 자연 환기가 어려웠고, 공동생활 및 단체 프로그램으로 감염 노출에 취약했다. 화장실과 욕실을 공유한다는, 생활 방식의 한 단면만 떠올리더라도 이곳에서의 코호트 격리 조치는 집단적인 참사를 예견할 수밖에 없는 악조건임을 알 수 있다.

세계보건기구(WHO)와 미국 질병통제예방센터, 유럽 질병통제예방센터(ECDC) 등의 지침은 한국의 코호트 격리와는 다른 차원의 엄격한 보건 의료 환경 조성을 강조했다. WHO에서 제시한 〈감염예방 및 감염병 관리 가이드라인〉에 근거하여 '초기 진단 및 자원통제의 영역', '관리 통제의 영역', '환경 및 기술 통제의 영역'으로 나누어 국내 코호트 격리 국내 코호트 격리 정책을 인식할 때, 보다 체계적으로 문제를 이해할 수 있다.

먼저 감염 예방 및 감염병 통제를 위해 고려해야 할 '초기 진단 및 자원 통제의 영역'에 있어서 의료진은 확진자 및 감염 의심자를 구분·분리해야 한다. 특히 노약자, 장애인 등 면역력이 특히 취약한

계층이 머무는 곳에서는 분리가 보다 엄격하게 수행되어야 생존률을 높일 수 있다. 그러나 국내에서 시행된 코호트 격리 조치는 이러한 대상 및 요건을 따르지 않았으며, 관리 인력 부족 등을 이유로 무분별한 집단 감금 조치를 수행했다.

두 번째로, '관리 통제의 영역'에 따르면 환자와 전문 의료진 간 적절한 비율이 유지되고, 같은 공간 내 환자 밀집을 최소화해야 한다. 그러나 국내에서는 정반대로 이행됐다. 의료진과 관리자는 장애인의 수에 비해 턱없이 모자랐으며, 이들은 밀폐된 공간에 모여 있었다. 정부는 집단 거주 생활 시설의 코호트 격리 대응을 위해 대체 충원 인력을 적극 투입하기는커녕, 감염이 발생한 시설을 집단 봉쇄하는 데 급급했다.

마지막으로, '환경 및 기술 통제의 영역'에 따르면, 감염 예방을 위해 충분한 환기구가 필요하고 1인실의 거주 공간을 조성하며, 거리두기를 수행해야 했으나, 코호트 격리 현장에서는 지켜지지 않았다. 집단 거주 공간을 통째로 감금 폐쇄하여 감염의 위험으로부터 피할 수 없도록 하고, 감염자들끼리 뒤엉켜 병을 중증으로 키우는 악순환이 이어지게 하여 심각한 사회적 참사를 자아냈다. 환기도 제대로 이루어지지 않는 밀폐되고 폐쇄된 공간에서 소리 없이 스러진 이들의 생애 마지막 목소리와 간절한 생의 바람이 병실 밖으로 빠져나갈 수 없었던 것은 생존 이전의, 존엄의 문제이기도 했다.

코호트 격리는 비단 사회적 약자가 감염병 노출에 취약하게끔 만든 것뿐만 아니라, 인간의 생명권을 가혹하게 앗아 가는 결과를

## 2-3. WHO 감염 예방 및 관리 가이드라인과 국내 코호트 격리 간 비교

| 영역 | WHO | 국내 코호트 격리 |
|---|---|---|
| 초기 진단 및 자원 통제 | - 확진자 및 감염 의심자 구분·분리<br>- 환자와 의료진 간 인력 균형 | - 무분별한 집단 감금 |
| 관리 통제 | - 밀집 최소화<br>- 충분한 환기구 설치 | - 대체 충원 인력 없음<br>- 감염 발생 시설 집단 봉쇄 |
| 환경 및 기술 통제 | - 1인실 거주 공간<br>- 거리두기 | - 열악한 외부 환기<br>- 한 공간 내 집단 거주<br>- 좁고 밀접한 거리 |

*출처: 코로나19 감염관리 가이드라인 리뷰(김진실),
인천광역시의료원 신종감염병 대응센터 세미나 자료 기반 보완 및 재구성

낮았다. 심지어 살아남고자 도망칠 마지막 권리마저 말이다.[23] 거주인뿐 아니라 노동자를 포함하여 시설 안에 있는 모든 이들의 인간답게 살아갈 존엄과 가치를 묵살하는 조치였다.

코로나19 팬데믹이 끝나가고 이제 엔데믹endemic의 시대가 왔다고 이야기하지만, 우리는 '끝end'이 아니라 영원한 시작을 알리는 '고착dem-'의 의미를 더욱 무겁게 바라봐야 한다. 이런 고착의 현실에서 코호트 격리 방역 정책은 고질적이고 영구적인 시설 거주인의 건강을 차별하고 기본권과 존엄을 훼손할 우려가 있다.

불행 중 다행으로 단계적 일상 회복 조치가 시행됨에 따라 관련 방역 대책이 서서히 자취를 감췄지만, 코호트 격리가 휩쓸고 간 자리에 자리를 잃거나 떠난 사람들은 돌아오지 못했다. 겨우 살아남은 이들이 겪고 있는 정신적 충격과 불평등의 격차는 회복의 기미를 보이지 않는다. 사회와는 단절된 채 조용하게 이루어진 가혹한

우리의 상처가 미래를 바꿀 수 있을까

소란이 지나간 자리를 되짚으며 생각한다. 사랑하는 이를 마주하기 위한 외출과 외박을 막는 방역 조치는 과연 정당했는지, 시설 거주자의 교육권과 노동권을 억압하는 방역 조치는 과연 적절했는지, 힘없고 약한 이들의 모든 움직임을 통제하는 이 조치가 명확한 법적 근거조차 갖고 있지 않다는 사실을 쉬이 납득할 수 있을지. 과연 이 조치는 방역 목적을 달성하기 위한 불가피한 방법이었을지. 말할 수 없고, 배울 수 없고, 일할 수 없고, 만날 수 없는 삶을 살며 하염없이 똑같은 방에 갇혀 기회를 놓친 이들이 박탈당한 수많은 자기 계발과 행복의 가능성을 떠올려 본다면, 방역을 빌미로, 먹고 자고 씻는 것만이 가능했던 기약 없는 집단생활은 되풀이되어서는 안 될 악몽과도 같다. 명확한 요건과 절차 없이 수행된 코호트 격리는 코로나19 방역 지침이 거주 환경에 따라 불평등하게 적용되었음을 증명하는 대표적인 사례로 기억될 것이다.

가혹한 코호트 격리 정책은 과학에 입각하지 않고, 사회적 약자에 대한 만연한 차별과 배제의 눈초리를 근거로 수행되었던 것이 아닐까.


**무분별한 완전 격리의 다른 이름, 예방적 코호트 격리**

코호트 격리에 이어 장애인을 완전히 감금시킨 또 하나의 조치, '예방적 코호트 격리'는 보다 노골적인 차별에 기반한 조치였다. 코호트 격리보다 더 난해하고 종잡기 어려운 명칭을 지닌 이 정책은 코호트 격리를 선제적으로 수행한다는 의미다. 사회복지시설 및 요양시설을 일시 폐쇄하여 동일 집단을 격리한다는 점에서는 코호트 격리와 유사성이 있지만, 감염원을 원천적으로 차단하기 위해 감염 발생 이전에 선제적으로 폐쇄하는 데서 차이를 보였다. 즉, 감염 발생 여부와 무관하게 시설 출입을 완전히 통제하는 조치가 예고되었다.

2020년 3월 1일 경기도의 「노인·장애인 등 감염병 취약계층 의료·거주시설 대상 '예방적 코호트 격리'」 시행 계획 발표를 시작으로 2021년 9월 기준 서울, 대구, 인천, 광주, 강원, 충북, 충남, 전북, 전남, 경북, 경남 등 12개 시도 지역에서 해당 조치가 1회 이상 시행되었다.[24] 예방적 코호트 격리는 정책적 실효성을 판단하기 힘들 뿐만 아니라, 기본권을 완전히 제한하고 사회 참여의 기회를 근거 없이 전면 차단하는 반인권적 조치임에도 불구하고, 코호트 격리와 마찬가지로 명확한 법적 근거 없이 시행되었다.[25, 26] 당시 조치에서 가장 황당한 사실은 현실적으로 방역 환경의 아무런 개선을 야기하지 않는 눈속임에 불과했다는 점이었다. 오래전부터 이미 집단 거주시설 내 거주인의 면회 및 출입은 엄격히 제한되고 있었는데, 출입을 새로이 통제한다는 것은 거주인에게 무슨 의미가 있었을까? 더욱이, 거주시설 종사자는 코호트 격리 및 예방적 코호트 격리 대상에 해당하지도 않아 자유롭게 드나들 수 있었다.

"코호트 격리인데 직원들은 다 출퇴근했어요. (기존 거주시설 감염)

사례도 다 직원들로부터 감염돼 가지고 걸린 거거든요. 직원들이 계속 왔다 갔다 하는 게 무슨 코호트(격리)예요. 장애인, 노인들만. 그러니까 시설에 있는 거주인들만 코호트(격리) 시킨 건데요. 이것으로 무슨 효과를 기대했을까요? (어차피) 의료진들이, 직원들은 다 출퇴근하는데요. 그렇다고 직원들을 코호트(격리) 시킬 수 없잖아요. 직원들은 각자 아이를 양육해야 하고 퇴근해 가지고 자기 생활이 있는데요. 그 사람들을 만약에 코호트(격리) 시켰으면요. 당장 거주 시설에 3만 명의 거주인이 있고, 직원은 1만 8,000명, 그러니까 2만 명 가까운 사람이 있는데요. (만일) 우리나라가 그 사람들을 코호트(격리) 시켰다고 생각해 보세요. 그럼 난리 났겠죠. 코호트(격리) 못 시키죠. 그런데 장애인 거주인만 코호트(격리) 시키는 거죠. 그러면서 무슨 효과를 기대했죠, 코호트(격리)로?"

– 김정하(사회복지법인 프리웰 이사장)

집단시설 거주인은 애초 출입이 통제되었으며, 직원은 시설 안팎을 오가며 출퇴근해야만 했기 때문에 과연 해당 조치가 어떤 예방 효과를 구체적으로 가져왔는지 의문일 따름이다. 예방적 코호트 격리 정책은 첨단 방역의 상징처럼 호명되었지만, 현장에서는 실효성을 찾기 힘든 무용한 정책에 가까웠으며, 오로지 지역사회와 시설사회를 단절시키는 사회적 낙인을 강화하는 데 활용됐다. 명확한 지침 근거와 효과를 찾을 수 없는 예방적 코호트 격리는 시설 내부 구성원의 건강을 위한 정책이기보다 시설 밖에 있는 대다수 시민의 정서적 방역을 위한 격리의 다른 이름은 아니었을까.

### 코호트 격리 너머 공존의 삶을 꿈꾸며

코호트 격리와 예방적 코호트 격리라는 이해하기 어려운 낱말들 뒤에는 가려진 죽음과 아픔이 상존한다. 또다른 팬데믹이 다시금 언젠가 우리를 덮쳐 올 때, 국가는 코호트 격리를 되풀이하기 전에 먼저 정책의 부작용으로 세상을 떠난 이들을 기억해야만 한다. 건강한 몸, 정상적인 몸, 생산성이 있는 몸을 지닌 시민에게는 사회적 거리두기 방역 지침을 제공하며 도망갈 권리를 허락한 반면, 시설에 격리된 장애인에게는 코호트 격리 강제를 통해 가두어진 몸이 이중 삼중으로 가두도록 조치한 정부 방침은 장애를 가진 이들이 살아남기 위한 도망조차 택할 수 없도록 완전히 자기결정권을 박탈한 '재난 위의 재난'이었다.[27]

생존의 구호보다 우선한 코호트 격리 중심 집단 방역책은 재난 상황 시 거주시설 장애인의 존엄이 치안의 논리 아래 후순위로 밀려난다는 점을 보여준 명징한 사례였다. 국가는 거주시설 내 장애인을 감금 격리 대상으로 통제했고, 이들의 생명권과 자기결정권 존중을 미뤄두었으며, 심지어는 죽음마저 회피할 수 없게끔 강제하는 참사 결과를 초래하기도 했다. 재난에 직면한 장애인은 시민성을 빼앗긴 채 이름 없는 타자로 취급됐다. 이들이 가진 삶에 대한 열망, 생존을 위한 의견은 집단 수용 방역 정책 앞에 무산되었다. 코호트 격리 앞 약자의 민주주의는 존재하지 않았다. 평등한 과정을 원리로 삼는 현대 정치와 공정한 결과를 추구하는 공공 정책의 목적은 온데간데없었다.[28] 권력과 자원의 몫을 지니지 못한 거주시설 장애인들은 목소리를 빼앗겼고, 목숨을 잃었다. 모든 인간이 마땅히 누려야 할 삶의 의지조차 차단한 잔혹한 팬데믹 참사가 되풀이되지 않으려면 어떤 정책 변화가 필요할까.

십수 년간 장애인 거주시설 관련 인권 현장에서 활동한 김정하 활동가는 보다 근본적인 수준에서 대책을 마련해야 한다고 제안했다. 그간 한국의 사회복지를 지탱해 온 집단수용시설에서의 통제로 대표되는 일방적 구호 행정의 패러다임을 넘어서야 한다고 말했다. 통제가 엄격한 수용 공간에 장애인이 입소하여 사회로부터 격리된 채 무기력하고 수동적인 대상으로 취급받고, 보호의 이름을 한 격리가 정당화되는 삶의 방식으로부터 벗어나야만 한다. 종국적으로 중증 장애인도 지역사회 내에서 이웃과 함께 어우러져 살아갈 수 있도록 국가가 지원함으로써, 서로의 곁을 지키는 상호의존적이고 협력적인 관계를 강화할 수 있는 방향으로 정책을 수립해야 한다.[29]

우리 사회가 지향해야 할 방향은 더 깨끗한 격리시설, 더 넓은 수용시설의 증설이 아니라, 지역사회 내 임대 지원 주택 및 서비스 보급 등을 통해 이웃과 동등한 위치에서 서로 보살피고 연대 의식을 직접 감각할 수 있도록 해야 한다. 시설 폐쇄 중심의 일방적인 코호트 격리 정책 추진 방식을 적극 재검토하고, 집단 거주시설 환경에 놓인 감염 취약계층이 팬데믹 시기 1인 1실에서 감염병에 대응할 수 있도록 유엔 장애인권리협약위원회 탈시설워킹그룹에서 제시한 긴급탈시설 등의 개별 방역 공간 확보에 힘을 쏟아야 할 필요가 있다.[30] 시설 입소 장애인과 서로 얽히고설킨 지원자로서 시설 종사자들이 장시간 재난의 책임을 마주하는 가운데 소진되지 않도록, 이들을 위한 적극적인 트라우마 치료 지원 체계 또한 마련될 필요가 있다.

오랜 시간 사회적 배제와 차별에서 비롯되는 일상적 '재난'에서 생존한 장애인에게 팬데믹은 그들이 처한 만연한 사회적 위기를 노골적으로 드러내는 계기가 되었다. 장애인 거주 시설에 닥친 코호트 격리문제도 마찬가지다. 장애인들은 코호트 격리로 수용된 것이 아니라, 이미 오래전부터 일방적으로 수용된 삶을 살아왔다. 코로나 이후에는 다함께 어울려 살 수 있기를 바란다. 행동이 제한된 채 격리된 삶을 평생 살아가는 이웃의 고통의 무게를 희미하게 나마 공유한 지금, 장애인이 지역에서 나이 들며aging in place 살아갈 수 있도록, 분리와 격리를 넘어 환대와 연대가 자리하는 사회정책의 패러다임으로 나아가야 한다.

우리의 상처가 미래를 바꿀 수 있을까

# 코로나19와 발달장애인, 그 가족

　코로나19 시기 사회적 무관심 속에서 '극복'과 '포기'라는 두 가지 극단적 선택지에 내몰렸던 이들이 있다. 사회적 고립의 외로움과 소외의 두려움을 떠안은 채 코로나19를 견뎌온 발달장애인과 가족이 그 주인공이다. 발달장애인 부모는 "내 아이보다 하루라도 더 살아내는 삶"을 갈망했고, 발달장애인은 "장애인이기 전에 사람이다"를 외치며 생존을 위해 고군분투했다. 그들이 버텨내고자 했던, 이겨내고자 했던 코로나19의 시간은 얼마나 길고 고됐을까.

　2022년 여름 장마철에 쏟아진 굵은 빗방울을 아직 기억하는 이들이라면, 이 잔인한 빗줄기가 신림동의 어느 반지하를 덮쳤다는 사실 또한 잊지 않았을 것이다. 폭우 속 반지하층에 고립되어 참변을 겪은 발달장애인 일가족의 일화는, 팬데믹 재난과 종류는 다르지만, 코로나19 팬데믹 시기 발달장애인 가족이 홀로 고립된 채 모든 고통을 감내해야만 했던 장면의 재현과도 같았다. 대피 직전의 순간까지 여성 가족 구성원에게 전적으로 전가된 끝없는 돌봄 부담, 저소득에서 비롯된 열악한 반지하 주거 환경, 선택 가능한 대비책과 대안의 부족, 국가의 책임이 소거된 채 전적으로 참사의 무게를 짊어져야 하는 고통까지. 폭우와 팬데믹의 참사는 발달장애인 가족이 구조적으로 겪어온 사회적 소외에서 비롯되었다. 폭우를 마주했던 이들에게 코로나19 속 발달장애인과 가족이 겪었던 어려움의 순간들이 어김없이 떠올랐던 이유는 재해의 종류와 계기만 달랐을 뿐, 고통을 마주한 이들은 모두 열악한 발달장애인과 그 가족에 대한 열악한 사회적 여건과 곤경의 공통점을 인식했기 때문이다. 그러한 점에서 후술해 나갈 발달장애인과 가족이 경험하는 코로나19 팬데믹의 현실은 단지 예외적 사건의 일부가 아니라, 언제나 되풀이되는 우리 사회의 구조적 모순을 담은 단면이라는 점을 잊지 말아야 할 것이다.

우리 사회에서 발달장애인 당사자가 겪는 어려움과 발달장애인 가족이 겪는 어려움은 같은 듯 다른 양상을 띤다.[31, 32] 당사자가 경험한 사회 참여의 제약, 가족이 경험한 돌봄 공백의 문제 등은 분리할 수 없는 복합적인 문제이지만, 그럼에도 불구하고 발달장애인과 가족의 삶을 구분하여 살펴보는 것은 각각의 입장을 이해하는 데 있어 중요하다. 누군가의 희생을 단정하거나 고통을 소거하지 않고, 서로의 어려움을 이해할 수 있기 때문이다. 이에 발달장애인 당사

우리의 상처가 미래를 바꿀 수 있을까

자가 경험한 팬데믹과 발달장애인 가족이 경험한 팬데믹을 분리하여 다루고자 한다.

## 발달장애인 당사자가 겪은 사회 참여의 어려움

발달장애인에게 코로나19 팬데믹은 단지 감염병이 유행한 순간이 아니라 소중한 일상이 송두리째 뺏기고 사랑의 교류가 차단된 절망적인 시기로 기억된다. 정부의 사회적 거리두기 지침이 강도를 더할수록 다양한 교육 장소 및 사회복지기관은 굳게 문을 잠갔으며, 이로 인해 발달장애인이 느끼는 소외와 박탈감은 걷잡을 수 없이 커졌다. 기약 없는 행정조치 앞에서 발달장애인 당사자는 그렇게 영문도 모르는 채로 순식간에 일상을 뺏겼다. 매일 가는 학교와 주간보호시설, 심지어는 체육관까지. 매일같이 뛰놀던 공간이 언제 다시 환한 불을 켜며 반길 수 있을지, 막막한 마음을 안고 폐쇄 공간 문틈 너머 불 꺼진 실내를 하염없이 바라보고 주변을 서성이던 이들은 이내 갈 곳을 잃었다는 사실과 함께 내일이 기약되지 않는 귀갓길에 올랐다.

> "(코로나 기간 동안) 발달장애인이 이용했던 모든 시설이 휴관했는데요. 저는 그것이 또 다른 코호트 격리라는 생각이 듭니다. 사회생활의 적응이 힘든 발달장애인은 단절로 그동안 유지하던 일과를 잃었습니다. 이로 인해 발생한 스트레스와 충격이 상당했습

니다. 갈 곳이 사라지면서 거의 집에만 있게 되었습니다. 자기 삶

을 잃고 리듬이 깨지면서 굉장히 힘들어했죠."

— 최용걸(전국장애인부모연대 정책국장)

발달장애인을 대상으로 하는 교육 및 활동 프로그램이 급작스럽
게 잠정 중단된 이후, 정부와 지자체는 그 빈자리를 메우고자 비대
면 서비스 도입을 권고했다. 질문도 컴퓨터로, 대답도 컴퓨터로, 춤
을 춰도 컴퓨터 앞에서, 노래를 불러도 컴퓨터 앞에서 하도록 했다.
고된 시험과 노동도 예외는 아니었다. 배움, 노동, 놀이 모두 컴퓨터
화면을 거쳐야만 하는 순간이 펼쳐졌다. 최첨단 비대면 체계를 도
입함으로써 대면 중심 사회에서 비롯된 비효율적 우려와 한계를
극복할 수 있는 계기가 될 것이라고 낙관하거나, 또 생산성과 효율
성을 증진하는 뉴노멀 사회를 이룩할 수 있을 것이라고 전망하는
이들도 있었다. 하지만 대다수 국내의 발달장애인 당사자에게 비
대면 체계는 소통을 가로막는 장벽과도 같았다.[33, 34] 비대면 시대 속
이들은 모니터 앞에서 초점을 잃고 말을 잃었다. 비대면에 기반을
둔 인터넷 세계는 기본적으로 정보와 소통의 연결성을 내세웠지
만, 정작 발달장애인은 연결될 수 없었다.[35]

직접 만지거나 느낄 수 없는 가상의 공간은 그 어떤 신체적 접촉
도 물리적 접근도 수반되지 않는 정보값의 입력만으로 작동했기
때문에, 조작에 능하지 못한 수용자들은 하염없이 쳐다볼 수 밖에
없었다. 체온을 나누는 모든 과정이 생략된 비대면 환경은 일상의

생기와 유익함을 대체할 수 없었다.

발달장애인에게 비대면 소통은 이해하기 힘든 사회, 어울림을 필요로 하지 않는 사회, 자유로운 움직임이 허락되지 않는 사회로 다가왔다. 비대면 기술의 일상화가 어떻게 이들의 일상을 소외시키는 결과로 이어졌을까. 비대면의 도입과 함께 완전히 달라진 일상생활 방식이 발달장애인에게 어떠한 구체적인 변화로 다가왔는지 이어서 살펴보고자 한다.

### 일상을 잃자 어려운 행동이 시작됐다

발달장애인이 낯선 환경에 놓이거나 움직임에 제약을 경험할 때 조절하기 힘든 힘든 모습을 보일 때, 이를 가리켜 어려운 행동Challenging Behavior이라고 부른다. 어려운 행동은 한 가지 양태로 나타나지 않고 여러 가지 모습을 보인다. 가령 누군가는 화를 내거나, 발을 쿵쿵 구르곤 한다. 소리를 크게 지르는 발달장애인도 있고, 자기 자신을 아프게 꼬집거나 자학하는 이들도 있다. 특정 행동을 반복하거나 발작을 일으키는 경우도 있다.[36] 어려운 행동이 나타나는 이유는 다양하다. 발달장애인이 의사소통의 어려움을 겪거나 불쾌한 감각을 느낄 때, 사회적 교류의 제약을 경험하거나, 대처하기 힘든 스트레스 및 환경 변화 등을 마주할 때 나타날 수 있다.[37] 과거에는 발달장애인의 이러한 행동 번역을 두고 '문제적 행동' 혹은 '도전적 행동'이라고 칭하기도 했으나, 최근 들어 발달장애인 당사자의 의사 표현 및 권리를 옹호하는 목소리들이 활발해지면서 기존의 표현이 적절치 않다는 비판과 함께 당사자적 시각에서 어려움을 느끼는 행동이라 이해될 필요가 있다는 의견이 제시되었다.[38] '어려운 행동'이라는 어휘 또한 표현상 한계를 가질 수 있겠으나, 이 절에서는 근래 발달장애인 권리 옹호 현장에서 많이 활용하는 이 용어를 통해 이야기를 전개하고자 한다.

어려운 행동이 당사자의 익숙함을 저해하는 사회 환경의 억압과 제약으로부터 비롯된다는 사실을 아는 이들은 코로나19가 발달장애인의 어려운 행동을 심화하는 데 상당한 악영향을 끼쳤다는 사실 또한 잘 알고 있다. 발달장애인 당사자가 호소한 신경적 불안은 비단 바이러스 감염에서 비롯된 문제가 아니라, 팬데믹 시기 전개된 강도 높은 방역 정책으로 인한 것이기도 했다. 자유로운 움직임이 통제되고 일상 환경이 크게 변하면서, 상당한 심리적 부담을 느꼈기 때문이다. 급격한 환경 변화, 대처하기 어려운 스트레스의 발생, 안정적인 교류의 차단은 모두 코로나19가 바꾼 사회 환경의 대표적 특징이었으며, 사회적 거리두기와 비대면 환경으로의 변화 과정에서 불가피하게 발생한 문제들이기도 했다.

발달장애인이 규칙적이고 의미 있는 하루를 나기 위해 지키는 일과를 '루틴routine'이라고 부른다. 발달장애인에게 루틴은 단순히 연속되는 일과 이상이다. 규칙적인 루틴을 지키는 과정을 통해 심리적 안정과 만족감을 느끼며, 다가올 미래에 대한 두려움을 잠재우는 예측 가능성을 갖고, 자기 삶의 자율성을 충만하게 만끽한

우리의 상처가 미래를 바꿀 수 있을까

다.[39] 가령 아침에 일어나면 이불을 펴고, 양치를 한 뒤, 수저를 탁자에 올려 식사하는 모든 기상 후 과정들을 생각해 보자. 대부분의 비장애인에게는 이런 일상적 행동의 순서가 예민하게 받아들일 정도로 중요하지 않지만, 어떤 발달장애인에게는 이는 최대한 순서를 따라 지켜야 하는 자기 자신과의 약속과도 같은 것이다.

코로나19의 유행은 발달장애인이 지켜오던 일상의 루틴을 파괴했다. 9시까지 학교로 등교하고, 14시까지 주간활동서비스 기관에 가고, 18시에는 가까운 식당에 들려 좋아하는 메뉴의 밥을 먹고 귀가하는 규칙적인 하루들. 평범한 일상의 루틴이 산산이 조각나는 경험은 발달장애인이 스스로 세웠던 규칙과 신념이 무너지는 실존적 위기와도 같았다.

코로나19 이전부터 발달장애인의 하루 일과에 새로운 루틴을 더하기 위해서는 신중한 접근이 요구되었다. 당사자뿐만 아니라 가족과 전문가들까지 함께 힘을 모아 천천히 점진적으로 생활을 바꿔나가야 했다. 신중에 신중을 기해야만 하는 과정이었으나, 코로나19는 강압적이고 갑작스럽게 생활양식의 변화를 강요했다. '더 이상 학교를 갈 수 없다', '당분간 친구를 만날 수 없다', '그 식당이나 카페에 가서는 안 된다', '마스크를 쓰고 나가야 한다', '기침을 참아야만 한다', '손소독제를 사용해야만 한다'라는 전례 없던 새로운 규칙들은 날이 갈수록 수십, 아니 수백여 가지씩 더해졌다. 발달장애인 당사자는 예고치 않은 일상 루틴 훼손으로 인한 불안해했으며, 동시에 눈에 보이지 않는 바이러스가 이 모든 제약의 원인이 되었다는 사실에 공포, 두려움, 초조함, 무력감, 긴장, 슬픔, 분노의 감정에 포화되고 말았다.

> "처음에는 되게 화를 많이 냈어요. 루틴이 깨져버리니까요. 원래 외출을 마음대로 했었는데요. 특히 코로나 초기에는 안전에 대해서 모두 다 예민했잖아요. 그래서 기관 중 입장이 안 되는 곳들도 많았고요. (…) 자기가 남는 시간을 꽤 보내는 카페에 대한 출입도 당시에 좀 어려웠고요. 밥을 먹는 것도 식당의 출입이 제한적이거나 불편했고요. 그렇게 루틴이 깨지는 것에 대해서 저한테 정말 많이 화를 냈었어요."
>
> – 김남연(전국장애인부모연대 이사)

다수의 발달장애인이 마스크 착용의 어려움을 경험했다. 이들 사이에서 종종 마스크를 벗거나 쓰지 않고 분노를 표출하는 어려운 행동이 나타나기도 했다. 오랜 당부 끝에 함께 외출하더라도, 역류성 식도염으로 고생하는 발달장애인 자녀가 헛기침이라도 하는 순간에는 주변의 모든 눈초리가 싸늘하게 자녀와 자신에게로 향했다. 발달장애인 자녀가 마치 방역 규칙에 순종하지 않는 사회 불청객처럼 취급되는 현실 앞에 한없이 움츠러들었다.

> "우리 발달장애인들은 마스크로 인해서… 마스크를 못 하는 친구들이 많거든요. 정말이지, 만약 사람들이 사회로부터 열 걸음

정도 단절됐다고 하면 우리는 한 백 걸음쯤은 단절된 것 같아요. 우리 아이 같은 경우는 역류성 식도염이 있어서 이렇게 기침을 좀 하거든요. 기침하면 굉장히 분위기가 안 좋잖아요. 거기다가 마스크도 썼다 뺐다 하면 분위기가 더 안 좋아지니까. 저는 그래서 일부러 장애인석에 데려갔어요. 거기 앉아서 아이한테 말하며 계속 사람들을 향해 사인을 보내요. 애가 장애인이라는 사인을 보내는 거죠. 그런 얘기 중에 하나가, '마스크 똑바로 써야 돼. 소리 내면 안 돼.' 아예 소리를 안 냈는데도 우리가 지하철 타면 일단, '소리를 내면 안 되는 거야. 우리 조용히 안전하게 가자.' 이렇게 사람들이 들으라는 듯 아이에게 당부를 하는거죠. 아이가 어떤 행동을 했을 때 이해를 좀 해주십사 하는 마음인 거예요."

– 김남연(전국장애인부모연대 이사)

발달장애인의 권익옹호를 외쳐온 활동가들의 끈질긴 요구 아래 2021년 처음 시행된 '발달장애인 실태조사'는 발달장애인의 사회적 고립이 일부 가족에게만 해당하는 사실이 아니라는 점을 지적한다. 70%에 상당하는 지적·자폐성 발달장애인 응답자 대다수가 코로나 19로 인해 단순 외출과 모임 등을 위한 외부 활동, 문화를 향유하는 여가 활동에 모두 어려움을 느끼고 있다고 응답했다.[40] 몸을 움직이는 스포츠와 예술, 친구와 만나 소통하는 모임과 동아리 등의 레크리에이션 활동은 더 이상 할 수 없게 되었고, 하루 중 대부분의 시간을 TV를 보거나 의욕을 잃은 채로 살아가는 삶이 다수의 발달장애인에게 새로운 일상으로 자리매김했다. 코로나19 팬데믹은 가혹하리만큼 발달장애인의 활력을 구속하고, 감정의 교류마저 차단한 칠흑 같은 어둠의 시기였다.[40] 사회 참여를 할 수 없는 장애인의 과반 상당이 홀로 집에 남아야만 했다. 발달장애인의 곁에 유일하게 남은 외부와의 소통은 사실상 'TV'가 전부였다. 더욱이 아예 아무것도 원하지 않는다고 응답한 이들의 비율도 열에 한 명꼴이나 되었다.

### 2-4. 2021년 동안 가장 많이 한 여가 활동

| 구분(%) | 지적장애 | 자폐성장애 | 발달장애 |
|---|---|---|---|
| TV 시청 | 56.3 | 34.8 | 54.2 |
| 음악 감상 | 5.9 | 12.7 | 6.6 |
| 컴퓨터 | 18.3 | 27.7 | 19.2 |
| 영화 감상 | 0.3 | 0.0 | 0.3 |
| 스포츠 활동 | 3.2 | 6.8 | 3.5 |
| 창작 활동 | 1.8 | 2.3 | 1.9 |
| 동아리 활동 | 0.1 | 0.0 | 0.1 |
| 모임 활동 | 1.5 | 0.8 | 1.4 |
| 여행 | 0.2 | 3.1 | 0.5 |
| 기타 | 1.9 | 3.0 | 2.0 |
| 아무것도 하지 않음<br>(아무것도 원하지 않음) | 10.6 | 8.8 | 10.4 |
| 계 | 100.0 | 100.0 | 100.0 |

*출처: 〈발달장애인 실태조사〉, 보건복지부(2021)

우리의 상처가 미래를 바꿀 수 있을까

## 따라잡을 수 없는 공부, 비대면 학습

코로나19는 사회적으로 소외된 아동·청소년의 심각한 교육 불평등을 야기했다.[41] 상호작용이 없는 녹화 자료에 기반하여 일방적인 가르침이 있었던 기관과 실시간으로 소통하며 공부하는 기관 차이에서 학업의 격차가 발생했고, 비대면 학습에 투자할 수 있는 경제적 자원 수준에 따라 학업 성취 격차가 또 한 번 벌어졌다.[42] 기술에 의존하는 시대적 흐름이 가속화될수록 신기술에 적응하기 힘든 이들은 탈락되어야만 했다. 과연 발달장애인에게 비대면 학습은 어떤 의미였을까.

다수의 발달장애인 학생은 비대면 학습 환경에 적응할 수 없었다. 70% 이상의 지적·자폐성 장애인 당사자가 팬데믹 시기 경험한 학업의 어려움 중 온라인 비대면 수업으로 인해 수업을 이해할 수 없었다고 응답한 설문 결과를 무겁게 되짚어 볼 필요가 있다.[43] 모니터 너머 일방적으로 송출되는 장면과 소리만으로 모든 지식을 습득해야 하는 수업방식은 새로운 학습 방식과 일방적인 가르침의 속도를 따라가기 힘든 발달장애인에게 커다란 상처를 남겼다. 팬데믹 초기, 대체재 없이 진행된 비대면 교육의 어려움을 감당하는 것은 오롯이 당사자의 몫이었다.

전국장애인부모연대 윤진철 사무처장은 관련 보도에서 발달장애인에게 시행된 온라인 수업은 효율성을 평가하기 이전에, 제대로 실행조차 되지 못한 근본적으로 잘못된 접근 방식이라고 지적했다.[44] 집중할 수도, 수업을 이해할 수도 없었던 이들이 바라본 모니터 너머 2년의 수업은 과연 어떻게 기억될까. 그들은 과연 무엇을 배우고 무엇을 잃었을까. 몇 명의 학생이 그사이 학업을 단념하거나 포기했을까. 그들의 부적응을 바라보는 가족들의 심정적 괴로움은 어땠을까. 따라갈 수 없는 학습 진도로 답답하고 화가 난 발달장애인의 행동은 어떻게 변화했을까.

교육의 목표가 마치 명문대에 입학하기 위한 것처럼 여겨지는 사회에서 잊지 말아야 할 것이 있다. 교육은 단지 더 나은 지식 습득만을 위한 것이 아니라, 함께 어울려 살아가는 사회에 진입하는 성장과 통합의 계기라는 점이다.[45] 전인적 가치를 추구하는 교육의 궁극적 목표는 개인의 정서와 성격, 행동과 가치관, 흥미와 대인관계 향상 등 인간의 가치와 존엄을 지키고, 사회적 돌봄과 지원을 제공하는 공적 역할을 수행한다는 사실을 잊어서는 안 될 것이다. 코로나19 팬데믹 시기, 발달장애 학생들이 잃어버린 학교로 가는 길은 곧 사람답게 살아갈 기본적 권리를 향한 길이 차단된 것과도 같았다.


**돌봄의 공백이 빈곤으로, 참사로**

발달장애인 자녀의 돌봄을 전적으로 책임져야만 했던 부모들의 시간은 가혹했다. 그간 발달장애인이 의미 있는 낮 시간을 보내는 데 조력해 온 대다수 기관이 코로나 시기 중 잠정 폐쇄됨에 따라 모든 돌봄의 책임은 부모에게 떠넘겨졌다. 학교, 일터, 복지관,

우리의 상처가 미래를 바꿀 수 있을까

체육관 등 집을 나서 갈 수 있는 장소가 문을 닫았다. 부모는 발달장애인 당사자 주변을 홀로 지키며 서비스 공백을 메워야만 했다. 동시에 팬데믹 사회의 새로운 방역 규칙을 교육하는 몫도 모두 떠안았다. 발달장애인 세 명 중 한 명꼴로 낮 시간을 가족과 함께 보냈다는 한 설문 응답은 그러한 현실을 여과 없이 보여준다.[40]

과연 발달장애인 가족이 스스로의 시간을 당사자 곁에 있는 데 쏟았다면, 정작 그 자신의 삶은 어떻게 유지되었을까. 모든 발달장애인 부모는 자녀를 책임지기 전에 저마다의 삶을 책임져야만 한다. 당장 현실적으로 비장애인 자녀보다 더 많은 치료비와 양육비가 요구되는 발달장애인 자녀의 일상을 위해서라도 부모에게는 온전히 일에 집중하는 시간이 필요하지 않았을까?[46]

코로나19 팬데믹 초기 발달장애인 가족 중 적어도 부모 한 사람이 직장을 그만둔 비율은 약 20%에 육박했다. 그중 80%는 여성이었다.[47]

> "어려운 행동을 보이는 발달장애인이나 최중증 발달장애인들은 지원하는 게 힘들어 아무도 지원하려고 하지 않기 때문에 대부분 다 부모님이 지원하게 되거든요. 그나마 부모님이 부담에서 조금 벗어날 수 있었던 시간은 기존에 복지관이나 이런 시설들을 이용했던 시간들인데요. 이게 중단됐으니 모든 시간이 다 오로지 부모님의 몫이 되면서 직장을 그만두게 됩니다."
>
> – 최용걸 (전국장애인부모연대 정책국장)

누군가의 엄마이기 이전에 저마다의 일터에서 존경받던 언니이자 선배님으로 활약했던 수많은 '언니'들은 커리어를 포기한 채 '엄마'로서의 삶을 살아야만 했다. 자신의 이름이 아닌 자녀의 이름에 빗대어 '○○ 엄마'로 호명되는 일상이 강요됐다. 팬데믹은 오롯이 여성으로서 가질 수 있는 시간과 삶의 자유를 빼앗았고, 돌봄 제공자의 역할만을 무겁게 부과한다.[48]

팬데믹 시기 돌봄의 공백은 빈곤으로 이어졌다. 2021년 발달장애인 가구의 월평균 소득은 약 284만 원으로, 통계청에서 발표한 2021년 4/4분기 월평균 가구소득 대비 60%밖에 되지 않을 만큼 열악한 수준에 치달았다.[40, 49] 발달장애인 자녀와 살아남기 위해서는 더 많은 시간과 돈, 에너지가 필요했지만 아무도 도와주지 않았다. 가혹한 현실의 짐을 나눌 수 있는 사회적 지원책은 마땅히 찾아볼 수 없었다. 일방적인 돌봄의 부담에 허우적거리던 발달장애인 가족들은 극단적인 생활고를 겪기도 했다.

"덩치 큰 자폐성 장애인 성인 남성이 계셨는데요. 어머니가 지원하기 힘들어서 아버님이 직장을 그만두고 자녀를 지원하고 어머님이 생계를 유지하시던 중 아버님이 사고로 다치셨어요. 아무도 돌볼 수 없는 상황이 되어서 어머님마저 직장을 그만두시는 경우가 있었습니다. 그 당시 돌봄 지원 대책이 거의 없어서 어찌할 수 없었습니다."

– 최용걸(전국장애인부모연대 정책국장)

우리의 상처가 미래를 바꿀 수 있을까

수많은 발달장애인 가족이 코로나19 시기 바이러스 감염에 대한 우려보다 눈앞에 닥친 생계의 어려움과 지원을 기대할 수 없는 사회적 고립을 더 두려워했다는 진술은 일말의 과장 없는 사실이다.

출구가 보이지 않는 막막한 재정난과 돌봄 공백은 주 돌봄 제공자의 정신 건강을 위협하는 요인이 되었다. 발달장애인 가족의 36.7%가 우울과 불안 증세를 겪었고, 35%가 극단적인 선택을 고려했다.[50] '취약한 구조의 가족 형태', '경제적 생활고', '어려운 행동에 따른 과도한 돌봄 부담', '가족돌봄자의 건강 문제', '가족의 폐쇄성과 사회적 지지 체계의 열악성', '급여 및 서비스의 진입장벽' 등 다양한 삶의 공백을 가리키는 어려움이 심리적 고립과 고난의 계기로 닥쳐왔다.

발달장애인에게도 안정적인 휴식이 필요했던 만큼, 가족에게도 쉼이 필요했다. 그러나 조금도 떨어질 수 없는 이들의 휴식 선언은 곧 생존을 포기한다는 뜻이나 다름 없었다. 소수의 가족에게 전적인 책임이 전가되고 강요된 심리적 압박과 고립은 돌이킬 수 없는 극단적인 참사로 이어졌다. 2021년 11월 전남 담양에서는 발달장애인 일가족 3명이 숨지는 참사가 발생했다. 당시 발달장애인 자녀와 함께 세상을 떠난 가족이 남긴 유서에는 "형이 죽은 데다 나도 우울증을 앓고 있어서 너무 힘들다"라는 내용이 담겨 있었다.[51] 2022년 5월 발달장애인 자녀와 함께 아파트에서 투신하여 생을 마친 40대 여성 또한 생전 우울증을 앓고 있던 것으로 밝혀졌다.[52] 이러한 안타까운 사례 외에도 현재 많은 발달장애인 부모가 겪는 우울증 문

제는 지속적으로 언론에 노출되고 있다.[53, 54]

사회적 거리두기가 강화되고 통제 중심의 방역 정책이 집중적으로 도입된 2020년부터 2022년까지 코로나19 집중 유행 시기 동안 10건 이상의 참사 소식이 세상에 알려졌다. 대다수 부모는 자녀를 살해하고 자신 또한 세상을 떠나기로 결심했다. 자녀를 살해하지 않고 스스로 세상을 떠난 부모의 사례까지 더한다면, 가족에게 일방적으로 전가되었던 돌봄의 책임과 이로 인해 정신적 고통은 이루 말할 수 없다. 더욱 가슴 아픈 사실은 지난 2년간 자살을 시도한 부모 대부분이 돌봄을 전담하는 '엄마'들이었다는 점이다. 발달장애인 자녀 살해 후 자살을 시도한 이들 대부분이 한 여성으로서의 삶을 펼치지 못하고, 도무지 홀로 감당할 수 없는 기나 긴 고립의 시간 속 극단적 선택을 했다는 사실을 잊어서는 안 될 것이다.

또, 발달장애인 가족이 겪었던 고난의 환경에서 두드러지는 특징 한 가지를 추가로 주목하고자 한다. 발달장애인 자녀를 돌보는 한부모 가구 비율에 관한 것이다. 2021년 기준 국내 한부모 가구 비율은 약 7%에 상당하는 반면, 발달장애인 전체 가구 유형 중 한부모 가구의 비율은 약 25% 내외로 추정될 만큼 상당한 격차를 보인다.[40, 55] 발달장애인을 대상으로 하는 돌봄 지원 체계가 사라진 팬데믹 시기 발달장애인 한부모 가족은 어떤 시간을 보냈을까. 이들을 위한 별도의 사회적 지원책이 마련되지 않은 무방비 상황 속에서 이들은 일과 육아의 책임을 동시에 수행할 수 있었을까. 한 가지를 포기해야만 하는 처지에 놓였다면, 그들은 무엇을 택하고 포기

우리의 상처가 미래를 바꿀 수 있을까

했을까. 이들이 어떻게 살아남을 수 있었는지, 얼마나 많은 이들이 심각한 고난을 겪었는지 아직 우리 사회 그 누구도 제대로 알지 못하는 현실이다. 전국장애인부모연대 김남연 이사의 인터뷰 내용으로 어느 부모의 고통을 전해 들어 추측할 뿐이다.

"아빠 혼자서 아이 둘을 키우는데요. 둘 다 장애가 있대요. 근데 코로나가 걸려서 이 아이들을 돌봐줄 사람이 없잖아요…. 그래서 아버지분이 직장을 그만뒀어요. 나중에 어떻게 지내시냐고 제가 여쭤봤더니 일용직으로 지내신다 하더라고요…."

– 김남연(전국장애인부모연대 이사)

안정적인 직장을 그만두고 일용직으로 하루를 벌어 하루를 돌보는 급박한 삶. 출구가 보이지 않는 팬데믹 시기 생존을 위한 분투의 여정을 감히 상상조차 하기 어렵다.

**가족 중심이 아닌 공공 돌봄 체계로**

팬데믹은 발달장애인과 그 가족을 완전히 고립시켰다. 뉴스 등에서 코로나19의 강한 전파력이 언급될수록, 장애인에게 제공되는 서비스가 삽시간에 문을 닫았다. 발달장애인의 생애를 채우던 빈 시간, 빈자리는 모두 부모의 책임으로 전가되었다. 코로나19가 장기간 지속될수록, 당사자와 가족의 정신적 압박과 스트레스는 치솟았다. 삶의 필수를 지탱해 오던 각종 사회 연결망이 모두 단절된 채 홀로 자녀를 책임져야 하는 부모에게는 이전보다 더 많은 돈, 더 많은 시간, 더 많은 자원이 간절히 요구되었음에도 양육 부담으로 인해 그 무엇도 확보하기 어려웠다. 팬데믹 시기 집에서 가족에 의한 장애인 학대가 늘었다는 중앙장애인권익옹호기관의 발표는 단지 '폭력'의 한 단면을 공지하는 것이 아니라, 구조적 고립이 참혹하게 가시화된 '얼굴'과도 같았다.

팬데믹 시기, 발달장애인과 그 가족이 겪었던 고립과 배제의 경험이 개인의 고난사처럼 떠넘겨 해석되지 않길 바란다. 돌봄 공백의 재난은 발달장애인을 대상으로 한 공적 서비스의 미비로 발생한 사회적 차원의 문제다. 한 가족이 전 세계에 불어 닥친 팬데믹 재난을 홀로 감당하는 것은 불가능한 일이다. 신체·정신적으로 더욱 취약한 장애인 가족의 경우 더욱 그렇다. 국가와 공동체가 함께 이들에게 전가된 책임의 무게를 나눠 지탱해야 한다. 가족에 의존하는 돌봄을 넘어 공공 돌봄 체계가 확립되어야만 하는 이유다. 팬데믹 시기 공공 영역에서 돌봄 서비스가 일방적으로 중단된 것은 치명적인 결과를 낳았다. 발달장애인 가족들에게, 발달장애인 대상 서비스의 잠정적인 중단 소식은 감염 확산을 예방하는 방책으로 들리지 않았다. 어느 가족에게는 삶의 희망을 단념케 하는 종언과도 같았다. 다시는 이러한 일이 반복되어서는 안 된다. 사회적 거리두기와 격리가 일상화되는 팬데믹일수록, 발달장애인이 이용 가능한 지역사회 서비스가 지속되어야 하며, 공동체 구성원과 발달장

우리의 상처가 미래를 바꿀 수 있을까

애인 가족 간 활발한 소통이 이어져야 한다.[56]

발달장애인이 의미 있는 낮 시간을 보낼 수 있도록 학령기 발달장애인에게는 매체 수용 중심의 일방적인 비대면 교육이 아닌 상호 대면 학습 환경을 마련해야 하며, 성인기 발달장애인에게는 안정적인 대안 프로그램 참여 기회를 제공하여 가족에 의존하지 않고도 자신만의 일상을 영위할 수 있도록 지원해야 한다.[57] 활동지원 서비스를 비롯하여 각종 발달장애인 서비스를 제공하는 기관에서는 운영 중 감염의 위험을 최소화할 수 있는 체계적인 대응 지침서 마련 및 학습이 필요하다.[58] 그뿐만 아니라, 팬데믹 시기 발달장애인의 가족이 돌봄을 택하며 마주하는 경제적 위기가 심각하다는 점을 고려하여 WHO가 권고한 바와 같이 저소득 발달장애인 가구에 대한 재정 지원 마련 방안도 별도 계획할 필요가 있다. 무엇보다도 장기간 복지 서비스 중단 및 비자발적 고립에 의한 후유증으로 고생하는 발달장애인을 대상으로 한 일상 회복 지원이 병행되어야 한다.[59]

스스로 살아남을 것을 종용했던 팬데믹, 자립의 진정한 의미를 되새기고자 한다. 발달장애인이 평생 동안 꿈꾸는 '자립'은 타인으로부터 벗어나 완전히 홀로 사는 삶을 의미하지 않는다. 그 반대로, 장애인이 주변의 이웃에게 기꺼이 도움을 요청할 수 있는 자기 결정적이고 주체적인 삶이야말로 진정한 의미의 자립이다. 연결된 삶이 자립의 기반인 것이다.[27]

팬데믹으로 수많은 선택권이 박탈되었던 발달장애인의 완전한 자립을 보장하기 위해 이제라도 우리 사회가 바뀌어야 한다. 발달장애인과 가족이 동등한 사회 주체로서 당당하게 사회적 협력과 지원을 기꺼이 요청할 수 있도록 공적 자원을 충분히 마련하고 선택을 보장해야 한다. 공동체와 국가는 각자도생을 방역의 미덕으로 내세울 것이 아니라, 필요할 때 언제든 힘든 이들이 편히 기댈 수 있도록 어깨를 내어주는 환대의 자세로 맞이해야 한다. 모두가 모두의 활기이자 용기가 되어야 한다.

우리의 상처가 미래를 바꿀 수 있을까

# 코로나19와
# 장애인 건강

　　허약한 체력을 지닌 시민에게 코로나19는 생사의 경계선과 같았다. 장애인은 더욱 그랬다. 규칙적인 움직임의 부족, 집단 거주 시설에서의 장기 수용, 장애의 영향을 받아 약해진 주변 신체 기관, 병원 접근과 의료 장비 취득의 어려움 등 열악한 신체·환경적 요인이 복합적으로 결부되어 감염병에 대응하기 어려웠다. 비장애중심주의적 사회에서 드러난 열악한 장애 인식은 지원 환경마저 악화시켰다. 가령 코로나19에 확진된 장애인의 치료를 앞둔 일부 의료진은 큰 심리적 부담을 느껴, 치료 대신 전원을 권하며 손대기를 꺼렸다. 장애인의 건강에 대한 부족한 이해가 팬데믹 시기의 장애배제적인 치료 환경으로 이어졌다.

　　이곳에서는 코로나19가 장애인의 포괄적인 건강에 어떠한 영향을 미쳤는지 주목하고자 한다. 코로나19와 공생해야 한다는 현실에 이견이 없는 지금, 더 이상 바이러스의 박멸 혹은 종식을 기대할수 없다. 오로지 코로나19의 피해를 어떻게 최소화할 수 있을지 고민할 뿐이다. 그런 점에서 가장 가장자리에서 신체적 취약성을 보였던 장애인의 건강을 고민할 필요가 있다.

　팬데믹 시기 장애인의 건강권을 고려하여 정책을 제안하는 것은쉽지 않은 일이다. 모두 장애인이라 불릴지라도, 서로 다른 장애 유형 및 신체적 조건과 사회적 환경에 따라 상이한 건강 문제를 직면하기 때문이다. 예컨대 시각장애나 청각장애가 있는 이들은 신체적 조건 자체가 문제라기보다, 마스크 착용 의무로 인한 수어 등 의사소통의 제약과 사회적 거리두기 및 비대면 체계로 인한 정보접근의 어려움으로 인해, 적절히 감염을 예방하거나 확진 시 필요한정보를 구하거나 도움을 요청하는 데 난항을 겪는다.[60, 61, 62] 한편 일상적인 호흡조차 어려운 근육장애인의 경우에는 코로나19 감염 시상당한 중증화 위험에 처하거나, 합병증에 대한 심리·정신적 압박, 근육병 치료제의 투여를 위한 주기적 통원의 어려움 등 실질적인신체적 위험을 겪는다.[63] 이처럼 서로 다른 몸을 지닌 이들은 '장애인'이라는 동일한 법적 명칭에 의해 호칭되더라도, 저마다 전혀 다른 개인적·사회적 환경에 처하므로 일반화하기 어렵다. 이러한 문제의식에 기반하여, 이 절에서는 장애유형별 건강권 문제를 단순히 나열하는 대신, '치료'와 '관리'의 상이한 의료적 개념에 기반한전개를 시도했다. 치료는 병원과 같은 의료시설에서 직접 개입하

　　　　　　　　우리의 상처가 미래를 바꿀 수 있을까

는 의학적 처치를 칭하고, 관리는 의학적 처치 외 일상 속 질병과 함께 살아가는 이들이 자신의 몸을 챙기고 조율하는 다양한 사회적 행위를 뜻한다.

팬데믹 시기 장애인과 비장애인 치료 사이에 있었던 의료적 차이와 사회적 환경을 이해하는 접근은 코로나19 속 장애인의 건강 관리 문제를 폭넓게 살펴볼 수 있는 근거를 제공한다. 팬데믹 시기 장애인이 경험한 주 장애 관리에 관한 문제뿐만 아니라 코로나19 예방을 위한 감염병 관리 과정에서 겪은 돌봄에 관한 어려움까지 포괄적으로 조망하는 계기가 된다는 점에서 더욱 그렇다.


### 장애인의 코로나19 치료

코로나19가 장애인에게 더 가혹했다는 사실은 이미 여러 차례 관련 연구 및 보고서를 통해 지적된 바 있다.[64, 65] 비장애인의 입장에서 목발을 짚거나 휠체어를 타는 등 보조 기기를 이용하는 장애인이 왜 코로나19에 더욱 취약한지 직관적으로 이해하기 어려울지도 모르겠다. 언뜻 생각하기에 보청기를 사용한다는 이유만으로 코로나19에 더 취약할 것 같지는 않기 때문이다. 그러나 장애인이 겪는 신체적 어려움은 비단 눈에 보이는 불편함에 국한되지 않는다. 장애인들은 신체 기능의 저하로 인해 여러 합병증을 겪을 위험이 있고, 낮은 면역력으로 인해 감염에 취약하기도 하며, 허약한 기초 체력으로 인해 회복의 어려움을 직면하기도 한다. 팬데믹 시기 장애인의 건강 취약성은 최우선적인 지원을 요구한다.[66] 지적·발달장애인이 코로나19에 감염되었을 때 비장애인보다 더 만연한 수준의 중복이환comorbidity을 수반한다는 연구 결과는 그러한 점에서 놀랍지 않다.[67] 이 연구는 지적·발달장애의 특성이 단지 의사결정 및 사회 적응의 어려움에 제한되지 않는다는 사실을 다시금 강조했다. 체계적인 건강 관리의 어려움을 겪는 지적·발달장애인은 비장애인 대비 더 만연한 비만, 고혈압, 심장질환, 호흡기질환의 어려움을 동반한다. 활발한 사회 참여 및 규칙적인 활동 가능성이 제한된 지적·발달장애인이 비장애인과는 다른 생활환경에 놓여 있다는 점을 떠올린다면, 이들이 겪은 코로나19 팬데믹은 훨씬 위험한 감염병이었음을 이해할 수 있을 것이다. 미국 질병통제예방센터 역시 지적·발달장애인이 폐질환을 비롯하여 각종 염증 및 만성질환 등을 더욱 빈번하게 겪고 있다는 사실을 지적하며, 이들의 장애와 질병이 코로나19를 이겨내는 데 어려운 요인으로 작용할 수 있음을 언급했다.

휠체어를 타거나 목발을 짚는 지체장애인의 경우에는 어떨까. 모든 지체장애인이 코로나19 회복에 있어 더 취약하다고 단언하는 것은 적절치 않을 수도 있다. 상이한 지체장애가 수반하는 운동 기능의 저하는 장애가 발생한 신체 부위별로 다를 뿐만 아니라, 장애가 발생한 시기에 따라서도 천차만별의 신체적 조건으로 귀결될 수 있기 때문이다. 그러나 최소한 지체장애인의 신체적 제약이 비단 이동의 어려움뿐만 아니라 건강 취약성과도 긴밀하게 연관되어 있다는 점을 지적하는 것은 결코 무리가 아닐 것이다. 지체장애인

우리의 상처가 미래를 바꿀 수 있을까

의 제한된 움직임은 높은 수준의 성인병을 유발할 수 있을 뿐만 아니라, 자유롭게 병원을 출입하는 것조차 어렵게 만들기 때문이다. 그뿐만 아니라, 척추측만 증세와 같이 신체 내부 기관에 영향을 미칠 수 있는 장애를 지닌 이들은 흉곽의 제약 등으로 인해 폐·호흡기의 장애를 수반하기도 한다. 겉보기에 보조기기를 사용하여 걷는 이들의 장애는 코로나19와 무관한 것 같지만, 국소 부위에서 비롯되는 신체 장애일지라도 몸 전체에 직간접적인 영향을 미친다는 사실을 고려한다면, 이들의 건강이 상대적으로 취약한 것은 당연한 일이다.

장애인의 건강 취약성은 사망의 위협에 깊숙히 연관되어 있다. 장애의 정도가 심할수록, 더 큰 운동 부위의 제약이 있을 수 있고, 내부 신체 기관의 기능이 제한적일 수 있기 때문이다. 2023년 3월 29일 기준 코로나19로 치명률은 비장애인 확진자가 0.16%를 보인 반면, 장애인 치명률은 3.7%의 높은 수치를 기록했다. 장애인의 코로나19 사망 위험은 비장애인에 비해 23배 가까이 높았다.[68] 특히 중증 장애인의 경우 더욱 심각했다. 국내건강보험에서 제공하는 코로나19 데이터를 기반으로 한 최근 연구 결과, 중증 장애로 분류되는 이들의 사망률이 경증장애에 비해 약 2.5배 높은 수준을 보였다. 장애와 치명률의 밀접한 관계를 짐작케 하는 대목이다.[69]

다른 신체 조건을 지닌 장애인이 겪어온 코로나19의 시간을 고민하는 것은 모두에게 상당히 중요한 의미를 지닌다. 비단 불편한 환경에 놓인 이들에 대한 편의를 고려하는 차원에서 장애인을 동정적으로 보는 것이 아니라, 근본적으로 취약한 신체적 조건으로 인해 더 크게 아플 수 있고, 보다 치명적인 결과를 낳을 수 있다는 과학적 사실을 더욱 자세히 이해할 수 있기 때문이다. 신체 조건 외에도 공중 보건 접근의 어려움, 낮은 소득 수준, 사회 참여의 제약 등의 문제가 장애인의 생존을 크게 위협하는 것을 알 필요도 있다.[70] 팬데믹 시기 장애인 대상으로 우선적이며 적극적인 백신 접종 권고 및 치료 환경을 요구하는 것은 단지 호혜의 차원이 아니라 이러한 과학적 근거로부터 비롯되었다는 사실을 잊지 말아야 한다.

### 사회적 고립 속 자가격리

한국 정부는 코로나19 대응을 위해 3T 방역모델을 도입했다. Testing(검사)→Tracing(추적)→Treatment(치료)의 앞글자를 따서 명명한 정책이었다. 3T 모델에 따르면, 코로나19 증상이 의심되는 시민은 우선 '검사'를 받아야 한다. 가까운 보건소 및 선별진료소에 찾아가 검사를 받은 뒤 결과가 나올 때까지 자가격리 조치에 취해졌다. 주변에 확진 사례가 추가로 보고될 경우, 접촉 수준에 따라 최대 14일까지의 자가격리가 진행됐다. 코로나19 초기에는 확진자에 대한 접촉뿐만 아니라 감염 의심 대상을 밀접 접촉한 사실만으로도 자가격리되는 등, 엄격한 엄격한 통제가 이루어졌다. 코로나19 초기 확산을 막기 위해 채택된 자가격리라는 선제적 예방 조치는 'K-방역'의 위상을 드높이고 성숙한 시민의식을 재확인하는 계기로 작용했다는 점에서 긍정적인 평가를 받기도 했지만, 다른 한편 신체적·경제적 이유로 자가격리할 수 없는 사회적 취약계층의 상당한 희생을 전제했다는 점에서 회의적으로 평가되기도 했다. 장기간 자가격리로 인해 생계고에 내몰린 이들, 사회적 지원 체계와의 단절로 인해 자기 돌봄의 의무와 책임을 홀로 떠안게 된 신체적 약자가 자가격리를 효과적인 방역 정책의 일환으로 받아들이기 어려운 것이 사실이다.

자가격리의 중요성을 적극 강조한 당시 방역 정책은 코로나19 치료를 전담하는 의료 인프라의 붕괴를 막기 위한 자구책이었다. 유례없는 팬데믹 속 질서 있는 대응을 위한 이러한 방역 정책을 부정적으로만 평가할 수는 없으나 시간이 흐른 지금, 과거에 시행되었던 자가격리 정책에 대해 보다 면밀한 검토를 거칠 필요는 있을 것이다. 과연 당시의 자가격리 정책이 전 사회구성원으로 하여금 부작용 없이 따를 수 있도록 제시되었으며, 모두의 피해를 최소화하기 위한 대안을 제시했는지 등을 살펴봄으로써, 향후 일어날 다른 팬데믹 속 사회적 소수자에 대한 피해를 줄여나갈 수 있기 때문이다. 특히 홀로 자가격리를 수행하기 어려웠던 장애인의 상황만큼은 깊이 들여다볼 필요가 있다.

2020년 2월의 대구의 경우는 그 대표적 사례다. 당시 대구 시내 한 교회 신도의 확진 사례가 보고된 이후, 며칠 사이 최소 20명 이상의 집단감염 사례가 추가로 발생했다. 대구 시내 교회발 코로나 확산은 지자체 등 지역사회 규모에서 보고된 첫 집단감염 사례이며, 당시 감염 사례는 대구 시내 확산에 그치지 않고 경상북도 청도

군에 위치한 청도대남병원 집단감염으로 전파되는 직접적인 계기가 되기도 했다.

코로나19 전파가 급속도로 진행됨에 따라 대구시는 감염병을 적극적으로 통제하는 차원에서 확진자와 접촉한 것으로 의심되는 대다수 시민에게 자가격리를 통보했다. 대구시에 거주하던 중증 뇌병변·지체 장애인 김 씨 또한 자가격리를 피해갈 수 없었다. 자신의 일상생활을 지원하던 활동지원사가 확진자와 접촉했다는 이유로 두 사람 모두 확진 여부와 무관하게 14일간 각자 자가격리를 하게 됐다. 중증 장애인 김 씨의 일상생활 및 사회 참여를 지원하는 활동지원사와 분리된 상황에서의 자가격리로 인해 김 씨 주변에는 한동안 아무도 없었다. 그는 스스로 살아남아야만 했다. 홀로 남겨진 김 씨의 자가격리 분투기는 장호경 감독의 다큐멘터리 〈감염병의 무게〉에 고스란히 기록되어 있다. 이 영상은 장애인 자가격리에 대한 마땅한 지원 대안이 마련되지 않은 상황에서 수행되는 자가격리가 중증 장애인에게 얼마나 위험한지를 다루고 있다. 홀로 고립된 중증 장애인 당사자는 격리 공간 내 이동부터 식사 준비까지 모든 일상생활 동작을 지원 없이 스스로 수행해야만 했다. 지자체는 김 씨에게 인적 지원 대신 구호물품을 택배로 보내주었는데, 당시 택배의 내용물은 생쌀과 배추, 라면과 같이 재료의 손질 및 요리가 요구되는 식자재가 대부분이었다. 몸을 가누기 힘든 장애를 가진 이들은 눈앞에 음식을 두고도 감히 식사를 꿈꿀 수 없었다. 장애 특성 및 유형을 고려한 구호물품의 존재는 찾아볼 수 없었다.

**2-5. 중증 장애인 자가격리 대상자가 겪은 어려움**

| 일상생활 | 내용 |
|---|---|
| 실내 보행 | 상당한 제약 |
| 요리 | |
| 설거지 | 불가능 |
| 빨래 | |

　당시 김 씨의 자가격리 과정에는 세 가지 문제가 상존했다. 가사 관리의 어려움, 심리적 고립 및 좌절감, 지원 체계의 부재 등이었다. 첫 번째 가사 관리 문제의 경우, 김 씨는 자가격리 기간 동안 활동 지원 인력 없이 생존을 위해 집 안을 기어다니며 발생하는 무릎과 팔의 통증을 홀로 견뎌야만 했다. 그 와중에 빨래나 설거지, 식사 준비 등은 꿈도 꿀 수 없었다. 일주일 치의 빨랫감이 쌓이고, 설거지할 수 없어 잔여 음식물과 함께 자가격리 기간을 보내는 것은 위생문제뿐만 아니라, 상당한 정신적 고통을 수반했다. 두 번째 심리적 고립 및 좌절 문제의 경우, 비장애중심적 방역 대책에서 비롯된 소외감이었다. 김 씨가 자가격리 기간 동안 지자체로부터 받은 구호 물품은 신체 활동의 어려움이 없는 비장애인만이 손질하여 활용할 수 있는 재료였다. 자가격리 기간 동안 김 씨는 몇 차례 구호 물품을 전달받았지만, 스스로 사용할 수 있는 물건이 없어 심리적 위축과 두려움을 경험했다. 세 번째 지원 체계 부재 문제의 경우, 장애인 자가격리 대상자를 지원하는 공공 정책을 찾아볼 수 없다는 문제의

식에서 비롯한다. 원룸에 거주하던 김 씨를 긴급하게 돕기 위한 지원 인력이 머무는 임시 분리 공간 등이 필요했으나 전혀 찾아볼 수 없었다. 그러기는커녕 공공 차원의 긴급 인력조차 구할 수 없어, 그를 개인적으로 아는 동료들이 지원에 나서야만 했다. 자가격리 기간 중 김 씨가 겪은 고난 사례가 보여주듯, 자가격리는 감염병 예방의 목적에서만 고려되어야 할 것이 아니라, 중증 장애인의 일상생활 지원 공백을 최소화할 수 있는 대안 자원 및 지원 대책이 함께 고민되어야 한다. 일상생활 지원 대책이 전무한 상황에서 자가격리를 명령하는 것은 자칫 생사를 위협하는 결과로 번지기 때문이다.

발달장애인과 그 가족이 겪은 자가격리의 시간도 더없이 고통스러웠다. 발달장애인 중 일부는 평소 마스크 착용의 어려움으로 인해 더 많은 코로나19 감염 위험에 노출되고, 자가격리 조치에 처해져야만 했다. 발달장애인 부모 김남연의 경우, 마스크 착용을 답답해하는 자녀가 수시로 벗게 되면서 7차례나 자가격리 대상으로 분류되었다고 진술했다.

잦은 자가격리로 인해 행동의 제약을 빈번히 경험한 발달장애인 당사자는 높은 스트레스와 우울감으로 인해 제어하기 힘든 어려운 행동 증상을 보였다. 울거나 큰 동작을 취하는 것뿐만 아니라, 자학에 이르기까지 신체·정신적 건강을 위협하는 행동이 이어졌다. 발달장애인 자녀와 좁은 공간에서 함께 자가격리된 부모님 또한 상당한 스트레스를 호소했다. 기나긴 자가격리 기간 동안 괴성을 지르는 자녀에게 향정신성약물을 줄 수밖에 없었다는 장애인 부모의 진술은 발달장애인 대상 방역 정책의 공백 상황에서 비롯된, 절망 뿐이었던 현실의 한 단면이다.[71] 스트레스를 못 이겨 소리를 지르거나 울고, 몸에 상처가 남을 때까지 스스로를 학대하며 흥분을 가라앉히지 못하는 자녀와 밀폐된 공간에서 자가격리의 시간을 인고해야만 했던 어머니의 심정은 감히 상상하기 힘들다.

발달장애인은 자가격리가 끝난 이후에도 신체적 상처와 정신적 불안으로 인한 어려운 행동들을 보였다. 정책의 관점에서 자가격리의 시작과 끝은 명료했지만, 삶의 관점에서 자가격리 이후로도 회복하기 힘든 어려움과 고통으로부터 벗어나지 못한 발달장애인과 그 가족의 트라우마는 오랫동안 지속됐다. 우리는 이 모든 것을 감염병의 무게로 기억해야만 할 것이다. 2021년 기준, 격리 대상 장애인의 88% 상당이 가족의 지원에 의존할 수밖에 없었다는 데이터에는 수많은 부모와 자녀가 사회 지원 체계의 공백 속에서 어떻게든 살아남고자 버텨온 피, 땀, 눈물이 서려 있다.[72]

**장애인에게 코로나19는 감염병만의 문제가 아니다**

코로나19에 확진된 장애인과 가족의 치료 과정에 대해서는 그간 알려진 것이 많지 않았다. 코로나19에 확진된 장애인 당사자뿐만 아니라, 가족이 짊어져야 했던 두려움과 부담은 이루 말할 수 없었다.

발달장애인 당사자와 어머니가 동시에 확진된 사례가 있었다.

발달장애인의 어머니는 당사자와 분리된 공간에서 각자 치료받는 것을 포기하고, 자신의 자녀와 함께 격리되기를 택했다. 발달장애인 자녀를 지원할 수 있는 체계가 마땅치 않은 상황에서 부모 대신 돌봄을 대신할 수 있는 사람이 없었기 때문이다. 당시에는 렘데시비르와 같은 코로나19 치료제가 별도로 존재하지 않았으며, 유일한 치료 방법은 자연회복될 때까지 시간을 두고 타이레놀 등 소염진통제를 먹으며 '약의 힘'으로 버티는 방법밖에 없었다. 확진된 어머니는 코로나19로 상당한 통증을 경험하고 있었지만, 자신과 함께 확진된 자녀를 돌보기 위해 세 끼 식사를 모두 차려야만 했다. 동시에 자녀의 일상생활을 전부 지원하며 청결 관리를 위한 가사노동을 지속하고, 자녀가 심리적 불안을 느끼지 않도록 놀이 및 운동을 끊임없이 유도해야만 했다. 자기 몸의 통증과 무기력감을 견디는 것만으로도 쉬운 일이 아니지만, 발달장애인 부모는 자신에게 허락된 에너지 모두를 확진된 자녀를 돌보는 데 쏟았다.

장애인 확진자를 지원하는 일은 비단 코로나19가 치명적인 중증으로 나아가지 않도록 치료하는 것 이상으로 장애로 인해 발생할 수 있는 신체적·정신적 부작용이 최소화될 수 있도록 세심한 지원이 요구된다. 특히 확진 이후 정신적 불안 및 심리적 고립감에 따라 행동 방식이 크게 좌우되는 발달장애인의 경우 집중적인 지원이 요구된다. 당시 이 모든 지원의 책임은 사실상 모두 부모의 몫이었다. 부모는 확진된 자녀의 코로나19 중증화를 막기 위해 호흡기 및 열 관리에 온 긴장을 쏟아야만 했으며, 동시에 장애로 인해 예기치 않은 합병증이 나타날까 노심초사하는 마음을 숨긴 채 끊임없이 지켜봐야 했다. 확진 자녀의 관리에 대해 막막한 장애인 부모들은 서로 버팀목이 되어줬다. 여러 부모들이 주변 장애인 부모에게 전화하고 도움을 요청하며 끊임없이 서로를 돌봐야만 했다. 국가의 도움을 기대할 수 없는 상황에서 그들이 기댈 수 있는 것은 오직 같은 처지에 놓인 엄마들뿐이었다. 엄마들끼리 동지가 되어 함께 협력해 서로의 자녀를 지원하고, 병원으로 긴급 이송하며, 공적 지원을 받을 수 있도록 소리 높여 병마와의 싸움을 적극적으로 이어갔다. 필요하다면 지자체를 찾아가고, 온라인 세상에 사연을 알리고, 현장에서 집회를 여는 등 방법을 총동원하여 장애인 자녀가 사회적 지원으로부터 소외되지 않도록 발버둥 쳤다.

사투 끝에 자녀를 무사히 병원에 입원시키고 나서도 안정적인 치료를 확약받는 것은 좀처럼 쉬운 일이 아니었다. 지체장애인 자녀의 확진 경험을 공유한 협동조합 무의 홍윤희 이사장의 사례는 사례는 장애인 확진자가 코로나19 관리에 있어 비장애인보다 더 많은 변수를 고려해야 한다는 사실을 보여준다. 그의 자녀는 어릴 적 소아암을 투병한 후 휠체어를 이용하고 있다. 학원의 열악한 접근성으로 인해 개인과외를 이어가던 중 먼저 확진된 과외 교사에 의해 코로나19에 2차 감염됐다. 부모는 장애인 자녀의 코로나19 확진 이후 가까운 병원 응급실로 이송하는 데까지 막막함을 느꼈다. 어느 병원에 찾아갈 수 있는지부터 자신이 없었다. 대다수 장애인은 자신의 진단 기록이 보관된 주 병원으로 통원하는 경향이 있는데, 갑작스럽게 코로나19에 감염되어 주 병원으로 이송되지 못하고 낯선 병원으로 갈 시 의료진이 환자의 신체적 조건을 이해하는 데 어려움을 겪을 수 있기 때문이었다. 코로나19 치료 계획을 수립하는 데 함께 참고해야 하는 장애 및 질환의 특성이 있을 수 있으므로, 진단 기록이 전혀 존재하지 않는 곳에서의 치료는 환자, 보호자, 의료진 모두에게 난처한 문제였다. 한 연구 결과에서 보인 것처럼 장애인은 코로나19 확진 시 장애 정도의 악화로 인한 중복이환 발생 가능성을 추가로 염두에 두어야 하기 때문에 불안할 수밖에 없다.[73] 코로나19 확진 장애인은 단지 코로나19 치료만을 염두에 두기 이전에, 복합적인 주 장애 관리와 건강 문제를 함께 고려해야 한다.

경우에 따라서는 장애 특성으로 인해 코로나19 확진 여부를 즉시 판단하기 힘든 경우도 나타난다. 예컨대, 척수장애인은 신변 관리를 위해 청결간헐도뇨(CIC)를 비롯하여 다양한 생리 보조기구를 활용하는 데, 이 과정에서 종종 발생하는 질염 혹은 요도염 등으로 잦은 고열 및 고통 증세를 겪기도 한다. 이 증상은 코로나19 의심 증상과 유사하기 때문에, 이러한 통증이 익숙한 장애 당사자들은 자신이 코로나19에 감염되었다는 사실을 놓칠 가능성도 있다. 장애인이 경험하는 만성 통증은 코로나19 기전과 완전히 분리되어 판단되기 어렵다. 여러 장애를 동시에 겪어 허약한 건강 상태를 지닌 이들일수록 더욱 그럴 수 있다.

코로나19 확진 장애인 중 일부는 입원 이후 병원에 대한 트라우마 경험이 발현되어 다양한 정신적 고통을 호소하기도 한다. 특히 어릴 적부터 오랜 병원 생활을 반복한 장애아동의 경우 병원은 치료의 공간으로 이해되기보다, 장애를 의료적으로 처치하는 수술 공간과 고통을 참는 괴로운 공간으로 먼저 인식되기 때문에 코로나19 치료를 위해 입원하는 과정에서 잊었던 병원 생활의 트라우마가 재현되기도 한다. 이러한 정신적 압박은 신체화 증상을 이끌어내기도 하여, 확진자의 건강 상태가 보다 악화될 가능성을 내포하기도 한다. 아픔에 대한 트라우마를 지닌 이들. 예컨대 어린 시절 항암 치료와 장애로 인한 수술을 반복적으로 경험한 장애아동이 코로나19로 인해 병원에 다시 입원할 때 엄습하는 두려움의 감정들. 자신의 눈앞에서 분주하게 오가는 의료진의 발걸음과 주렁주렁 매달려 있는 각종 의료 장비들은 마주하고싶지 않은 공포의 대상들이다. 더욱이 자신의 장애 상태와 만성 질환의 위험성을 자세히 알고 있는 이들일수록, 코로나19 감염 대응에 있어 용기보다 우선하는 두려움을 갖고 극도로 긴장하게 된다.

장애인 확진자가 경험하는 정신적 부담은 단지 일시적인 우울감 혹은 걱정의 차원을 넘어, 과호흡 및 고열 증세를 야기하는 건강 위협 요인으로 발전하기도 한다. 자신의 취약성에 대한 건강 염려를 비롯하여 상황을 부정적으로 인식하는 과정에서 수반되는 불안감은 많은 장애인 당사자들이 치료 중 경험했을 법한 대표적인 특징이다. 코로나19 확진자를 치료하는 병원은 장애 유형을 충분히 고려하는 돌봄 지원을 제공하기 어렵고, 장애인이 겪는 신체적·정신적 고통을 정확히 이해하고 포괄적인 대책을 내놓기에 상당한 자원의 제약을 토로한다. 결국 장애인 자녀의 치료 과정 중 수반되는 정신적 불안 및 동반 질환 가능성에 대한 탐색의 몫은 또다시 부모를 비롯한 보호자의 몫으로 떠넘겨지는 것이 현실이다. 장애인 자녀의 코로나19 확진을 돌보았던 홍윤희 이사장은 이처럼 장애인의 코로나19 치료 상황에서 기인하는 특수한 의료적 문제를 대응하기 위해 개인의 인적 네트워크에 의존할 수밖에 없었다고 말했다. 확진 상황에서 주 장애 관리가 전적으로 동반인에게 떠넘겨진 상황에 대해 그는 장애인과 그 가족이 스스로 살아남아야 한다는 압중한 책임에 대해 국가와 사회가 그 짐을 함께 나눌 필요가 있다고 강조했다. 사회가 외면할수록 저마다 개인적 인연에 의존하여 자신의 가족을 지킬 수밖에 없게 되고, 그러한 상황이 반복된다면 인적 자원이 부족한 이들은 적절한 대응책을 마련하기 어려워진다. 인적 네트워크에 의존하는 문제뿐만 아니라, 재택근무 가능 여부와 같이 부모가 가진 직업 형태에 따라 자녀의 지원 가능성이 결정된다는 사실 또한 덧붙였다. 확진 장애인의 모든 치료책임이 전적으로 부모에게 전가된 현실 앞에서 부모의 개인적 네트워크의 규모 및 근무 방식에 따라 자녀의 건강이 좌우된다는 사실을 무겁게 받아들여야 한다.

"(확진 이후) 생활치료센터에 가서 격리를 해야 되거든요. 그런데 우리 애는 혼자서 지내기 어려운데 어떻게 해야 되냐고 물었죠. 그런 경우에는 또 부모가 같이 가면 되는 것인지…, 이런 것들에

대한 정보들이 많이 없었어요. 저 같은 경우야 이제 페이스북 친

구들도 많고 주변 장애계에 있는 분들도 있으니까 얘기를 많이

들어서 빠르게 대처를 할 수가 있었지만요. 인맥이 없는 사람들

은 어떻게 해야 하는 건지…. 사회적 연결고리가 정말 없는 사람

들은 정말 대처하기 어렵겠다는 생각이 계속 들었어요."

– 홍윤희(협동조합 무의 이사장)

## 누구도 배제하지 않는 공공 의료 확대

인간의 생명과 존엄을 좌우하는 건강권에 있어 세계 각국 정
부는 공중보건의 이용 가능성availability, 접근 용이성accessibility, 용인 가
능성acceptability, 질적 우수성quality 확보를 위해 노력할 책임이 있다.
어떤 시민도 예외가 되어서는 안된다. 그러나 팬데믹 시기 장애인
의 건강권은 의료 자원 및 지식의 부족으로 인해 예외적으로 취급
되었다. 보편적인 수준의 치료 서비스를 경험할 수 없었으며, 치료
규칙조차 확립되지 않았다. 정부와 의료진은 장애를 가진 코로나19
의심·확진자에 대해 소극적인 태도를 보였다. 그 결과, 장애인과 그
가족은 스스로 살아남아야만 했다. 인맥이 생사를 좌우하는 극단
적 기준이 되기도 했다.

팬데믹 시기 신체 취약성과 장애는 사회 참여를 가로막는 극단
적인 낙인으로 기능하기도 했다. 가령, 서울시는 "어느 마스크를 쓰
시겠습니까?"라는 슬로건을 바탕으로 한 마스크 착용 의무화 홍보

물 속에서 방역 마스크를 쓴 시민과 산소호흡기를 착용한 채로 누워 있는 환자의 모습을 번갈아 보여주며 방역 지침을 따르지 않을 시 호흡기 신세를 지게 될 것이라는 공포감을 심어주었다. 호흡이 어려운 장애인에 대한 사회적 낙인을 강화하는 공포 방역의 모습이었다. 기존 질병과 장애로 건강하지 못한 사람들, 코로나19 감염 후 중증화로 인해 생사를 오가는 이들이 연상되는 사진 위에 박힌, "(마스크를) 남이 씌워줄 땐 늦습니다"라는 경고 문구는 '건강한 시민'과 '나머지 예외 대상'을 완전히 분리시키는 방역 치안의 주된 논리로 작동했다. 국가는 건강 약자를 위해 적극적인 치료의 책임을 통감하는 대신 의료적 소외와 사회적 낙인을 강화하는 형태로 배제적인 'K-방역'을 묵인했다.

약자의 공공성이 소거된 방역 아포칼립스 속에서, 장애인의 치료와 관리는 '사적인 연결고리'에 의존할 수밖에 없었다. 코로나19에 감염된 장애인을 덮치는 두려움은 비단 감염병 치료 방법에 한정되지 않았다. 합병증 및 중복이환 가능성에 관한 공포, 의료 접근성 제약을 둘러싼 두려움, 돌봄 공백에 대한 우려, 빈곤의 위협 등 추가로 야기되는 불안과 싸우고 불투명한 내일을 향해야만 했다. 일련의 불안 중 단 한 가지라도 현실화되는 순간, 급습한 문제의 해결 가능성은 장애인과 가족 개인의 사적인 연결고리의 수준에 좌우됐다. "재난의 크기가 모든 이에게 평등하지 않다"[74]라는 말처럼 장애인이 경험한 '건강 재난'은 장애배제적인 신체적·환경적 조건에 의해 더 어둡고 위압적인 형태로 다가왔다. 세계 각국의 장애인은 상대적으로 높은 감염 가능성 및 중증화 위험, 격리로 인한 필수 지원 서비스의 단절, 의료 조치 중 발생하는 차별 등 심각한 불평등을 경험했으며, 재난 속 생존 및 건강 관리의 몫은 취약한 개인에게 떠넘겨졌다.

팬데믹 시기 희귀질환 투병 중인 근육장애인은 국가와 지역사회로부터 공동체 소속감을 느낄 수 없었다. "국가와 지역사회의 보호를 받고 있다는 느낌을 못 받았다"라는 쓸쓸한 진술은 끝내 "비참한 상황이 되기 전에 스스로 삶을 (거두는) 선택을 해야 하는 문제일지 심각한 고민이 든다"라는 말로 이어졌다. 장애인의 건강과 생명을 지켜줄 수 있는 공공 의료 지원 체계가 마땅치 않았던 현실은, 사회가 반성해야 할 분노와 미안함의 몫마저 떠넘겼다. "완전히 버려지고, 내팽개쳐진" 장애인 당사자는 국가에 대해 분노했고, 정책의 빈자리를 온몸으로 메워주는 동료 활동가에 대해 미안함을 느껴야만 했다. "죽는 게 답일까" 고민했다는 그의 조심스러운 진술은 그간의 고통을 과장하기는커녕 축소하는 것처럼 느껴질 정도였다.

장애인의 건강을 위한 적극적인 방역 정책은 기계적 평등equality의 강박에 기반을 두지 않고, 취약성의 차이를 전제하는 공정성equity으로부터 출발하여야 한다.[75] 추후 다른 차원의 팬데믹이 발생할 때 같은 문제가 반복되지 않으려면, 누구도 배제하지 않는 공공 의료 체계가 더 확대되는 동시에 촘촘해질 필요가 있다. 장애인 환자를 보다 적극적으로 수용하고 치료의 책임을 다하는 공공 병원 및 의료진의 확대는 물론, 장애환자의 이송 및 협진 과정을 비롯해 감염병 예방 등 전반적인 장애 친화적 감염병 정책을 추진할 수 있는 집행력을 지닌 컨트롤 타워 또한 필요하다. 실무 수준에서는 자가격리 및 확진 장애인을 지원하는 절차에 대한 명확한 가이드라인 및 실행 근거를 포괄하는 매뉴얼의 제작이 시급하다. 코로나19 시기 발표된 여러 장애인 감염병 예방 및 관리 매뉴얼은 아직까지 내용이 서로 상이하여 실행의 우선순위를 정하기 어렵거나, 근거가 명확하지 않아 제 기능을 하지 못하거나, 추상적인 수준의 선언에 불과하다는 한계를 지니고 있다.[21, 76, 77]

사회 참여부터 병원 치료까지 모든 생활 영역 분야에서 소외된 장애인의 팬데믹 분투를 기록하는 동안, 의례적으로 언급되고 마는 '모두가 힘들었다'라는 팬데믹의 단상이 정말 옳은지 회의감이 들었다. 더 힘들고 더 힘없는 사람들의 고통이 혹시 생략된 건 아닐까. 다른 몸을 지닌 이들이 경험한 극단적 차별, 극심한 고통, 생략된 지원, 기약 없는 기다림의 강요는 보다 처절한 소외가 아니었을까. 내 곁에 함께할 공동체도, 마지막 희망이 될 공공성도 체감하지 못한 몫 없는 이들의 목소리가 소거된 텅 빈 '국가의 거리'를 깊이 고민할 때다.

우리의 상처가 미래를 바꿀 수 있을까

"장애인에게도 제발 도망칠 권리를 주세요."

청도대남병원 내 코호트 격리로 집단감염사례가 쏟아질 당시 외쳤던 장애인 활동가들의 절규였다. 살 권리는커녕 도망칠 권리부터 외쳐야 하는 것이 장애인의 현실이었다. 방역을 이유로 일상의 모든 접근권이 박탈되었기 때문이다.

사회로부터 격리된 것은 비단 청도대남병원뿐만이 아니다. 우리 사회는 얼마나 많은 장애인이 팬데믹 위기에 고립되었는지, 아직까지 그 규모를 정확히 알지 못한다. 2020년부터 2022년까지, 서로 다른 장애를 지닌 이들이 각각 얼마나 감염되었는지 기록한 통계 자료조차 없다. 장애 정도가 심한 이들과 그렇지 않은 장애인 감염자에 대한 통계치도 찾아볼 수 없다. 그저 몇 명의 장애인이 감염되었다는 진술 이상의 어떤 말도 보탤 수 없다. 정확한 통계가 없으니 정책 개선조차 기대하기 어렵다.

과연 우리는 이번 팬데믹 속에서 무얼 배울 수 있을까. 숫자가 되지 못한 채로, 목소리를 내지 못한 채로 스러져 간 장애인의 감염병 대응에 대해 우리 사회는 과연 어떤 교훈과 반성의 시간을 가질까.

마치 자동차 헤드라이트가 고장 난 채로 코로나19라는 이름의 긴 터널을 아슬아슬하게 지나가고 있는 느낌이다. 다음 터널이 연이어 우리를 기다리고 있다. 이제는 결정해야만 한다. 정비의 시간을 가질 것인지, 냅다 달릴 것인지. 다음 터널의 이름이 무엇일지, 터널이 얼마나 길지는 아무도 모른다. 다만 우리가 알 수 있는 단 한 가지 분명한 사실은, 우리는 지금 어두운 길을 비출 수 없는 고장 난 자동차에 온몸을 맡기고 있다는 것이다.

# 3장

# 밀려난 사람들, 떠넘겨진 위험

코로나19와 노동

# 왜 그들은
# 거리를 둘 수 없었나

일터는 코로나19 바이러스가 전파될 수 있는 감염병 유행의 핵심 고리였다. '사회적 거리두기'가 시행되었음에도 불구하고 많은 노동자들은 일터를 통해 타인과 접촉할 수밖에 없었기에, 그 공간을 통해 감염병은 연쇄적으로 퍼져나갔다. 한 연구는 캐나다 온타리오주에서 2020년 4월부터 2021년 3월까지 12개월 동안 15~69세의 노동자들 사이에서 발생한 코로나19 확진 사례를 분석한 결과, 확진자 중 12%가 직장에서 감염되었다고 밝혔다.[1] 코로나19 바이러스에 대한 공포가 극심했던 2020년 4월 미국에서 코로나19가 집단적으로 발생한 핫스폿을 확진자 순서에 따라 10개를 나열했을 때, 1위는 육류포장 공장이었고 3, 4, 7위는 교도소, 9위와 10위는 요양원이었다.[2] 육류포장 공장은 물론이고 교도소와 요양원은 재

우리의 상처가 미래를 바꿀 수 있을까

소자와 환자가 머무는 시설인 동시에 교도관과 의료진이 일하는 일터였다. 집단수용시설의 감염 사례가 잇달아 발생하고 위험이 지적받는 와중에도 그들은 결코 자의로 일터를 벗어나 '사회적 거리두기'를 할 수 없었다.

팬데믹의 위협은 단순히 코로나19 감염 위험 속에서 일해야 한다는 것에서 그치지 않았다. 노동자들은 감염병의 위험과 생계의 위협이라는 물러설 길 없는 기로에 서야 했다. 확진자가 다수 발생한 사무실과 공장은 감염 전파를 막기 위해 폐쇄되었고, 대인 접촉이 필요한 관광, 예술을 포함한 서비스업 분야 전반이 사회적 거리두기 속에서 막대한 피해를 입었다. 몇몇 국가에서는 지역별 봉쇄 조치가 진행되었다. 그 과정에서 노동자들은 노동 시간이 감소되거나 혹은 아예 일자리를 잃게 되면서, 생계에 위협을 받았다. 감염병의 확산으로 인해 전 세계 노동 시간이 8.8% 감소되었는데, 이는 전일제 일자리 2억 5,000만 개가 사라진 것과 같은 효과였다[3]. 국제노동기구(ILO)는 이러한 상황을 두고 1930년대 세계 대공황The Great Depression 이후 발생한 가장 심각한 노동의 위기로 진단했다.[3]

그러나 팬데믹으로 인해 일어난 피해를 모든 노동자들이 고르게 나눠 받은 것은 아니었다. 그들이 일하는 국가의 산업구조와 복지 제도에 따라, 직종과 지역에 따라, 개인이 가진 사회적·경제적 자원에 따라 재난은 전혀 다른 얼굴로 찾아왔다. 미국 정부에서 노동부 장관으로 일한 바 있는 버클리대학의 로버트 라이시Robert Reich 교수는 팬데믹을 거치며 심화되는 불평등을 설명하기 위해 노동자를 네 집단으로 구분했다.[4] 첫 번째 집단은 원격근무가 가능한 노동자들The Remote이다. 이들은 비대면 재택근무를 하며 코로나19로 인해 큰 영향을 받지 않는 전문직·기술직 노동자로, 팬데믹 시기에도 소득 수준이 이전과 거의 동일했다. 두 번째는 의사/간호사나 경찰/소방관 혹은 배달 노동자처럼 팬데믹 시기 사람들의 생존과 관련된 필수적인 일을 하는 노동자들the Essentials이었다. 이들은 팬데믹 시기 계속 노동할 수는 있었지만 바이러스 감염에 노출될 위험이 높은 집단이었다. 나머지 두 집단은 팬데믹으로 인해 실직을 하게 되어 소득이 없어진 노동자들the Unpaid과 물리적으로 거리두기가 불가능한 공간에 살면서 높은 감염 위험에 노출되지만 사람들이 주목하지 않는 미등록 외국인 노동자나 노숙자 등, 배제되고 잊힌 집단the Forgotten이었다.

라이시 교수의 분류법이 코로나19 유행 초창기 많은 사람들에게 인용되었던 이유는 팬데믹이라는 거대한 파도를 건너는 동안 직업과 지위에 따라 다른 배를 타고 있었다는 사실을 시의적절하게 제공했기 때문이다. 이는 노동자가 어느 배를 타고 바다를 건너는가에 따라 팬데믹 시기의 경험이 전혀 다를 수 있다는 점을 의미했다.

그렇다면 코로나19 팬데믹 시기 한국 사회에서 노동자의 경험을 서술하고자 한다면, 우리는 누구의 자리에서 어떻게 바라봐야 할 것인가? 팬데믹은 코로나19 바이러스가 한국 사회를 덮친 사건인 동시에, 한국 사회가 감염병 재난에 대응하는 근본적인 방식을 확인할 수 있는 시간이기도 했다. 지난 3년 동안 자신의 몸으로 재난

우리의 상처가 미래를 바꿀 수 있을까

의 대가를 치러야 했던 이들은, 팬데믹 이전부터 한국 사회의 가장 위태로운 자리에서 저임금으로 위험한 일을 감당해 온 사람들이기도 했다. 그들은 누구였는가?

2016년 1월, 경기도 부천의 휴대폰 부품 공장에서 일하던 한 여성 노동자가 실명했다. 메탄올 급성 중독에 따른 실명이었다.[5, 6] 고용노동부 조사를 통해 같은 공장에서 일하던 두 명의 남성 노동자도 메탄올 중독으로 인해 실명했다는 사실 또한 밝혀졌다. 그들은 삼성과 엘지 휴대폰에 들어가는 부품을 생산하는 3차 하청업체에서 일하는 노동자였다. 고용주는 파견업체를 통해 공장에 파견된 이들을 언제든 해고할 수 있지만, 그들이 마땅히 지켜야 할 책임과 의무는 면제받는다. 노동자들은 스마트폰 부품을 절삭하는 과정에서 발생하는 열을 식히기 위해 에탄올이 아닌 치명적인 독성물질인 메탄올을 사용했다. 에탄올은 상대적으로 안전하지만 가격이 2배이상 비싸기 때문이다. 보안경도 보호복도 없었다. 노동자들은 자신이 위험한 물질을 사용하고 있다는 사실을 알지 못했다. 안전교육, 건강진단도 없었다. 비용절감을 최우선으로 여기는 하청업체에서는 비정규직 노동자들이 1킬로그램에 1,200원인 에탄올이 아니라 500원인 메탄올을 사용해 일했고, 그 비용절감으로 인해 시력을 잃었다.

2018년 12월, 충남 태안 화력발전소에서 비정규직 노동자 김용균이 사망했다.[7] 석탄을 운반하는 컨베이어 벨트를 점검하던 하청 노동자였다. 원청업체는 2인 1조로 하룻밤에 8킬로미터의 컨베이어 벨트를 점검하라고 했지만, 비용 내에서 그 일정을 소화하는 게 불가능했던 하청업체는 한 사람당 4킬로미터씩 나눠서 단독으로 점검하도록 했다. 홀로 일하던 스물네 살 청년은 컨베이어 벨트에 몸이 끼어 사망했다. 가장 위험한 노동을 저렴한 임금으로 하청업체의 비정규직 노동자에게 맡기는 일이 한국 사회에서는 지난 20년간 비일비재했다. 여기에는 사회적으로 '혁신'과 '노동 유연화'라는 이름이 붙었다. 위험한 작업을 외주화하면서, 죽음은 가장 약한 사람들의 몫이 되었다.

2016년 메탄올 급성중독과 2018년 고 김용균 사건은 모두 비용 절감이라는 이름으로 가장 취약한 비정규직 노동자에게 가장 위험한 작업을 맡긴 결과 일어난 비극이었다. 법 집행의 사각지대에 존재하는 비정규직 노동자들은 코로나19 팬데믹 시기에도 계속해서 저임금으로 위험한 작업을 해야 했고, 문제가 발생하면 개인이 책임져야 했다. 이 장에서는 한국의 코로나19 팬데믹 시기를 비정규직 노동자가 어떻게 보냈는지를 건강과 안전에 초점을 맞추어 살펴보고자 한다.

우리는 팬데믹 시기 비정규직 노동자의 환경 중 어떤 부분을 바라보아야 할까? 노동자 안전과 건강을 연구할 때, 연구자들은 많은 경우 작업장의 유해요인에 주목하곤 한다. 학교에서 급식을 준비하는 조리 노동자들이 조리 과정에서 흄fume에 노출되었는지, 반도체 공장에서 일했던 노동자들이 세정 과정에서 벤젠benzene에 노출이 되었는지, 면세점 화장품 판매직 노동자들이 고객의 갑질에 노출되었는지, 노동조합 활동을 시작한 노동자들이 직장 내 따돌림을 경험했는지 등이다. 그러한 경험들이 폐암, 백혈병, 우울증, 외상후스트레스장애 등 직업병의 원인이 되기도 하며, 그에 따라 피해자에 대한 보상과 향후 일어날 수 있는 같은 피해를 예방하기 위한 시스템 마련의 근거가 될 수 있기 때문이다.

그러나 이러한 작업장 유해요인과 피해 노동자의 질병을 측정하는 단선적 관점의 연구만으로는 노동자들의 삶을 이해하는 데 충분치 않다. 비정규직 노동자들을 둘러싼 정치적·사회적·경제적 맥락을, 무엇보다도 그 권력관계를 포함하는 분석이 수반되어야 한다. 코로나19 감염병의 확산 원인을 찾을 때 단순히 "SARS-CoV-2 바이러스라는 생물학적 유해인자에 노출되었기 때문이다"라고 말하는 것은 흡연이 폐암의 원인이라는 이야기만 하고 끝나는 것과 다르지 않다. 바이러스에 노출된 것이 감염의 원인이었다는, 이 단순하고 명쾌한 말은 사실관계로 따지면 정확하지만 맥락이 완전히 배제된 공허한 서술에 불과하다. 이런 접근만으로는 코로나19 감염병 유행에 대처할 방법을 찾을 수 없을 뿐만 아니라 한국 노동 시장의 구조적인 모순과 팬데믹이 맞물리면서 비정규직 노동자들이 겪었던 고통을 온전히 바라볼 수 없다.

팬데믹 시기 비정규직 노동자의 건강과 안전을 이해하기 위해서 주안점을 두고 살펴본 지점이 있다. 먼저, 일터에 등장한 새로운 유해요인들로부터 자신을 지킬 수 있는 자원을 얼마나 가질 수 있었고, 방역 프로그램 집행 과정에서 자신의 목소리를 얼마만큼 반영할 수 있었는가다. 누가 바이러스에 더 자주 노출되었는가만큼이나, 누가 변화된 상황에서 자신을 지킬 자원을 가지고 있었는가를 보는 게 중요하기 때문이다. 노동자들에게 요구되었던 업무와 그 업무를 수행하기 위해 필요한 자원에 초점을 맞춰 논의를 진행하고자 했다. 방역 정책이 절대선으로 작동하던 시기, 업무와 자원을 배분하는 과정에서 소외되어 자신의 목소리를 그 과정에 반영할 수 없었던 노동자들의 사회적 취약성에 대해 구체적인 사례와 함께 말하고자 한다.

　또한 노동자의 건강과 안전을 위협한 요인을 이야기할 때 대인 접촉을 통한 코로나19 감염과 그로 인한 후유증만이 아니라, 감염되지 않은 상황에서도 비정규직 노동자가 팬데믹으로 인해 겪었던 고통에 대해서도 함께 다루고자 했다. 코로나에 감염되지 않는 노동자들도 실업이나 노동 시간 감소로 인한 사회적 고립과 소득 감소로 어려움을 겪었고, 사회적 거리두기와 경기 불황으로 인한 스트레스 속에서 폭력적인 고객의 등장과 같은 근무환경 변화도 비정규직 노동자를 힘들게 했던 주요한 요인이었다. 또 택배 노동자들과 콜센터 노동자들은 업무량의 급격한 증가로 고통받기도 했다. 코로나19 감염으로 인해 노동시장에서 이탈한 비노동자들은 고용과 소득이 더 불안정한 일자리로 돌아가야 했다.

# 위험과 감염의
# 외주화

## 아파도 쉴 권리가 없는 비정규직 노동자

'마스크 착용'과 '아프면 집에서 쉬기', 이 두 가지는 코로나19 감염 예방을 위해 필요했던 개인방역 수칙이었다. 그러나 많은 노동자들이 그 수칙을 지킬 수 없었다. 팬데믹 초기, 확진자가 집단 발생했던 일터는 부천 쿠팡물류센터와 구로구 콜센터였다. 2020년 5월 쿠팡물류센터에서 발생한 코로나 확진자 숫자가 60명이 넘자, 당시 보건복지부장관은 "직장 내에서 마스크 착용을 하지 않았거나, '아프면 쉬기' 같은 직장 내 방역 수칙이 제대로 지켜지지 않은 것으로 보인다"라고 지적했다.[8, 9]

그러나 그 물류센터에서 일하는 3,673명의 노동자 중 정규직은 98명으로, 2.7%에 불과했다.[10] 나머지 97.3%는 모두 비정규직 노동자였는데, 계약직 노동자가 984명(26.8%)이였고 일용직 노동자가 무려 70.5%에 달하는 2,591명이었다. 비정규직, 특히 매일 일거리를 찾아 일당을 받아 살아가는 일용직 노동자들에게는 몸이 아프다는 이유로 쉴 권리가 존재하지 않았다. 또한 이들이 주로 하는 일은 물류센터 내에서 물건을 운반하는 상하차 작업이나 선반 정리 작업 등이었다. 마스크를 쓰고 일하는 것이 현실적으로 힘든 형태의 노동들이다.

구로구 콜센터 역시 다르지 않았다. 2020년 3월 8일 구로구 콜센터에서는 상담사 중 첫 확진자가 발생했고, 이후 109명의 민원팀 상담사 중 84명이 집단감염되었다.[11] 방역 지침에 따르면 사람 사이에 2미터 간격을 두어야 한다고 했지만, 한정된 공간에 가장 많은 책상을 넣기 위해 디자인된 콜센터의 밀집된 작업환경은 그런 거리를 허용하지 않았다.[12] 그렇다고 마스크를 쓸 수도 없었다. 하루에 100통이 넘는 전화를 주고받으며 말하는 상황에서는 마스크를 쓴 채 일을 하면 시작한 지 30분만에 마스크가 침으로 젖어 착용 자체가 어려웠다. 더군다나 마스크를 쓰고 하루 종일 일을 하다 보면 고객들이 발음이 불분명하다고 항의했다.[13] 생활 방역의 필수 요소였던 환기도 어려웠다. 통화에 방해되는 소음을 최대한 줄이기 위해 창문을 닫고 일하는 게 기본이었기 때문이다.

무엇보다 콜센터의 상담사들은 모두 비정규직 노동자였다. 구로구 콜센터는 메타엠넷플랫폼이라는 하청업체가 원청인 에이스손해보험의 업무를 받아 일하는 공간이었다. 집단감염이 발생하고 사회적 문제가 되자, 원청은 자가격리자와 확진자에게 각각 닷새의 유급휴가를 부여하겠다고 대외적으로 공표했다. 그러나 자가격리를 하고 있는 상담사들에게는 물론, 확진되어 입원 치료를 받은 상담사들에게도 퇴원 당일 노트북을 보내 업무를 하게 했다.[11] 심지어 관리를 맡은 하청의 센터장은 본인이 확진되어 입원 치료를 받는 동안에도 계속 일해야 했다. 센터장이 입원하게 되자, 에이스손해보험이 입원 당일 노트북을 병원으로 발송해 업무를 지시했기 때문이다. 2020년 10월 국정감사를 앞두고 해명자료를 제출한 원청 에이스손해보험은 이러한 노동을 두고서 "노동자들이 자발적으로 재택근무에 임한 것"이라고 설명했다. 노동자들은 위험이 만연한 공간으로 몰린 데 더해, 심지어 감염병에 확진된 이후에도 원청이 부과한 업무에 대한 책임을 떠안아야 했다. 2016년 메탄올 중독이나 2018년 고 김용균 사건에서 드러난 위험의 외주화는 코로나19 팬데믹 시기에도 이처럼 어김없이 반복되었다.

쿠팡물류센터와 콜센터의 노동자들은 비난에 시달렸다. 감염 전파를 막기 위해 '아프면 쉬어야 한다'라고 주장하는 사회에서 아픈데 참고 일했다는 게 그 이유였다. 설사 그들이 어쩔 수 없이 생계를 위해 주어진 환경에서 일해야 하는 노동자였다는 점을 이해하는 이들조차도 바이러스에 감염되는 일이 두려워 그들을 멀리했다. 그러나 그 과정에서 정작 필요한 질문을 던지는 이는 많지 않았다. 왜 팬데믹 시기 한국의 비정규직 노동자는 아픈데 쉬지 못하는가? 나아가, 왜 한국의 노동자들은 아픈데 참고 일하는가?

OECD에서 제공하는 국가 간 비교가 가능한 통계 중에는 노동자가 지난 1년 동안 아파서 출근하지 못한 날을 측정하는 병결 지표가 있다. 코로나19가 발생한 첫해인 2020년 한 해, 각국의 노동자들이 사용한 병결 일수를 비교해 보면 핀란드가 9.1일이고 스페인이 9.7일인데 반해, 한국은 1.4일이다.[14] 이는 OECD 국가 중 가장 낮은 수치다. 이를 두고 한국의 노동자들이 핀란드나 스페인의 노동자보다 더 건강하기 때문에 병결의 유병률이 낮다고 해석해서는 안 된다. 2020년 10만 명당 산재사망률을 비교했을 때, 핀란드와 스페인은 각각 0.7명과 2.1명이지만 한국은 그보다 2배 이상 높은 4.7명이다.[15] 그런 한국의 노동자들이 다른 나라의 노동자들에 비해 더 건강할 리가 없기 때문이다. 이러한 모순된 결과를 해석하는 올바른 방법은 "왜 한국의 노동자들은 아플 때 쉬지 못하고 일하는가?"라고 묻는 것이다.

일단 가장 먼저 상병수당 제도의 부재를 논해야 한다. 상병수당이란 노동자가 질병이나 부상 등으로 노동을 중단할 때 발생하는 소득의 손실을 보전하는 제도다. 업무상 발생한 재해로 인한 손해를 보전하기 위한 목적의 산재보험과 달리, 일과 무관하게 다치거나 병들었을 때도 생계유지를 위한 기본소득을 국가가 제공하는 것이다. 현재 OECD 국가 중 상병수당 제도가 없는 곳은 한국과 미국의 일부 주 뿐이다.[16] 한국에서도 공무원이나 대기업 노동자들은 아플 때 쉴 수 있는 유급병가를 누리고 있지만, 2020년 고용노동부 조사에 따르면 병가 제도를 도입한 사업장은 전체의 21%에 불과했다.[17]

또 하나 함께 염두에 두어야 하는 것은 한국에서는 고용 형태에 따라 상황이 다르다는 점이다. 2016년 학술지 《국제직업환경보건아카이브International Archives of Occupational and Environmental Health》에 출판된 〈아픈데 일하는 노동자는 누구인가?Who is working while sick?〉라는 연구는 한국의 근로환경조사 데이터를 분석해 고용 형태에 따라 병결과 프리젠티즘presenteeism(아픈데 참고 일하는 행위)와의 연관성을 분석하고 있다.[18] 원청 정규직 노동자에 비해 하청의 노동자들은 병결은 낮고 프리젠티즘은 높게 나타났다. 한 예로 원청의 무기계약직 정규직 노동자에 비해 하청의 무기계약직 노동자는 아파서 직장을 쉬는 병결 비율이 0.63배 낮게 나왔으나 아픈데 참고 일하는 비율은 1.2배 높게 나타났다. 유급병가 제도를 포함한 사회보장제도가 튼튼하고 노동권이 보장되는 유럽의 몇몇 국가와 달리 한국에서 병결은 노동자의 건강 상태를 측정하는 지표로 사용될 수 없는 것이다. 한국에서 병결은 아프다는 사실과 함께 아플 때 쉴 수 있는 권리가 보장되고 있는 상태가 함께 측정되는 지표이기 때문이다.

비정규직 노동자가 아픈데 참고 일하는 가장 큰 이유는 고용불안이다. 고용불안은 그 자체로도 스트레스를 유발해 인간의 몸을 병들게 하는 유해요인인 동시에 헌법에 보장된 노동권을 현장에서 무력하게 만드는 조건이 된다. 재계약을 해야 하는 임시직 노동자나 언제 해고될지 모르는 시간제 노동자는 자신의 안전과 건강을 위협하는 노동을 하도록 요구받더라도 거절하기 어렵다. 하물며 몸이 아프다는 이유로 유급휴가를 요구하는 일은 생각하기조차 어렵다.

이러한 상황은 백신 휴가 사용에서도 나타났다. 방과후교사는 학교 정규 수업이 끝난 후에 학생들을 대상으로 학습지도를 하거나 취미, 특기 교육과 돌봄 업무 등을 담당한다. 그들은 학교와 1년 단위로 계약을 맺고 일을 하는 비정규직 노동자다.[19] 고용이 불안정한 방과후교사들은 백신을 맞고 후유증이 있는 상황에서도 백신 휴가를 쓰기 어려웠다. 백신 휴가를 쓰려면, 이들의 업무를 대신할 대체 인력을 구하고 행정적인 처리를 필수적으로 진행해야 하는데, 학교는 이러한 업무를 번거롭게 여겼다. 내년의 재계약이 불확실한 현실에서 방과후교사들은 국가가 보장한 백신 휴가를 누리지 못하고 일하기도 했다.

"근로 계약을 하면 따라오는 그런 휴가나 이런 거에 대한 권리는 당연히 없는 거란 말이죠. 근로기준법에 준하는 관계가 아니기 때문에. 학교가 하루 쉬는 거를 허가해 줘야 가능한 건데 그게 굉장히 학교도 귀찮은 일이라고 생각한다는 거예요. 왜냐하면 수요일 오후에 돌봄을 제공하는 건데 학교 입장에서는 갑자기 그날 안 나오게 되면 다른 대체할 방법을 찾아야 되고 학부모들의 동의를 얻어야 되고, 이런 귀찮음이 있는 거죠. 근데 그러다 보니까 방과후교사들은 이제 학교가 특별히 허락해 주지 않는 한 (백신 휴가를) 사용 못 하는데 대부분 학교가 (백신 휴가 사용을) 좋아하지 않는다."

– 인터뷰 참여자 A

## 감염 위험의 외주화

일하는 사람의 권리와 안전에 대한 관점이 부족했던 상태에서 한국 사회가 코로나19 유행을 마주하였을 때, 감염 위험마저 외주화하는 모습이 나타났다.[20] 특히 마스크는 코로나19 바이러스 감염을 차단해 주는 방역 필수품이었다. 그렇지만 한국 사회에서 하청의 일은 하청의 비용으로 감당하는 것이 너무나 당연했기 때문에, 코로나19 팬데믹 시기의 방역 부담 또한 마찬가지였다. 원청은 하청업체 비정규직 노동자들의 감염 위험을 고려할 필요가 없었으며, 비용 절감이 우선인 하청업체는 일하는 사람들에게 지급할 마스크에 지출할 비용을 줄일 방법을 찾게 된다. 표면적으로만 보자면 원청은 마스크로 하청 노동자들을 차별할 의도가 없었다. 애초에 하청 노동자 개개인은 원청이 내리는 어떤 의사결정이나 선택에서도 고려할 대상조차 되지 못했기 때문이다.

> "코로나 때 마스크를 차별하려고 회사에서 그렇게 했다고 저는 생각하지 않고, (원청은) 기본적으로 하청 노동자들에 대해서 아예 생각이 없어요. 그러니까 머릿속에 지금 내가 펴야 되는 어떤 노동 정책이나, 기업 복지나, 회사 안에 어떤 조치 안에 비정규직 노동자들이 아예 설정되어 있지 않거든요. 비정규직 노동자들한테 마스크나 이제 수당 차별이 있었을 때 이거는 '코로나니까 차별해야지', 이게 아니라 애초에 그 사람들이 같은 공간 안에 일하고 있지만 본인들이 돌봐야 되는 노동자라고 생각하지 않기 때

문에…. 이제 그런 결과 중의 하나지….”

– 전수경(노동건강연대)

마스크만 문제가 된 것은 아니었다. 대학이나 병원, 지하철 등에서 일하는 청소노동자들은 팬데믹 시기에 위생과 소독 등에 관련하여 추가적으로 발생한 업무를 감당해야 했다. 배달 음식 소비가 많아지면서 분리수거와 같은 쓰레기 처리에 부담이 생겼으며 사람들이 많이 다니고 접촉이 발생하기 쉬운 엘리베이터와 출입문, 화장실 문고리를 수시로 소독해야 했다. 하지만 새로운 소독 업무가 부여될 때 청소노동자들은 방역 과정에서 발생할 수 있는 위험을 공지받거나 소독약이 인체에 미칠 수 있는 유해성에 대한 교육은 받지 못했다.[21]

코로나19 위기 상황의 최전선이었던 병원의 모습을 떠올려 본다. 격리병동에 사람이 넘쳐나고, 침상은 부족하고, 의료 인력은 모자라던 상황에서 모든 국민들이 의료인들에게 격려와 응원을 보냈다. 그러나 병원의 이면은 그다지 주목을 받지 못했다. 병원은 코로나19에 감염되면 특히 위험해질 수 있는 환자들이 있는 공간이기 때문에 감염 예방에 각별히 주의해야 했다. 당연히 의료진을 포함한 병원 내 노동자들에게는 강도 높은 업무 부담이 생겼다. 그중 청소노동자들은 병원 내에서 발생하는 다양한 폐기물을 처리할 때 평소보다 청결이나 위생 관리에 더 신경 써야 하는 부담이 생겼다.[22] 특히, 감염 위험에 매우 취약한 중환자실을 청소하거나 감염

　　　　　　　　우리의 상처가 미래를 바꿀 수 있을까

위험이 있는 것들을 담아서 폐기해야 하는 경우에는 방호복을 입고 다니면서 일을 했다. 방호복에서 공기가 빠져나가지 않아서 풍선처럼 부푼 옷을 입고 몇 시간이고 일하다 보면 진땀이 나고 어지럽기 일쑤였다.[23] 더욱이 환자들의 건강을 위해서 실내 온도가 높은 병원 안에서 육체노동을 하는 청소노동자들에게 방호복이 땀에 절어서 피부에 들러붙어서 피부가 짓무르는 일은 다반사였다.

> "청소노동자들이 오물이나 피, 아니면 감염 박스라고 해서 감염 위험이 있는 것들을 다 담아서 쓰레기 처리하는 것들을 다 청소노동자들이 하는데, 병실에 이런 것을 하러 드나들어야 되잖아요. 그럴 때 이제 방호복을 입고 다녀야 되는 거죠. 안 그래도 더운데 방호복까지 입고 육체노동을 하면 방호복이 땀에 절어서 척척 들러붙고 여기가 막 피부가 짓무르고. 그럼에도 불구하고 평소보다 청결이나 위생 관리를 더 철저하게 해야 되고, 그거에 대해서 신경을 더 많이 써야 되고."
>
> – 인터뷰 참여자 C

청소노동자의 휴게실은 이전부터 열악한 환경으로 알려져 왔었는데, 코로나19 유행과 맞물리면서 새로운 문제가 나타나기도 했다.[24, 25] 애초에 충분한 공간이 주어지지도 않았고 위치도 불편해 사용하기 어렵기는 했지만, 그럼에도 휴게실은 청소노동자들이 휴식하고 식사를 하는 등 최소한의 필요를 충족시키기 위해 필수적인 공간이었다. 그러나 코로나19가 유행하고 사회적 거리두기가 실시되면서 휴게실이 폐쇄되어 버렸다. 휴게실을 대체할 공간은 제공되지 않았다. 휴게실이 폐쇄되어 대책이 없어진 청소노동자들은 쉬기 위해서, 먹기 위해서 스스로 공간을 찾아야만 했다. 갈 곳이 사라진 청소노동자들에게 허락된 공간은 본인이 청소하는 화장실밖에 없었다.

> "대안은 없고 그냥 '무조건 안 된다'라고만 하니까 그러면 갈 데가 본인 작업하는 화장실밖에 없는 거죠. 그래서 이제 어쨌든 어딘가에 들어가서 남 눈에 안 띄는 데서 식사를 해야 되니까."
>
> — 인터뷰 참여자 C

    가구를 방문해서 가스계량기를 검침하고 안전점검을 하는 도시가스 검침원들도 비슷한 어려움을 경험했다. 대면 접촉 시간은 짧지만 집에 직접 방문해서 일을 하기 때문에 이들 또한 코로나19에 감염될 위험을 감수하며 일하고 있었다.[26] 그런데 막상 검침 요청을 받아 점검을 하러 갔을 때는 이들을 바이러스 취급하면서 검침원의 온몸에 소독약을 뿌리는 이용자들 때문에 곤욕을 치르기도 했다.[27] 사실, 대면 서비스 제공이 기피됐던 상황에서 도시가스 검침원도 비대면으로 업무를 수행하는 것이 기술적으로는 가능했다. 그러나 하청업체에 고용된 도시가스 검침원은 업체의 실적 압박 때문에 할당량을 채우기 위해 대면 업무를 감당해야 하기도 했다. 서울시에서는 방문 점검을 요구한 가구만 방문하라고 했다지만, 위탁업체 소속인 도시가스 검침원들은 회사로부터 방문 점검을 거절한 집에도 최소 3번은 찾아가면서 실적을 높이라는 압박을 받았다.[28] 코로나19 감염 위험과 생계의 위협이 함께 찾아오는 두려움 속에서 알아서 조심하면서 실적은 높이라는 말은 가혹한 부담이었다.

> "어쨌든 그거는 채워, 몇 가구를 방문했는지는 채워, 하지만 조심은 네가 해야 되고. 그런데 도시가스 검침원도 온라인으로 할 수 있는 게 있었어요. 그런 게 있음에도 불구하고, 도시가스 검침도 아마 서울시에 하청을 받아서 이렇게 해야 되는 거라서 다시 보고를 해야 되는 거예요. '얼마나 했다', '실질적으로 대면 검침을 했다' 하고 보고를 해야 되기 때문에."
>
> – 사비(서울서부비정규노동센터)

팬데믹 시기 한국 사회에는 노동자들이 겪는 어려움을 안전, 보건 관점에서 접근해서 해결하려는 노력은 부족했고, 오히려 코로나19 유행을 이유로 고용노동부의 현장 근로감독과 안전감독이 유예 또는 중단되어 권력과 자원이 부족한 노동자들의 산업재해 위험이 증가할 수 있는 상황이 되기도 했다.[29] 국제학술지《건강 문제 Health Affairs》에서 2020년에 출판된 한 연구는 뉴욕주의 335개 요양시설Nursing home에서 발생한 코로나19 사망률을 분석했다.[30] 연구진은 보건의료노동자 노동조합이 존재할 경우, 그렇지 않은 경우보다 요양시설 거주자의 코로나19 감염 사망률이 30% 감소된다고 밝혔다. 이러한 결과를 두고 연구진은 노동조합이 있는 사업장에서는 노동자들이 마스크나 눈 보호장비Eye shield 같은 개인보호장비Personal protective equipment, PPE를 요구하고 사용하기가 더 용이하기 때문이었다고 설명한다. 현장 노동자의 목소리를 방역 정책에 반영시킬 수 있는 노동조합과 같은 조직의 존재가 요양시설 거주자들의 코로나19 사망률이 낮출 수 있다는 것이었다. 한국에서도 노동조합은 코로나19 유행시기 취약계층이었던 비정규직 노동자에게 마스크와 백신 휴가를 포함한 적절한 자원을 제공하는 데 중요한 역할을 했다.

> "개별 사업장에서 노조가 있는 곳과 없는 곳은 큰 차이가 있죠. 일단 노조가 있는 곳들은 병원, 즉 사측이라는 기업에 다들 요구해서 코로나19 시기 마스크, 재택근무, 백신 휴가 이런 모든 배치부터 시작해서 하나하나 없던 걸 새롭게 만들고. 이런 것들을 보면 개별 사업장에서 노동조합의 역할은 조직 구성원들, 특히 정규직 조합원 대상으로, 비정규직도 마찬가지지만, 매우 예방적 관리를 잘 하고 사후 조치들에 있어서도 적극적으로 한 것 같아요. 그렇지 못한 사업장하고 (차이가) 여실히 드러나죠."
>
> – 김종진(일하는시민연구소)

하지만 방역이 절대선으로 작동하는 동안 사회적 거리두기가 강

우리의 상처가 미래를 바꿀 수 있을까

제되고 노조 활동이 위축되기도 했다. 감염의 위험 때문에 집회는 물론이고 작은 규모의 모임조차 하기 어려웠다. 방역을 위해 거리 두기를 강제함으로써 오히려 현장 노동자들의 요구사항을 전달하고 방역에 필요한 자원을 제공받는 것이 어려워지는 모순적인 상황이 조성되어 버린 것이다.

> "노동조합이 코로나 시기에 노동자들이 이러이러한 문제를 겪고 있으니까 해결해야 되지 않냐고 하면 그 말을 안 듣는 거죠. 그러면 우리가 집단행동을 해서라도 다른 방식으로라도 우리 요구를 관철시키겠다고 하면 '코로나 시기에 그런 걸 해서 되느냐'라고 방해하는 거죠."
>
> – 인터뷰 참여자C

업무 특성상 재택근무가 불가능하거나, 코로나19 감염 위험이 높은 노동환경에서 일을 해야 했던 비정규직 노동자들에게 필요했던 것은 무엇일까? 노동자 개인에게 방역 수칙을 잘 지키고 조심해서 일하라고 책임을 넘기고 마는 것이 아니라, 방역 지침과 안전 수칙을 자연스럽게 준수할 수 있는 보호와 지원이 있는 노동환경이었다면 팬데믹을 지나온 한국 사회의 모습이 조금은 다르지 않았을까?[29]

# 권력도 자원도 없는 노동자가
# 마주해야 했던 팬데믹의 모습

## 불안정한 필수노동자

앞에서 보았듯이 코로나19 팬데믹 시기 한국 사회에서는 다양한 직업군의 비정규직 노동자들이 코로나 이전부터 이어져 온 위험의 외주화와, 거기에서 파생된 감염의 외주화에 맞닥뜨려야만 했다. 이번에는 그중에서도 코로나19 팬데믹 시기에 사회를 유지하기 위해 큰 부담을 져야 했지만 동시에 고용이 불안정했던 요양보호사들의 경험을 사례 연구로 삼아 집중적으로 살펴보고자 한다. 그들이 감내해야 했던 시간은 어떠한 시간이었을까?

요양보호사는 "치매·중풍 등 노인성 질환으로 독립적인 일상생활을 수행하기 어려운 노인들을 위해 노인요양 및 재가시설에서 신체 및 가사지원 서비스를 제공하는 인력"이다.[31] 요양보호사의 경험을 별도로 서술하는 이유는 다음과 같다.

첫째, 요양보호사는 코로나19 바이러스에 취약한 인구 집단인 노인들에게 서비스를 제공하는 역할을 했기 때문에 높은 수준의 방역 수칙을 요구받았으며, 동시에 대면접촉을 통한 서비스를 제공하기에 감염 위험이 높은 직종의 필수노동자였다. 2020년 1월부터 2022년 7월까지 코로나19 감염으로 산업재해를 인정받은 노동자는 총 1,581명이였는데, 그중 요양보호사는 136명으로 8.6%에 해당했다. 보건의료직 또는 코로나19 관련 업무 종사자 중에서 간호사(248명) 다음으로 산업재해를 인정받은 숫자가 많았다.[32, 33]

둘째, 요양보호사는 상시 고용불안에 시달리는 비정규직 노동자인 경우가 많았고, 압도적인 다수가 경제위기 시에 해고의 위험에 먼저 노출되는 중고령 여성 노동자들이다. 「2021 노인장기요양보험 통계연보」에 따르면 전국적으로 약 50만 명의 요양보호사가 일하고 있다.[31] 한 연구에 따르면 이들 중 95.8%가 여성이고, 92.7%가 50세 이상으로 추정된다.[34] 고용형태를 보면 계약직 비율이 66.4%로 추정되는데,[34] 이들은 코로나19 유행을 구실로 계약 기간을 1년에서 3개월, 6개월 등으로 여러 번 나눠서 작성하는 이른바 '쪼개기 계약' 속에서 일하기도 했다.

요양보호사는 바이러스 감염에 취약한 노인층에게 돌봄 노동을 제공하는 팬데믹 시기의 필수노동자면서도, 고용불안 속에서 자신의 목소리를 내기 어려웠다. 이들이 코로나19 팬데믹을 어떻게 견뎌냈는가에 대한 서술은 같은 시기 한국 사회가 권력과 자원에서 소외된 비정규직 노동자들을 어떠한 태도로 대했는지 살펴보는 렌즈가 될 수 있다.

이들은 코로나19 치명률이 높은 노인 인구 집단에게 대면 서비스를 제공하는 직종이었기에, 서비스를 제공하는 과정에서 바이러스가 전파되는 일이 없도록 자신의 감염을 관리하는 데 있어 철저한 관리를 요구받았다. 한 예로, 발열과 같은 코로나19 감염 증상이 없는 경우에도 주기적으로 검사 결과를 제출해야 했다. 2021년 12월에 전국요양서비스노동조합이 실시한 조사에 참여한 요양보호사 272명 중 70%가 일주일에 2회 이상 코로나 검사를 받고 있다고 응답했고, 주 3회 이상 검사를 받고 있다는 응답도 31.5%였다.[35] 집단감염이 한창 문제가 되었을 시기에는 매일 코로나 검사를 하라는 지침이 내려오기도 했다. 또한 같은 이유로 요양기관에 사생활을 포함한 동선 보고를 해야 했고, 가족 경조사에 참석하는 일조차 제한 당하는 일이 발생하기도 했다.[35] 매주 지난 1주일 동안의 동선 일지를 기록해 제출해야 했던 요양보호사들은 일정 부분 사생활을 포기해야 하는 상황이 발생했다.[36, 37]

그러나 요양보호사들을 감염 위험에서 보호하기 위한 방역 물품은 충분히 제공되지 않았다. 전국요양보호사협회와 전국사회복지유니온이 2020년 3월 전국의 요양보호사를 포함한 돌봄노동자 2,184명을 대상으로 실시한 설문조사 결과에 따르면, 응답자의 80%가량이 재가방문을 할 때 마스크와 소독제를 지원받지 못했다고 응답했다.[38] 마스크 수급이 어려웠던 코로나19 유행 초창기에는 요양보호사들이 사비로 마스크 같은 방역 물품을 사야 했는데, 최저 임금 수준의 인건비를 받고 일하는 이들에게는 마스크 한 장 한 장의 비용도 부담이 될 수밖에 없었다.[39] 정부가 돌봄노동 현장의 방역 및 감염 관리를 위해 마스크를 살 수 있도록 요양기관에 관리 운영비를 지급하고 있다고 밝혔지만, 실제로는 요양기관이 관련 비용을 제대로 집행되지 않아서 현장에서는 여전히 사비로 마스크를 사야 하는 상황이 개선되지 않고 있다는 지적이 나오기도 했다.[40]

그렇게 일하는 사이 본인이 감염될 경우에 충분한 휴식을 취하기도 어려웠다. 중앙재난안전대책본부는 2022년 3월 30일 정례브리핑에서 요양보호사가 백신 3차 접종을 완료한 상태에서 감염된 경우, 증상이 없다면 격리 기간을 3일로 단축할 수 있다고 밝혔다.[41] 돌봄 인력이 부족한 상황에서 이러한 판단을 내리며, 그 격리 단축 결정은 요양시설의 자율적인 결정과 종사자의 선택에 맡긴다고 했지만, 고용불안에 시달리는 요양보호사들에게 격리 기간 단축은 선택이 아닌 필수사항으로 다가왔다. 본인의 동의가 필요하다는 지침의 내용과는 달리 실제 현장에서는 본인의 몸 상태나 의사가 고려되는 것이 불가능했고, "출근해라, 일할 사람 없다"라는 말을 들으면 출근할 수밖에 없었다.[42]

"코로나 확산된다고 하면 요양보호사만 잡아. 사무실 직원들은 자기들끼리 회식할 거 하고 가족 여행 다 가고. 사무실 직원들은 코로나 걸리면 쉬잖아요. 그런데 우리는 못 쉬잖아요. 코로나 확진된 지 3일밖에 안 된 선생님들 나와서 근무하라고 지침이 내려왔었어요. 어르신 수급이 어렵다고."

– 전지현(전국돌봄서비스노동조합)

　백신 휴가의 경우도 비슷했다. 돌봄 서비스를 제공받는 코로나19 취약계층인 노인층의 감염을 예방하기 위해 요양보호사들은 백신 우선접종 대상으로 선정됐다.[43] 그러나 정작 고용이 불안한 요양보호사들이 백신을 맞은 후에 아파서 쉬겠다고 말하면 사직서를 쓰라는 말을 듣기도 했다.[35] 본인 건강 상태와는 상관없이 일괄적으로 백신을 접종해야 했고, 이로 인한 건강 문제가 발생해도 자신의 몸을 돌아보는 것은 허락되지 않았다.

　"백신 휴가가 어디 있어요? 결국 백신 휴가 제도는 만들어지기는 했으나 저희한테는 해당이 안 된 거죠. 백신 휴가를 받을 수 있는 조건이 안 되는 상태예요. 인력이 없으니까 쉬고 싶어도 못 쉬는 거고…. 백신을 맞고 바로 근무를 해야 되기 때문에 그런 호소를 하시는 분들 되게 많아요. 백신 후유증을 호소하신 분들도 많았고. 백신 때문에 열이 펄펄 나고 아픈데도 불구하고 병원 가서 링거 맞고 나와서 또 근무하시고. 그런 사례는 되게 많아요. 근데 저희는 (백신 휴가) 보장은 안 되죠. 코로나 걸려도 보장을 안 해주는데 백신 맞았다고 해서 보장을 해주시겠냐고."

– 전지현(전국돌봄서비스노동조합)

코로나 바이러스 전파를 줄이기 위한 사회적 거리두기 조치는 돌보는 이들의 일거리를 줄이기도 했다. "코로나19 잠잠해질 때까지 나오지 마라"라는 말에 요양보호사들은 달리 할 수 있는 일이 없었다.[44] 2021년 10월부터 11월 사이에 요양보호사 622명을 포함한 장기요양요원들을 대상으로 실시한 설문조사에 따르면, 요양보호사의 11.1%(69명)가 코로나19로 인해 갑작스러운 일자리 중단이나 노동 시간 단축으로 소득 감소를 경험했다고 응답했고, 소득 감소가 1개월 이상 지속됐다는 경우가 69명 중 44.9%를 차지했다.[45] 수급자 본인이나 그 가족의 통보가 근무 중단 또는 노동 시간 단축의 주된 이유였다.[45] 코로나19 때문에 일하는 시간이 줄었거나 일을 하지 못했던 요양보호사들에게 이들이 속한 장기요양기관이 했던 조치는 '무급 대기'(58.0%)였고, 자발적 퇴사를 강요당하거나 일방적인 해고를 당하기도 했다.[45]

한편, 계속해서 일할 수 있었던 요양보호사들은 가중된 노동강도에 시달리고 있었다. 요양보호사들도 감염으로부터 자유로울 수 없기 때문에 불가피하게 인력 공백이 발생할 수밖에 없었다. 그 일을 대체할 사람이 필요했다. 그러나 입소자, 종사자를 가리지 않고 확진자 수가 폭증하고 있는 상황에서도 요양시설들은 대체 인력을 투입하는 것이 아니라 교대근무 형태만 일방적으로 바꾸어 남아 있는 요양보호사들에게 고강도 노동을 전가하는 방식으로 인력난에 대응했다.[46] 전국요양서비스노동조합이 요양보호사 272명을 대상으로 2021년 12월에 실시한 설문조사 결과에서 코로나19 이후 2년간 겪은 고충에 대해 인력감소로 인해 노동강도가 증가했다는 응답이 84%, 청소·소독 등 업무량이 늘어났다고 답한 사람은 77%였다.[35]

이 외에도 노인요양시설에서 여러 확진자가 발생해 코호트 격리가 필요한 상황이 될 경우, 요양보호사들은 이들을 돌보기 위해 함께 격리에 들어가기도 했다.[36] 환자를 돌보기 위해 코호트 격리에 들어간 요양보호사들은 24시간 내내 방호복을 입고 일해야 했지만, 그중 일부를 휴게시간으로 계산하여 수당을 지급하지 않는 곳도 있었다.[47, 48] 휴게실이 폐쇄된 코호트 격리 시설에서 요양보호사들은 휴게시간에 방호복을 입은 채 돗자리에서 자야 했다. 또한 코호트 격리를 감당한 요양보호사들에게는 지급되어야 했던 국가의 코호트 격리 지원금이 요양보호사에게 돌아가지 못하는 상황마저 발생했다. 격리 지원금을 달라고 하는 요양보호사의 요구에 어떤 요양원은 과태료 납부와 같은 경제적 상황을 핑계로 대기도 하고, 불만을 무마하려 갑작스럽게 회식을 하거나 평생 주지 않던 명절 선물을 제공한 요양원도 있었다. 2022년 9월 코호트 격리 경험이 있는 요양보호사를 대상으로 실시한 조사에서 참여자 330명 중 221명(66.9%)이 코호트 격리 관련 수당을 일부 또는 전부를 받지 못한 적이 있다고 응답했다.[49] 요양보호사들은 고용이 불안정한 상태에서 적절한 지원과 보호가 부족할 뿐만 아니라 노동의 가치까지 인정받지 못하는 다양한 어려움을 경험했다.[50, 51]

"코호트 격리 들어가서 24시간씩 방호복을 입고 근무한단 말이에요. 근데 24시간 중에 9시간은 휴게시간이라고, '이 시간만큼 수당을 안 주겠다', '수당 지급을 안 받아도 된다는 사인을 하라' 라고 강요하는 요양원도 있어요. 마스크 쓰고 방호복 입고 쉬고 있는데 이게 무슨 휴게예요? 휴게도 아니죠. 근데도 9시간은 휴게시간이에요. 근데 더 웃긴 것은 고용노동부에다가도 연락하고 복지부에도 연락해 봤는데 고용노동부에서 그러더라고. 방호복을 입고 있어도 쉬면 쉰 거라는 거야. 방호복을 입고 어떻게 쉬어요. 그러니까 방호복을 벗을 수 있어요? 못 벗잖아요. 우리 요양원 코호트 들어가 있는데 그리고 저희는 돗자리에서 잔단 말이에요. 휴게실에 못 가, 또. 특히 이번 코로나 시기에 휴게실 다 폐쇄했어요. 휴게실도 없었어요. 근데도 휴게 시간을 다 빼요. 임금에서."

– 전지현(전국돌봄서비스노동조합)

    코로나19 유행 시기 요양보호사들의 삶은 필수노동자이면서도 고용이 불안정했던 노동자들이 겪게 되는 일들을 단적으로 보여주었다. 코로나19 감염 위험이 높은 업무 환경에서 일하고 있었지만, 방역 정책에 이들의 목소리가 제대로 반영되지는 않았다. 오히려 이들이 일터 내에서 권력이 부족하고 고용이 불안정한 취약계층 노동자였기 때문에, 주 2회 코로나 검사를 요구 받고, 마스크 지급 없이 일하게 되고, 코호트 격리에도 등 떠밀려 투입되고, 코로나에 확진되어도 3일 뒤에는 출근하라는 이 모든 조치가 손쉽게 가능했을 것이다. 한국 사회는 권력과 자원이 부족한 비정규직 노동자의 필수노동을 당연하게 여기며 가치를 인정해 주지 않았고, 그들을 쉴 권리와 일할 권리를 보장받아야 할 존재로 대해주지 않았다. K-방역의 성공 뒤에는 불안정한 고용 상태에도 불구하고 필수노동을 감당했던, 권력과 자원이 부족한 노동자들의 수고가 감추어져 있었다.


### 코로나19가 드러낸 격차

지금까지 콜센터 상담사부터 요양보호사까지 다양한 직군의 비정규직 노동자들이 코로나19 팬데믹 시기에 겪었던 어려움을 들여보고자 했다. 그런데 이러한 사례들이 일부 직군에 국한된 이야기이며 사실은 거대한 재난 앞에서 모든 노동자들이 똑같이 어려움을 겪었다는 의문을 가질 수도 있다. 직장갑질 119에서는 코로나19 팬데믹 시기에 주기적으로 전국의 직장인들을 대상으로 설문조사를 진행해 오고 있다. 본 글에서는 코로나19 유행이 시작되고 6개월 뒤인 2020년 6월에 전국의 19~55세 직장인 1,000명을 대상으로 한 연구조사 결과를 중심으로 소개하고자 한다.[52] 이는 팬데믹이 한국 사회를 덮친 초기, 노동자들의 경험이 어떠했는지를 볼 수 있는 소중한 결과다. 그리고 그로부터 2년이 지난 2022년 6월에 실시된 조사결과를 함께 살펴보며 비정규직 노동자들이 겪은 위험의 불평등을 보다 체계적으로 드러내 보고자 한다.

2020년 조사에서 지난 6개월 동안 본인의 의지와 무관하게 실직을 경험한 적이 있는지 물었을 때, 정규직에 해당하는 상용직 노동자 중 4%가 실직을 경험했던 것에 비해 일용직, 하청 노동자를 포함한 비상용직 노동자는 25.8%가 실직을 경험하여 무려 6배 이상이었다. 고용주가 일정치 않은 프리랜서/특수고용 실직률은 27.4%로 가장 높았다. 이러한 경향은 국가 대표성이 있는 자료인 노동패널조사를 분석한 연구에서도 유사하게 보고되었다.[53] 한 걸음 더 나아가, 지난 6개월 동안 실직을 경험했던 노동자에게 실업급여를 받았는지 여부를 물었을 때 상용직에서는 33.3%, 비상용직은 24.7%, 프리랜서/특수고용은 14.3%로 나타났다. 실업급여는 실업을 하게 된 노동자가 재취업을 위해 활동하고 최소한의 생계유지가 가능하도록 소정의 금액을 지급하는 사회보장제도인 고용보험이 제공하는 권리다. 그런데 이 조사에서 코로나19 팬데믹이 시작되고 첫 6개월 동안 비상용직 노동자는 상용직 노동자에 비해 6배 이상 원치 않은 실직을 경험했을 가능성이 높았지만, 실직했을 경우에 실업급여를 받았을 가능성은 오히려 더 낮았던 것이다.

불평등한 실직은 불평등한 소득으로 이어졌다. 지난 6개월 동안 소득이 감소된 노동자의 비율은 상용직 19.2%, 비상용직 47.7%, 프리랜서/특수고용 67.7%으로 나타났다. 그러한 경향은 정부가 발표한 2020년 1/4분기 가계동향 결과에서 확인할 수 있다.[54] 2020년 1월부터 3월의 기간을 기준으로, 가구별 소득을 5분위로 나누었을 때, 하위 20%의 월소득은 149만원으로 2019년과 큰 차이가 없었지만,

### 3-1. 고용형태에 따른 코로나19 유행시기 실직, 소득 감소, 감염 위험 인식

| | 비자발적 실직 | 소득 감소(1) | 소득 감소(2)[a] | 코로나 감염 위험 인식(안전하지 않다) |
|---|---|---|---|---|
| 상용직[b] | 4.0% | 19.2% | 16.9% | 34.0% |
| 비상용직[c] | 25.8% | 47.7% | 37.1% | 50.7% |
| 프리랜서/특수고용 | 27.4% | 67.7% | 53.6% | 53.9% |

\* 자료출처: 〈코로나-19 재난의 대가는 누가 치르는가: 불안정 노동자의 삶과 건강〉(2020)[52]

a: 지난 6개월간 비자발적 해고 경험이 없고, 현재 일하고 있는 노동자 782명 분석결과
b: 정규직, 무기계약직
c: 임시직, 일용직, 아르바이트 시간제, 파견/용역/사내하청 노동자

상위 20%의 월소득은 2019년에 비해 6.3% 증가한 1,115만원이었다. 그로 인해 상위 20%와 하위 20%의 소득 격차는 2019년 5.18배에서 팬데믹이 발생한 2020년 5.41배로 오히려 증가했다. 정부는 이러한 결과가 소득 하위 20% 중에서 높은 비중을 차지하는 임시/일용직의 취업 감소의 영향이라고 설명했다.

그러나 실직만이 아니었다. 팬데믹이 첫 6개월 동안 실직을 하지 않고 일하던 노동자들 안에서도 불평등이 발생했다. 연구 참여자 중 해고 경험 없이 현재 일하고 있는 노동자 782명을 대상으로 6개월 동안 소득이 감소된 비율을 물었을 때, 상용직에서는 16.9%가 소득이 감소했다고 답했지만, 비상용직은 37.1%, 프리랜서/특수고용은 53.6%였다. 팬데믹 시작 전 안정된 정규직 직장을 다니며 평균 소득이 가장 높았을 상용직에서 소득이 감소된 비율도 가장 낮게

우리의 상처가 미래를 바꿀 수 있을까

나타난 것이다. 해고되지 않고 계속 일할 수 있었던 노동자들 중에서도 노동 시간과 성과급이 감소되고 임금이 체불되는 일이 비정규직 노동자에서 더 빈번했던 것이다. 또한 "내 직장은 코로나19의 감염 위험으로부터 안전하지 않다"라고 답한 비율 역시 상용직 34.0%, 비상용직 50.7%, 프리랜서/특수고용 53.9%로 더 열악한 고용형태의 노동자들일수록 일터에서 감염 위험에 더 많이 노출되었다.

초창기를 지나 코로나19 유행이 2년을 지나가는 시점에서 실시된 결과에서 나타난 비정규직 노동자들이 겪은 불평등의 모습은 어떠했을까?[55] 2020년 1월 대비 월 소득 변화에 대해서 소득이 줄었다고 대답한 비율은 상용직이 13.7%였고, 비상용직은 50.5%였다. 비상용직 중에서 특히나 소득이 줄었다고 말한 비율이 가장 높은 집단은 프리랜서/특수고용 노동자로 그 비율이 71.1%였다. 정규직 노동자에 비해서 비정규직 노동자가 더 크게 소득이 감소한 경향은 코로나19 유행이 장기화된 상황에서도 지속되고 있었다.

사업장 내 코로나19 감염 위험 정도에 대해서 높다(높은 편이다+매우 높다)라고 응답한 비율은 상용직에서 48.0%, 비상용직에서는 53.5%로 나타났다. 이에 더해서 코로나19 예방을 위한 개인용 보호구를 지원했는지(상용직: 65.5%, 비상용직: 55.3%), 코로나19 예방에 대한 충분한 교육이 진행되었는지(상용직: 77.2%, 비상용직: 68.3%), 그리고 사업장 내 확진자 관련 정보전달이 되었는지(상용직 81.5%, 비상용직 69.8%) 등에서도 정규직과 비정규직 사이의 격차가 관찰되었다. 이뿐만 아니라 지난 3개월간 코로나19와 관련해서 불이익에 대한 걱정 없이 유급병가를 사용할 수 있었다는 비율이 상용직 노동자에서는 61.2%인 것에 비해 비상용직 노동자에서는 그 비율이 38.8%로 나타나, 여전히 비정규직 노동자들은 코로나19에 대처할 자원이 더 부족한 상태로 일하고 있음을 알 수 있었다.

팬데믹 초기 6개월 지난 후, 그리고 그로부터 2년이 지난 시점에서 각각 전국 1,000명의 노동자를 대상으로 실시된 조사를 통해 한국 사회 노동자의 불평등한 코로나19 경험에 대한 중요한 결과를 제시하였다. 코로나19 팬데믹 시기는 모든 노동자에게 힘들었지만, 비정규직 노동자들은 정규직 노동자에 비해서 더 많이 실직하고 더 크게 소득이 감소했고 코로나19 바이러스에 더 자주 노출되었지만, 사회보장제도의 사각에 존재하는 경우가 더 많았다.

우리의 상처가 미래를 바꿀 수 있을까

# 재난의 책임은
# 아래로, 아래로, 아래로

코로나19 팬데믹은 모두에게 고통스러운 시간이었다. 그러나 그 고통의 양상과 크기는 각자 달랐다. 방역이 국가적 목표가 되고 정부가 정한 방역 수칙을 따르는 것이 절대선이 되는 상황에서 현장 노동자들, 특히 자신의 목소리를 내기 어려웠던 비정규직 노동자의 삶은 방역 정책에 일방적으로 끼어 맞춰져야 했다.

사회적 거리두기를 위해 사람들이 모일 수 있는 휴게실을 폐쇄한 방침은 병원 청소노동자들의 식사 공간을 빼앗는 일이 되었고 그들은 화장실에서 밥을 먹어야 했다. 감염에 대한 두려움에 낯선 이들을 극도로 경계하던 시기 가스검침원들은 고객의 집에 방문하는 일이 어려웠지만, 하청업체들은 방역은 알아서 책임지며 방문을 통해 실적을 내길 요구했다. 하청 콜센터의 관리자는 감염이 되어 입원한 와중에도 노트북으로 계속 일해야 했지만, 원청은 이를 두고 "자발적인 노동"이라고 답했다. 내년에도 재계약을 해야 했던 방과후교사들은 대체 인력을 구하는 등의 행정상의 어려움으로 인해 학교에 밉보일까 백신 휴가를 누릴 수 없었다. 쪼개기 계약 속에서 일하던 요양보호사들은 환자를 돌보기 위해 코호트 격리에 참여하고도 자신의 노동을 인정받지 못했다.

> "이 모든, 위에서부터 내려오는 재난의 책임을 아래로, 아래로, 아래로 와서 엄청나게 가장 환자랑 접촉해야 되는 노동자한테로 가중시키는 그 과정이, 차례대로 쭉 내려오는 과정이 있잖아요. 원장부터 해가지고 의사, 중간에 관리자 그리고 연차가 오래된 요양보호사, 저연차의 요양보호사까지로 계속 내려와서…. 그러니까 정말 약간의 권한이라도 있는 사람이 더 없는 사람에게로 환자 돌보는 책임을 계속 내려보내는 구조."
>
> – 전수경(노동건강연대)

그러나 이러한 상황에서 현장 노동자의 목소리를 방역 정책에 반영할 수 있는 통로는 존재하지 않았다. 노동조합 조직율이 14%에 불과한 한국 사회에서 가장 위태로운 노동을 감당하던 비정규직 노동자들은 자신의 이야기를 전달할 수 있는 조직을 갖지 못했다. 노동조합에 속한 정규직 노동자들조차도 감염 위험을 이유로 사람을 만나는 일 자체를 죄악시하던 분위기 속에서 집단행동은

우리의 상처가 미래를 바꿀 수 있을까

물론 모임도 진행하기 어려웠다. 그렇게 현장의 목소리가 정책을 결정하는 중앙정부에 전달되지 않는 동안, 쉴 권리 자체가 존재하지 않던 일용직 노동자가 70%가 넘는 물류센터에서 감염자가 대거 발생했을 때도 보건복지부 장관은 노동자들이 '아프면 쉬어야 한다'는 지침을 어겼다고 지적했다. 방역 수칙을 준수하라는 요구사항은 끊임없이 강조되었지만, 그 규칙을 지키는 것이 가능한 환경을 만드는 데는 그만큼의 노력이 없었다.

　방역 수칙을 지킬 수 없었던 비정규직 노동자들을 비난하는 것은 간편한 선택일 수 있다. 그렇지만 방역 수칙을 지킬 수 없는 환경에 일하는 비정규직 노동자의 코로나19 감염은 한국 사회와는 무관한 개인적 경험으로 끝나지 않았다. 비용 절감을 위해 환경을 바꾸지 않고, 모든 걸 개인의 책임으로 넘기며 외면하려 했던 바이러스 감염 사례들이 하나둘 모여서 결국에는 한국 사회 전체가 짊어져야 할 부담으로 돌아왔다. 그렇다면 오히려 우리는 감염된 노동자를 비난할 것이 아니라 바이러스가 전파될 수밖에 없는 일터 환경을 방치하여 불필요한 사회적 비용을 발생시킨 대상을 찾아 지적하고 책임을 물어야 했을 것이다. 코로나19에 감염된 노동자들에게 왜 방역 수칙을 지키지 않았냐고 나무랐던 말을 통해, 한국 사회는 대체 어떤 변화를 기대했던 것일까?

　많은 사람들이 국가 간 코로나19 사망자 통계 수치를 비교하며, 한국의 코로나19 팬데믹 대응이 효과적이었다고 이야기한다. 하지만 이 3년의 시간을 보내는 동안 일하는 사람들은 자신의 일터와 가정에서, 때로는 방역의 최전선에서 그 비용을 몸으로 감당했다. 팬데믹이 끝나며, 한국 사회는 현장 노동자들이 감당했던 삶과 방역의 무게를 지워버리고 지난 3년의 시간을 과거의 것으로 치부하고 있다. 그렇게 만들어진 '성공적인 방역'의 기록은 훗날 맞이하게 될 감염병 재난에서 또다시 가장 약한 사람들에게 가장 많은 희생을 요구하는 결과를 낳을 것이다.

우리의 상처가 미래를 바꿀 수 있을까

코로나19 팬데믹 시기에 특히 취약했던 비정규직 노동자들이 경험했던 어려움을 다각도로 정리하여 기억하기 위해 노력했지만, 많은 이야기들을 담지 못했다.

팬데믹이 노동자들의 삶에 장기적으로 미칠 수 있는 영향에 대해 다루지 못했다. 팬데믹 시기 비정규직 노동자들이 경험했던 실업, 고용불안, 소득 감소는 이후 삶의 경로에도 영향을 미친다. 팬데믹이 끝나고 일상을 회복해 가는 과정에서, 취약계층 노동자들에게서 발생·심화되었던 사회적 불평등의 규모가 어떻게 변화하는지 향후 검토가 필요하다.

글에서는 청소노동자, 요양보호사와 같이 감염 위험이 높은 직종에 주목했지만, 팬데믹 시기 다양한 형태로 어려움을 겪었던 다른 비정규직 노동자들에 대해서 더 많은 이야기가 필요하다. 특히 사회적 거리두기로 인해 업무량이 급증했음에도 인력이 충원되지 않아 과로사의 위험에 처했던 택배·배달노동자들의 경험은 향후 더 많은 논의가 필요하다.

코로나19 유행을 지나오며 비정규직 노동자들이 겪어야 했던 사회적 문제들을 정리하고자 했지만, 그 문제에 대해 현실에서 책임을 져야 하는 국가기관의 역할에 대해서 다루지 못했다. 미국의 경우, 산업안전보건청Occupational Safety and Health Administration이 코로나19 유행 시기 취약계층 노동자들의 안전을 보장하고 건강을 보호하기 위해 적절한 시기에 필요한 역할을 수행했는지에 대해 논의된 바 있다. 이 논의에 많은 이가 주목하는 것은 노동자들이 방역 수칙을 지키면서 일할 수 있는 작업장을 만드는 것은 사회의 책임이기 때문이다.

# 4장

# 보이지 않는
# 아이들의
# 박탈당한 시간

코로나19와 아동

# 아동을 바라보는
# 이중적인 시선

한국은 아동*의 인권을 충분히 보장하고 있는가? 다른 나라와 비교했을 때 좋은 편인가, 나쁜 편인가? 정답은 없다. 인권이란 그 나라의 맥락에서 개념화되는 것으로, 단순히 다른 나라보다 인권 수준이 더 좋거나 나쁘다고 평가하기는 어렵기 때문이다. 무엇보다 인권의 보장은 끝이 없다. 이전에 없던 권리들이 새롭게 정의되고 사람들의 마음에 스며드는 것처럼, 세상이 변화하면서 인권의 내용과 범주도 계속 달라진다. 아동 인권도 그러한 흐름 속에서

---

\* 유엔 「아동의 권리에 관한 협약」은 '만 18세 미만의 모든 사람'을 '아동'이라 정의한다(제2조). 만 18세는 국가가 아동의 권리 보장에 책무를 다하여야 할 최소한의 연령 기준이다. 이러한 아동기childhood는 연령과 발달 정도, 개별적 특성과 상황에 따라 영유아infant, 어린이children, kid, 청소년adolescent, youth, 소년juvenile 등 다양한 용례로 쓰이고 있다. 본 장에서는 특정한 연령대를 언급하지 않는 한 아동이라 쓰되, 맥락상 필요에 따라 아동, 아동·청소년, 청소년 등으로 병행하여 사용했다.

우리의 상처가 미래를 바꿀 수 있을까

태동했다. 아동은 그저 '몸이 작은 인간(어른의 축소판)'이 아니라, 태어난 순간부터 '완전한 사람'이다. 다만, 자라는 중이라는 특성상 권리 보장에 취약할 수 있기 때문에 아동을 둘러싼 사회의 책임이 더 크게 요구된다는 전 세계의 합의가 있었다. 1989년 유엔총회에서 채택된 아동권리협약은 아동의 권리주체성Rights-holders을 천명하며 각국의 아동 인권 실현에 기여했다. 한국도 1991년 아동권리협약을 비준한 이후, 아동 인권 보장과 증진을 위한 다양한 정책적 조치를 취해왔다.

아동 인권에 대한 법·제도는 물론, 사회적 인식과 감수성 또한 분명 전반적으로 나아지고 있다. 하지만 아동에 대한 차별과 혐오의 시선은 여전히 곳곳에서 확인된다. 연령을 이유로 아동의 존재를 배제시키는 노키즈존은 찬반논의에 머물러 있다. 발달 과정에 있는 아동의 특성은 초보자를 의미하는 접미사로 쓰여, '-린이'라는 신조어가 만들어졌다. 학대와 체벌 등 모든 형태의 폭력으로부터 보호받을 아동권리에 대한 인식은 상대적으로 높아졌지만, 아동도 성인과 같은 시민적·정치적 권리를 갖는다는 점에는 거부감을 드러내는 경우도 많다. 참정권 연령을 하향하면, 형사 미성년자 연령도 낮추고 처벌을 강화해야 한다는 논리가 당연한 듯 주장된다. 권리가 주어지는 것만큼 책임도 부담하라는 것이다. 학생 인권만 과도하게 보장하고 교권을 침해하는 학생인권조례를 폐지하라는 움직임은 점차 커지고 있다. 보호의 내용과 방법이 '너를 위해서'라는 명목으로 오롯이 성인의 시각에서 논의되고, 결정된다.

팬데믹 상황에서도 다르지 않았다. 아동에게 드리워지는 이중적인 잣대는 코로나19가 이들의 삶에 미친 영향을 세심하게 살피지 않았다. 방역 지침은 소아 환자의 특수성을 고려하지 않았고, 아동은 방역 정보에서 소외된 가장 대표적인 존재였다. 아이들이 집에만 머물러야 했던 기간 동안 학대는 늘어났다.

무심한 사회에서 아동·청소년의 발달도 저해되었다. 영유아의 신체적·발달적 특성을 고려한 대책은 부재했다. 학교가 문을 닫으면서 교육 격차와 영양 불균형 문제도 커졌다. 방역 지침하에 놀이 공간과 놀이시간이 사라졌고, 사회적 관계가 중요한 청소년의 정신건강 위기는 더 심각해졌다. 장애와 질병은 공공연한 차별의 이유가 되었다.

무책임한 국가는 더 위태로운 아이들의 삶을 외면했다. 청소년의 탈가정 선택을 비행으로 치부하는 시선 속에, 생존을 위해 거리로 나섰던 청소년은 더 큰 위기에 놓였다. 이주아동은 교육과 돌봄, 생계, 의료접근의 다면적인 측면에서 중첩된 어려움을 맞닥뜨렸다. 시설보호아동은 '보호'를 명목으로 시설 안에 감금되었다. 방역 지침은 포용적이지 못했고, 더 민감한 고려가 필요했던 아이들을 사회의 시야 밖으로 밀어냈다.

발달 단계에 있는 아동의 의존성dependency은 불평등과 불이익에 더욱 민감하다. 다수의 만성질환은 태아기나 출생 직후부터 시작되며, 아동·청소년기의 사회적·경제적 환경은 전 생애 건강 차이에 상당한 영향을 미치는 것으로 확인된다. 다만 아동기에 적절한 개입

우리의 상처가 미래를 바꿀 수 있을까

이 제때 제공된다면, 이후 시기의 격차를 효과적으로 줄일 수 있다. 현재에서 미래로 이어지는 일생을 아동의 관점에서 바라보려는 노력은 지속 가능한 삶을 준비하는 필수적인 자세다. 우리 사회는 코로나19라는 전례 없던 감염병이 아동·청소년에게 미치는 부정적인 영향을 줄이고자 얼마나 노력했던가? 단언컨대, 세계가 주목한 K-방역은 현재를 살아가는 아동·청소년을 진지하게 의식하지 않았다.

# 방역 지침이 외면한
# 아동·청소년의 삶

## 간과된 소아 환자의 특수성

"어리면 어릴수록 자주 아프다."[1] 아직 체온 조절 능력이 완전히 발달하지 않은 아이들은 가벼운 감기에도 열이 잘 난다. 열이 나는 것 자체는 우리 몸의 면역 체계가 바이러스와 싸우고 있다는 증거이기 때문에 큰 문제는 아니다. 다만 소아 발열은 여타 합병증이 오거나 다른 질환이 원인이 되어 증상이 급변할 위험도 커지기 때문에 충분한 주의가 필요하다. 나이가 어릴수록 더욱 그렇다. 그런 반면, 적시에 적절한 처치가 이루어진다면 빠르게 호전되기도 한다. 그만큼 아이들의 병은 정확한 진단과 신속한 처방, 예방적 치료가 중요하다.

우리의 상처가 미래를 바꿀 수 있을까

"아이들은 수액이 타이밍이에요. 그 타이밍을 놓치면 그냥 늘어지거든요. 때로는 막 시들시들하던 중에도 수액만 딱 놔주면 아이들은 확 살아나거든요. 그 타이밍을 구급차에서 고열에 시달리면서 빙빙 돌다 보면 경련으로 넘어가는 경우, 안타깝게도 그러다가 사망한 케이스도 계속 뉴스로 접하면서, 그때 코로나가 한참 창궐할 때는 저희 의사들이 굉장히 긴장했어요."

- 김정은(신천연합병원)

하지만 발열과 호흡기 증상이 주로 나타나는 코로나19는 병원 문턱을 높였다. 코로나19 유행기에 열이 날 경우, PCR 검사 결과가 없으면 대부분의 병원에 출입할 수 없었다. 아이와 동거 가족의 PCR 검사 결과 모두 음성이 확인되더라도, 아이가 3일 전에 열이 났으면 병원에 들어올 수 없다는 내부 지침을 내세우는 곳도 있었다. 2022년 초에 유행했던 오미크론 변이는 0~9세 연령대에서 가장 높은 감염률을 보였는데, 응급 상황에도 입원하거나 진료받을 수 있는 병원을 찾지 못해 발만 동동 굴러야 했던 사례가 곳곳에서 보고되었다. 재택치료를 받던 영유아 환자가 증상이 악화되었는데 인근에 갈 수 있는 병원이 없어, 다른 지역으로 이송되던 중 사망한 사례도 연이어 발생했다.

팬데믹 시기, 소아·청소년 의료 인력 자체가 부족하다는 사실도 치명적이었다. 한국은 세계 최하위의 저출생 국가 중 하나다. 2000년 한국의 아동 인구는 전체 인구의 25.7%였지만 2022년에는 14.1%로 감소했고, 2040년에는 10.2%로 줄어들 것으로 예측될 정도다.[2] 급격히 줄어드는 아동 인구는 소아·청소년 의료 인프라 부족의 주된 요인이다. 소위 '전망이 없는' 소아·청소년 전문의는 수년에 걸쳐 줄어들었고, 체구가 작은 소아 환자를 능숙하게 대할 수 있는 숙련된 간호 인력도 부족한 실정이다. 2023년 3월 29일에는 대한소아청소년과의사회 주최의 '소아청소년과 폐과' 기자회견이 있을 정도로 소아 의료 체계는 급격히 붕괴되고 있다. 같은 해 소아·청소년과 전공의(레지던트 1년 차) 지원율은 역대 최저인 16.4%였고, 일부 대형병원은 지원자가 한 명도 없었다. 코로나19는 소아·청소년 의료 공백의 위기를 현실의 위험으로 가시화하는 계기가 되었다. 하지만 정부의 관심과 투자는 여전히 미비하다.

감염을 막기 위해 대면접촉을 최소화해야 한다는 원칙은 소아 환자에게도 그대로 적용되었다. 코로나19 초기의 방역 지침상 대면진료는 사실상 입원을 전제했고, 입원할 수 없는 경우에는 보건소를 통해 대면진료를 받을 수 있는 병원을 찾아 헤맬 수밖에 없었다. 성인도 아픔이나 증세를 잘 설명하기 어려운데, 언어나 표현이 제한적인 아이들을 비대면으로 진료하는 것이 가능한 것일까? 특히 신체 증상과 반응을 전반적으로 살펴봐야 하는 영유아는 직접 진료하는 게 중요하다. 의학지식이나 아동의 발달 특성에 대한 전문적인 지식이 없는 보호자로서는 "울어요", "열이 안 떨어져요", "잘 안 먹어요"와 같이 아이들의 이상증세를 보여주는 몇 가지 표현 외에 의료진에게 할 수 있는 설명이 거의 없었다. 아동 본인도 아닌 부모가 자녀의 어디가 어떻게 얼마나 아픈지 정확하게 알 수도 없는 노릇이다. 격리 중 증상이 악화돼 위급한 상황이 온 것은 아닌지, 가정에서 적절한 처치는 가능한 것인지, 합병증이 온 것은 아닌지, 의료진들은 하루에도 수차례, 애타는 마음으로 보호자와 통화하는 것이 최선이었다.

아동의 특성을 고려한 보완대책은 2022년 2월에 이르러서야 겨우 마련되었다. 재택치료 대상인 소아 환자(만 11세 이하)의 경우에 '1일 2회까지의 전화상담'을 진료로 인정하는 지침이 추가되었고, 코로나19 증상을 보이는 소아·청소년 환자가 1차 병원에서 적시에 진료받기 위한 시스템 확충 계획이 발표되었다.[3] 이미 팬데믹 3년 차를 맞이하는 때였다.

> "불안할 때는 오전에 전화하고, 오후에도 전화하고, 내일 또 전화하고, 이런 경우도 있었어요. 근데 나라에서는 횟수를 정해놨었어요. 비대면 진료도 수가가 붙었거든요, 하루에 한 번 전화 상담료. 나중에는 소아는 하루 두 번도 인정한다고 그랬어요. 소아는 계속 증상이 바뀌니까. 때에 따라서는 저희들이 전화를 드려서 금방 막 운다고 그랬으니까 어떤지 보기도 하고, 때로는 어머님이 먼저 또 계속 전화 주시기도 해서 횟수에 무관하게 계속 통화하면서 긴급한 상황을 봤어요."
>
> – 김정은(신천연합병원)

## 방역 정보에서 소외된 아동·청소년

코로나19와 관련된 각종 지침과 홍보자료는 대부분 성인을 위해서만 만들어졌다. 어린 자녀를 양육하는 보호자들은 방역에 필요한 실용적인 정보를 구할 수 없었다. 몇 세부터 반드시 마스크를 써야 하는지, 어떤 마스크가 더 나을지, 마스크를 거부하는 아이와 마스크 착용은 어떻게 연습해야 하는지 등 그 누구도 제대로 알려주지 않았다. 엘리베이터에 비치된 손소독제 관련 어린이 안전사고도 필요한 안내가 없었던 영향으로 볼 수 있다. 2020년에 손소독제 때문에 발생한 안구 안전사고는 40건이었는데, 이 중 24건(60.0%)이 만 14세 이하 아동에게 발생한 것이다. 엘리베이터에 비치된 손소독제를 사용하다 눈에 튀거나 손소독제를 손에 묻힌 채 눈을 비벼 손상을 입은 사례 등이었다.[4]

아동은 결정된 사항을 일방적으로 전달받는 대상일 뿐이었다. 영유아는 코로나19와 관련된 양육자의 반응에 민감한 영향을 받는데, 이들의 심리적 방역을 포함하는 부모교육이나 안내자료도 팬데믹 초기에는 거의 없었다. 아이들은 영문도 모른 채 여느 연령대보다 가장 긴 시간을 집 안에 머물러야만 했다. 보호자들도 경험한 적 없는 세상과 예측할 수 없는 미래 때문에 불안했지만, 급격히 달라진 일상을 일방적으로 받아들여야 하는 아이들의 불안감은 얼마나 컸을까? 우리 사회는 부모가 걱정할까 봐 선뜻 말도 건네지 못했을 아이들의 마음을 헤아릴 준비가 턱없이 부족했다.[5]

변이 확산에 따른 소아의 코로나19 감염률과 위·중증 위험이 늘

우리의 상처가 미래를 바꿀 수 있을까

어나면서 5~11세 아동의 백신 접종을 권장하고, 청소년 방역패스를 의무화하려는 정부의 시도도 있었다. 하지만 접종률은 낮았고, 반발은 컸다. 어찌 보면 당연한 결과였다. 성인을 중심으로 결정된 방역 수칙은 결코 아동·청소년에게 최선의 방안이라 장담할 수 없기 때문이다. 방역의 목적은 생존, 건강과 발달에 기초한 일상유지에 있다. 타인을 존중하는 배려로 작동하는 모두의 권리 보장과 의무이행의 합의선이 방역 수칙이 되어야 한다. 따라서 각 당사자의 권리 기반 관점에서 방역 지침을 마련하고 시행하는 것은 중요한 전제다. 그러나 코로나19와 관련한 아동·청소년의 어려움을 파악하고, 욕구를 수용하며, 과학적 증거에 입각한 정책의 의미를 설명하고, 협조 및 동의를 구하는 과정은 전혀 없었다. 돌파감염 사례와 백신을 불신하는 각종 반대 자료가 디지털을 매개하여 확산되고 있는데, '과학적으로 그 효과성이 입증된 백신'이라는 결과론적인 정보 제공을 신뢰하기란 쉽지 않다.[6] 방역 수칙을 준수해야 할 당사자가 결정 과정에서 완전히 배제된 정부 정책은 그 출발부터 강제적인 자유의 박탈과 다름없었다.

2020년 4월, 당시 질병관리본부의 어린이특집 코로나 브리핑을 기억할 것이다. 브리핑에 참여한 어린이들은 친구들과 만나도 되는지, 코로나는 언제 끝나는지 등 다양한 질문을 던졌다. 정은경 본부장과 소아·청소년 의료 전문가도 여느 브리핑과 다름없는 태도로 정중히 대답했다. 아동도 내 삶의 주인으로서, 자신에게 영향을 미치는 각종 사안에 참여할 수 있다는 점을 분명히 하는 사례였다.

일회성 행사에 그쳐, 아동을 모든 국가 정책의 직접 대상으로 인식하는 유의미한 변화가 없었던 점은 아쉽지만 말이다.

누구나 자신에게 최선이 되는 결정을 하기를 원한다. 아동도 마찬가지다. 이를 위해서는 정확한 정보와 지식이 필요하다. 그리고 모든 시민이 습득하고 이용 가능한 정보를 제공하는 것은 사회와 국가의 책무다. 하지만 아동·청소년은 방역과 관련된 정보 전달체계에서 대부분 배제되었다. 이들에게 필요한 정보가 준비되지 않았고, 마땅히 목소리를 들어야 한다는 인식도 부재했다. 등교수업의 주체는 학생인데, 교육부의 등교 재개도 교육 현장 종사자와 학부모의 의견만 수렴해 결정되었을 정도다.[7] 코로나19 이전에도 갖가지 차별과 위험에 더 쉽게 노출되었던 아동·청소년은, 코로나19 이후로는 전 인구 집단의 가시화된 건강 문제 속에 가려져 버렸다. 한국은 재난 상황에서 단 한 사람도 뒤에 남겨두지 않는Leave no one behind 안전한 사회가 아니었다.

## 더 커진 아동학대의 위기

2014년 「아동학대 범죄의 처벌 등에 관한 특례법」이 시행되고, 관련 정책이 지속적으로 보완되면서 아동학대에 대한 사회적 경각심과 관심은 점차 높아졌다. 2021년에는 친권자가 체벌의 정당화 근거로 내세우던 구 「민법」 제915조 징계권 규정도 삭제되었다. 하지만 아동학대와 학대피해아동 사망사건은 계속 발생하고

우리의 상처가 미래를 바꿀 수 있을까

## 4-1. 연도별 학대행위자와 피해아동과의 관계(2017~2021년)

| 구분<br>(건 수, %) | 2017년 | 2018년 | 2019년 | 2020년 | 2021년 |
|---|---|---|---|---|---|
| 계 | 22,367 (100) | 24,604 (100) | 30,045 (100) | 30,905 (100) | 37,605 (100) |
| | | ▲10.00% | ▲22.11% | ▲2.86% | ▲21.68% |
| 부모 | 17,177 (76.8) | 18,920 (76.9) | 22,700 (75.6) | 25,380 (82.1) | 31,486 (83.7) |
| | 친인척 | ▲10.15% | ▲19.98% | ▲11.81% | ▲24.06% |
| 친인척 | 1,067 (4.8) | 1,114 (4.5) | 1,332 (4.4) | 1,661 (5.4) | 1,517 (4.0) |
| | | ▲4.40% | ▲19.57% | ▲24.70% | ▽8.67% |
| 대리양육자<br>(소계) | 3,343 (14.9) | 3,906 (15.9) | 4,986 (16.6) | 2,930 (9.5) | 3,609 (9.6) |
| | | ▲16.84% | ▲27.65% | ▽41.24% | ▲23.17% |
| 유치원<br>교직원 | 281 (1.3) | 189 (0.8) | 155 (0.5) | 118 (0.4) | 140 (0.4) |
| | | ▽32.74% | ▽17.99% | ▽23.87% | ▲18.64% |
| 초중고교<br>직원 | 1,345 (6.0) | 2,060 (8.4) | 2,154 (7.2) | 882 (2.9) | 1,089 (2.9) |
| | | ▲53.16% | ▲4.56% | ▽59.05% | ▲23.47% |
| 학원 및<br>교습소 | 217 (1.0) | 176 (0.7) | 320 (1.1) | 208 (0.7) | 319 (0.8) |
| | | ▽18.89% | ▲81.82% | ▽35.00% | ▲53.37% |
| 보육교직원 | 840 (3.8) | 818 (3.3) | 1,384 (4.6) | 634 (2.1) | 1,221 (3.2) |
| | | ▽2.62% | ▲69.19% | ▽54.19% | ▲92.59% |
| 아동복지시설<br>종사자 | 285 (1.3) | 313 (1.3) | 408 (1.4) | 556 (1.8) | 217 (0.6) |
| | | ▲9.82% | ▲30.35% | ▲36.27% | ▽60.97% |
| 아이돌보미 | 15 (0.1) | 11 (0.0) | 41 (0.1) | 42 (0.1) | 46 (0.1) |
| | | ▽26.67% | ▲272.73% | ▲2.44% | ▲9.52% |

*출처: 〈2021년 아동학대 주요통계〉(2022)[8]

있다. 코로나19 시기에 아동의 학대 위험은 더 커졌다.

보건복지부가 매년 발표하는 〈아동학대 주요통계〉를 살펴보면, 팬데믹 첫해인 2020년의 아동학대 사례는 2019년 대비 거의 늘지 않았다. 아동학대 문제가 나아진 것일까? 그렇지 않다. 학교와 돌봄 기관이 문을 닫고, 각종 아동보호 서비스가 비대면으로 전환되면서 아동학대를 알아차릴 수 있는 외부의 눈길이 줄어든 영향이다. 팬데 믹 초기(2020년 2월~4월)에 아동학대 신고건수는 전년도 동월(2019년 2~4월) 대비 20.5% 감소했고, 교직원의 아동학대 신고건수는 82.9% 나 감소했다.[9]

코로나19로 인해 자녀가 집에 머무르는 시간이 길어지고, 돌봄 책임을 떠맡았던 양육자의 스트레스도 커질 수밖에 없었다. 실직, 무급휴직의 위기는 양육자를 더 큰 고난으로 내몰았다. 가족과 친 인척이 아이 돌봄에 총동원되었다.[10] 이는 2020년 전체 아동학대 사례 중 부모와 친인척의 아동학대 비중이 대폭 증가한 결과와 맞 닿아 있다. 대리양육자 중에 아동복지시설 종사자의 학대만 유일 하게 늘어난 것도 같은 맥락이다. 아동양육시설, 공동생활가정(그룹 홈)과 같은 생활시설은 가정 밖 아동·청소년들의 집이다. 혈연가정 보다 더 강한 규제와 통제를 받으며 문밖으로 나가지 못하는 집단 생활 속에 아이들이 학대에 노출될 위험도 커졌다.

코로나19가 장기화되던 2021년의 아동학대 사례는 또 다른 양 상을 보인다. 이때에는 아동학대 증가 추세가 코로나19 이전 수준 으로 반등했다. 2020년에는 전년도 대비 2.68%만 늘어났던 아동학

우리의 상처가 미래를 바꿀 수 있을까

대가 2021년에는 21.68% 증가했다. 부모의 아동학대는 매년 가장 큰 비중을 차지하고 있지만, 2021년에는 그 증가폭이 최근 5년 사이에 가장 컸다. 등교수업이 전면 재개되고 일상 회복이 논의되는 변화 속에 학교(▲23.47%)와 유치원(▲18.64%), 학원(▲53.37%), 보육시설(▲92.59%) 종사자의 아동학대 비율도 가파르게 치솟았다. 사회적 교류가 다시금 활발해지면서 가정 내 아동학대 발견율이 높아지고, 각 기관 종사자와 아동간 대면접촉이 많아진 영향도 있을 것이다. 학생과 교사가 만나지 못했던 시간만큼 서로를 이해하고 갈등을 해결하는 방법에 더 서툴러진 결과는, 아동학대와 교육 활동 침해(교권보호위원회 심의)라는 각자의 입장이 거세게 맞부딪치는 현장으로 나타나기도 한다.

보호자가 아동의 출생을 신고하지 않는 것도 방임이며, 아동학대다. 아동의 출생이 신고되지 않은 경우 예방접종, 건강보험 및 교육과 보육의 각종 사회복지제도에서 배제된다. 출생의 기록이 없는 아이들은 유기, 불법입양, 인신매매와 같은 범죄에 노출될 위험도 크다. 그러나 한국에서 아동의 출생신고는 부모에게 맡겨져 있다. 부모가 자녀의 출생을 신고하지 않으면, 국가는 아동의 존재를 알 길이 없다. 팬데믹 시기에 특별히 병원 출산율이 줄어들었다는 통계는 없다. 하지만 여느 때보다 굳건히 닫혔던, 최소한의 드나듦도 중단되었던 팬데믹 시기에 그 누구도 몰랐던 아동의 존재도 있지 않았을까? 출생등록이 되었더라도 영유아는 스스로 학대 사실을 알리기 어렵고, 외부 기관이나 시설에 접촉할 기회가 상대적으로 적은 만큼, 학대 피해 발견율이 상대적으로 낮다. 통계에 드러나지 않은 아동학대가 더 많았을 가능성은 충분하다.

그렇게 더 커진 아동학대의 위험은 우리나라만의 문제가 아니었다. 코로나19의 높은 전파력은 전 세계 곳곳에서 강력한 봉쇄 조치 lock down를 단행케 했다. 사람들의 이동이 제한되어 고립된 상황에서 아동이 폭력과 착취를 경험할 위험은 더 커진다. 코로나19가 확산되던 초기에 가장 큰 피해가 발생했던 영국에서는 첫 번째 봉쇄 기간 동안 아동학대가 약 25% 증가했다고 추정되며, 2020년 5월에는 아동학대, 성착취 및 방임과 관련된 문제가 1년 전과 비교해 69% 증가한 것으로 보고된다.[11] 유엔을 비롯한 국제사회는 팬데믹 초기부터 아동학대의 위험에 주목하면서, 아동의 더 큰 취약성을 인식하고, 필수적인 아동보호 서비스를 멈추지 말아야 한다고 촉구했다.[12] 아동학대 통계는 그렇지 못했던 우리 사회의 공백을 보여준다. 학대를 예방하고 재학대 위험을 조기에 감지하고, 학대 피해 아동을 구조하기 위한 최소한의 그물망이 사라졌던 시기였다.

가장 극단적인 아동학대범죄라 할 수 있는 '자녀 살해 후 자살(시도)'도 코로나19를 거치며 꾸준히 증가했다(2018년 7명, 2019년 9명, 2020년 12명, 2021명 14명). 2021년에 자녀 살해 후 자살(시도)로 사망한 아동의 평균 연령은 5.8세이고, 이 중에는 0세 아동도 있었다. 언어적·비언어적 의사표현이 제한적이고 양육자에 대한 의존도가 높은 영유아, 장애아동의 피해는 더 클 수밖에 없다. 이처럼 보호자가 극단적 선택을 하게 되는 주된 이유는 경제적 문제(34.3%), 정신건강 문제(26.3%)로 파악된다.[13] 2022년에 반복적으로 발생했던 발달장애 가족의 자녀 살해 후 자살 시도 사건도 팬데믹 중에 돌봄의 무게를 고스란히 떠안아야 했던 가정의 고립된 상황에서 발생했다. 코로나19는 사회적 돌봄을 대폭 축소시키면서 가정에 더 많은 돌봄 책임을 부담하게 했고, 돌봄은 대부분 여성의 몫으로 할당되었다. 자녀 양육과 더불어 늘어난 가사노동 시간, 실직과 휴직의 위험은 보호자의 우울감에 영향을 미쳤다. 개인에게 전가된 돌봄 불평등은 아동의 삶에 직간접적인 폭력으로 전이되었다.

> "가난하고 마음이 불안한 부모를 둔 아이들이 그 부모를 의지하기는커녕 두려워해야만 하는 이 끔찍한 현실을 통렬하게 비난하는 것 말고, 이제 와서 우리가 가장 먼저 할 일은 무엇인가. IMF와 금융위기를 겪으며 보았듯, 세상이 힘들면 힘들수록 이런 범행은 급격히 증가한다. 최근 팬데믹으로 인한 경제의 급속한 붕괴는 우리에게서 또 얼마나 많은 아이를 앗아 갈까, 두렵기 그지없다."

– 울산지방법원 2020. 5. 29. 선고 2019고합365 판결 [살인][14]


울산지방법원은 남편과의 불화 속에 자녀를 일산화탄소 중독으로 죽음에 이르게 하고, 자신도 자살하려고 했으나 사망하지 못했던 사건에서 비통함과 두려움을 고백했다. 이 판결문이 절절한 마음으로 호소한 것처럼 인간애로 맞잡은 두 손, 우리 모두가 사회의 안전망이 되어야 한다. 집집마다 문 닫은 상황에서 늘어난 아동학대와 우리가 보지 못했던 모든 아동학대를 기억한다면, 아직 끝나지 않았고 언제든 다시 닥칠 수 있는 팬데믹 상황에서도 아이들을 지키기 위해 멈추지 말아야 할 것들과 더해야 할 것들은 무엇일지 반드시 논의해야 한다.

우리의 상처가 미래를 바꿀 수 있을까

# 팬데믹이 아동·청소년의 발달에 미친 영향

**반쪽으로 축소된 세상**

영유아의 발달 지연은 팬데믹 초기부터 현장과 학계 모두 우려하던 바였다. 만 3세 전후의 영유아는 발달의 임계시기를 지나게 된다. 하지만 주변 사람들이 상시 마스크를 착용하게 되면서 상대방의 얼굴 표정, 입 모양을 볼 수 없고, 그만큼 상호작용의 폭도 감소했다. 외출과 체험, 만남을 비롯한 대외 활동이 억제되면서 전반적인 발달의 기회도 줄어들었다. 어린이집 보육교직원들이 마스크 착용, 거리두기 등으로 사회적 기술과 언어발달에 어려움을 겪는 영유아가 늘어났다고 응답한 것은 결코 이상하지 않다. 바깥놀이가 위축되면서 대근육·소근육 발달 기회가 줄어들고, 실내에 머무는 시간이 길어지면서 아이들의 스트레스가 커지고 부정적 표현

이 늘어났다는 보고도 있다.[15]

> "원장님과 교사, 선생님들은 수년간 아이들을 보고 비교가 되기 때문에 언어 발달이 있다/없다가 이제 체감적으로 와닿으시는 게 훨씬 커서 (조사에 대한) 응답률이 훨씬 높더라고요. 그러니까 아이들에게 마스크 사용으로 인해서 언어 발달의 지연이 있다, 확실히. 그리고 바깥 놀이도 못 해서 신체 발달도 위축되었다. 이런 것에 응답이 상당히 높았어요."
>
> – 양신영(사교육걱정없는세상)

코로나19가 영유아의 발달에 미친 영향에 관한 연구들은 현재 진행 중이다. 아직 표본 크기나 대표성 등에 한계가 있어 계속된 추적 조사가 필요하다는 지적도 있고, 아동은 적응력이 뛰어나고 탄력성이 높기 때문에 팬데믹으로 피해가 있더라도 빠르게 회복할 수 있을 것이라는 견해도 있다. 하지만 삶의 기반이 되는 생애 초기의 1,000일에 코로나19가 미치는 영향을 주의 깊게 살펴봐야 한다는 점은 공통된 시각이다.[16] 영유아기는 신체적·정신적 건강, 정서적 안정, 문화적·인격적 주체성 그리고 능력 개발의 기초가 되는 결정적인 시기인 만큼, 이때의 재난 경험은 삶에 더욱 민감한 영향을 미칠 수 있으며, 재난 상황이 끝난 이후에도 계속해서 영향을 미칠 가능성이 크기 때문이다.[17]

특히 놀이, 교육 및 일상 활동은 아동의 발달과 건강에 있어 중요

우리의 상처가 미래를 바꿀 수 있을까

한 부분이다. 따라서 마스크 사용은 아동에게 최상의 이익the best interest of the child이 되는 방안으로 결정되어야 한다. 이에 WHO와 유니세프는 5세 이하 아동의 마스크 착용을 권장하지 않았다. 마스크가 호흡에 영향을 미칠 수 있는 영향을 고려해, 아동이 운동을 하거나 신체 활동을 할 때는 마스크를 착용할 필요가 없다고도 했다.[18]

아쉽지만 우리 사회는 이 같은 공감대가 너무도 부족했다. 마스크 착용 최우수 국가였던 한국에서 어떠한 이유로든 마스크를 쓰지 않았을 때 가해지는 주변의 눈초리는 몹시 따가웠다. 마스크가 침으로 범벅이 되고, 마스크 속 입술과 양 볼이 발갛게 일어나는 상황에서도, 부모들은 어린 자녀의 얼굴에 마스크를 씌울 수밖에 없었다. 외출 자체가 망설여지던 시기도 있었다. 함께 사는 가족이 아닌 한 사람을 만날 기회는 현저히 줄어들었다. 사회적 거리두기 속에 아이들이 접하는 세상은 대폭 좁아졌다.

영유아의 발달과업에 적합한 환경이 조성되지 못했을 뿐만 아니다. 아동의 발달을 다각적으로 점검할 기회가 제한되면서 장애, 경계선 지능 등의 조기 발견이 어려워졌고, 진단과 진료, 개입 또한 적시에 이루어지지 못했다. 선천적 요인의 발달 지연을 늦게 발견하는 경우도 적지 않았을 것이다.


**일터보다 더 길게 문 닫은 학교**

2020년 1월 20일, 국내에 코로나19 첫 확진자가 발생한 이후로 개학은 4차례 연기되었다. 결국 4월에 온라인 개학이 단계적으로 시작되었고, 6월 이후로 순차적인 분리 등교가 시작되었다. 분명 일선에서 교원들은 변화에 대처하고자 나름의 노력을 다했을 것이다. 그러나 혼돈의 학교 현장은 학생들의 학습은 물론 일상 유지에 중대한 영향을 미쳤고, 교육불평등과 학업결손의 심화는 전 세계적인 문제로 우려되고 있다.

초등학생의 온라인 수업 참여에는 보호자의 역할이 필수적이다. 기기 작동이나 프로그램 활용도 그렇고, 집중할 수 있는 환경 조성을 위해서도 그렇다. 하지만 가정의 경제적 여건이 취약한 경우, 낮 시간의 돌봄 공백과 맞물려 온라인 학습 지원은 어려웠다. 조손가정, 이주배경가정 등 보호자가 디지털 기기 사용에 익숙하지 않은 경우도 있었다. 코로나19가 계속되는 중에도 사교육은 거의 줄어들지 않았거나 늘어났으니, 가정의 사회적·경제적 배경이 교육 격차에 미친 영향은 절대적이었다. 온라인이 교육을 포함해 아이들이 세상과 소통하는 거의 유일한 창구가 되면서 아이들의 디지털 기기 사용 시간이 크게 증가한 것도 일상의 균형을 무너뜨린 주된 요인으로 지목된다.[19] 코로나19 등교 제한으로 인한 학업결손을 측정한 미국의 연구 결과에서도 학년이 높을수록 수학 과목의 학업결손 정도가 더 컸고, 유색인종 학생들의 학업성취도는 더 많이 저하되었다.[20]

장애아동의 교육 및 돌봄 공백 문제도 심각했다. 양질의 온라인 컨텐츠가 충분치 않은 상황에서, 장애아동의 장애 유형별 특성과

장애 정도를 고려한 학습자료는 더욱 부족했다. 장애아동의 원격 수업 지원은 보호자가 떠맡아야 했다. 온라인 개학을 앞두고 장애 아동의 학습권 보장을 위해 순회(방문) 교육을 지원한다는 교육부 지침이 발표되었지만, 인적·물적 자원이 갖춰지지 않은 여건에서 제대로 시행되지 못했다.[21] 통합학교에 재학 중인 장애아동은 장애 특성에 맞는 적합한 돌봄을 제공하기 어렵다는 이유로 긴급돌봄에 서도 사실상 배제되었다.[22]

유엔 아동권리위원회는 모든 아동이 필수적인 삶의 기술을 학습하고, 어떠한 아동도 삶에서 마주칠 것으로 예상되는 도전에 대한 준비를 갖추지 못한 채 학교를 떠나지 않도록 보장해야 한다고 강조했다.[23] 우리나라는 단계적인 등교수업을 결정할 때에도 '진로·진학 준비의 시급성'을 이유로 고등학교 3학년이 우선되었다. 덴마크, 프랑스, 네덜란드, 노르웨이 등 유럽권 국가들이 유치원과 초등학교 저학년 학생들의 등교수업을 먼저 재개한 것과 대조적이다.[24] 개별 아동의 전인격적인 발달을 지지하는 학교의 존재 의미는 팬데믹을 지나온 학생들에게 얼마나 와닿았을까? 아동의 기초학력 저하와 학업결손의 결과는 비단 지식의 부족만이 아니라, 관계로 만들어지는 전 사회의 위기와 다름없다.

학교의 폐쇄는 교육 공백의 문제만 가져오지 않았다. 등하교가 사라진 일상은 아이들의 영양 불균형과 비만율에도 직접적인 영향을 미쳤다. 학교 수업이 비대면 원격수업으로 전면 전환되면서, 기본적인 끼니조차 챙기기 어려운 아이들이 생겨났다. 이는 한국의 문제만은 아니었다. 영국에서도 배고픈 아이들이 늘어났다는 보고가 있었고,[11] 미국에서도 학교의 무료급식 시설이 문을 닫으면서 아이들의 결식을 우려하는 목소리가 커졌다.[25]

　시시각각 변하는 팬데믹 상황에서 아동의 일상은 '집 안'으로 축소되었다. 하지만 경제적으로 어려운 가정의 양육자 대부분은 일을 쉴 수 없었다. 소득 중단은 곧 생계에 큰 위협이 된다. 이들은 근로 환경도 상대적으로 열악한 경우가 많아 돌봄 휴가나 유연근무 선택에도 제약이 크다. 자녀에게 때맞춰 제대로 된 식사를 챙겨주기 어려울 수밖에 없다. 이 와중에 보호자를 대신해 아이들의 식사를 책임지던 지역아동센터나 복지시설도 한동안 폐쇄되고, 시민단체가 운영하던 푸드트럭·포차와 같은 거점 식당, 도시락 제공사업도 멈춘 시기가 있었다. 저소득가정은 물론 한부모가정 자녀, 이주아동, 탈가정 청소년까지, 코로나19와 합쳐진 빈곤의 그늘은 아동·청소년이 균형 잡힌 식사를 통해 영양소를 골고루 섭취할 기회를 빼앗았다.

　국민건강영양조사를 살펴보면, 5세 이하 아동의 영양결핍률은 2019년과 2020년에 큰 차이가 없다(1~2세 2019년 2.5% → 2020년 2.7%, 3~5세 2019년 4.3% → 3.4%). 반면, 6세 이상에서는 영양결핍률이 급격히 증가했다(6~11세 2019년 4.9% → 2020년 11.8%, 12~18세 19.0% → 2020년 25.6%).[2] 다른 조사결과에서도 학교와 유치원, 어린이집에 가지 않을 때 세 끼 식사를 챙겨 먹지 못했던 아이들은 등교·등원했을 때보다 훨씬 많았다. 이들이 집에 있을 때 밥을 못 먹은 이유로는 "늦게 일어나서, 귀찮거나 먹기 싫어서"였던 경우도 있지만, "(보호자가) 식사를 챙겨주지 않아서", "집에 먹을 음식이 많이 없어서"도 있었다. 결식과 가계 사정의 높은 관련성을 추정할 수 있다.[26] 아동이 포장 및 배달 음식을 먹거나 편의식품(라면, 밀키트)을 먹는 빈도도 확연히 늘어났다. 아이들은 굶거나 제때 밥을 못 먹고, 편의점/패스트푸드, 배달음식, 냉동식품 등으로 대충 끼니를 때웠다.[27, 28] 가정의 경제적 어려움은 직접적인 결식의 원인이면서, 돌봄 공백을 초래한 주된 요인이었다. 돌봄이 적절히 제공되지 않는 환경에서 아이들의 일상은 더 쉽게 무너졌고, 규칙적인 식사와 그로 인한 적절한 영양섭취도 저해했다. 2021년에 영양결핍으로 진료받은 환자 중 2020년과 비교해 가장 많은 증가율을 보인 연령대는 10대 미만(▲80.9%)이었고, 다음이 10대(▲69.6%)였다.[29]

아동·청소년의 비만, 과체중 문제도 있다. 아동·청소년의 비만율은 계속하여 증가하는 추세긴 했지만, 코로나19를 거치며 더 급증했다. 불규칙하고 균형 잡히지 못한 식사와 더불어 등교 제한 및 외출 자제 권고 등으로 신체 활동은 줄어들 수밖에 없었던 결과다. 특히 초등학생(18.7%)과 중학생(19.1%)의 비만율이 매우 큰 폭으로 증가해 고등학생(19.5%)과 유사한 정도까지 이르렀다. 운동도, 산책도 할 수 없었던 (혹은 하지 않게 된) 사회적 거리두기가 성장기 아이들의 건강에 더 큰 영향을 미쳤음을 보여준다.[2]

"예전에도 청소년 비만은 꽤 많았는데, (코로나19 시기에는) 이게 그게 아닌 거예요. 정도가 너무 심하고, 예전에는 그냥 비만이니까 이렇게 하자 이렇게 봤다면, 비만이면서 2형 당뇨, 성인용 당뇨를 갖거나 고지혈증, 고혈압, 이런 아이들이 너무나 많았어요. 그중 몇 명은 당뇨로 이제 케톤산증이라고, 그래서 아주 위기에 처하면 빨리 응급처치를 해야 되거든요. 그런 아이들까지 오고. 실제로 2형 당뇨인데 정말 이제 그런 아이들은 약을 먹어야 될 정도로. 소아는 성인형 대사증후군이 와도 체중만 감량하면은 어느정도 돌아가니 '웬만하면 약물 치료 안 한다'가 저희들의 대전제인데, 정말로 이제 약을 써야 될 정도인 아이들이 많아진 거예요. 그러면서 겁이 덜컥 났어요. 이거 큰일이구나, 정말로."

– 김정은(신천연합병원)

## 금지된 놀이와 만남

바삐 움직이고, 뛰어다니는 것은 아이들의 자연스러운 특성이다. 그렇게 세상을 탐색하고, 더 넓은 세상을 알아가면서 성장한다. 잘 자라고 있다는 것은 '건강하다'의 다른 표현이기도 하다. 유엔 아동권리위원회는 분쟁, 재난 상황에서 놀이, 오락 및 문화 활동의 기회는 상실, 혼란과 외상을 경험한 아동이 감정적인 고통을 극복하고, 삶에 대한 통제력을 찾고 정체성을 회복하는 데 도움이 되는 중요한 역할을 할 수 있다고 강조하면서, 아동의 삶을 정상화하는 노력에는 놀이와 오락에 참여할 수 있는 학교를 포함해 안전한

공간을 조성하는 적극적인 조치가 취해져야 한다고 권고했다.[30]

해외의 몇몇 사례는 아이들의 놀이 공간과 시간을 중요하게 여기는 관점과 의지를 보여준다. 스코틀랜드는 아이들의 등교 수업을 시작하던 때(2020년 8월)보다 앞서, 실외 놀이공원 운영(2020년 6월 29일부터)과 실외 스포츠 활동 재개(2020년 7월 13일)를 결정했다.[31] 호주는 사회적 거리두기 때문에 친구들과 놀 기회가 제한된 아이들이 집에서 잘 놀 수 있도록 양육자들에게 조언을 제공하는 자료를 팬데믹 1년차부터 배포했다.[32] 독일에서는 비대면 놀이터도 제안되었다. 별도의 출입구가 있는 독립적 놀이공간을 마련해 사회적 거리를 유지하되, 아이들이 서로 마주보고 이야기 나눌 수 있는 기구를 배치하고, 살균 소독이 쉬운 금속 소재로 손잡이 등을 만드는 아이디어다. 코로나19로 인한 봉쇄 조치 상황에서도 "아이들을 계속 뛰어놀게 할 수 있는 방법"이 고민되고 논의된 것이다.[33]

하지만 우리나라의 코로나19 방역 지침은 아이들의 놀이에 전혀 관심이 없었다. 2021년 5월 「국민여가활성화 기본법」에 국가와 지방자치단체가 아동의 놀이 대책을 수립할 수 있는 근거*가 마련되었다지만, 재난안전과 아동의 놀이·여가 생활의 교차점을 찾기 위한 실제적인 노력은 없었다. 놀이터와 공원은 긴 시간 출입 금지 안내문과 금지선으로 칭칭 휘감긴 채 방치되었다. 어린이집과 유치원

---

* 제14조(사회적 약자의 여가 활동 지원) 국가와 지방자치단체는 여가정책을 수립·시행함에 있어 장애인, 노인, 저소득층 및 다문화가정 등 사회적 약자의 여가 활동을 증진하고 아동(18세 미만인 사람을 말한다)이 과도한 학습 부담에서 벗어나 적절한 여가를 보장받을 수 있도록 필요한 시책을 강구하여야 한다.

활동도 대부분 실내에서만 이루어졌고, 마스크로 가려지고 칸막이로 나누어진 공간에서 혼자놀이 위주로 진행되었다. 팬데믹 2년을 거의 꽉 채운 2021년 10월에 이르러, "(11월 22일부터) 또래놀이·바깥놀이·신체 활동 중심 정상 운영"이라는 안을 발표했을 뿐이다.[67] 각 시·도교육청이 중점적으로 추진했던 중간놀이 시간도 코로나19를 계기로 사라졌다. 그렇게 아이들은 놀이의 기쁨과 배움의 경험을 상실했다. 코로나19가 아이들의 이동을 제한시킨 최초의 원인이긴 했지만, 결국 도시 전반을 노키즈존으로 만든 주범은 아동의 놀이에 아무런 관심을 두지 않았던 국가와 어른들이다.

> "'바깥놀이를 할 수 있는 공간이 영유아 어린이집과 유치원 내에 이렇게 부족했나'라는 것이 이번에 좀 많이 드러났던 것 같아요. 바깥에 돌아다니는 것도 되게 눈치 보였던 어떤 시기들이 있었잖아요. 근데 그러면 좀 안에서라도 뭘 할 수 있는 공간이라도 넓었으면 좋은데, 지금 교실의 면적이 되게 작거든요. (다른) OECD 국가들에 비하면 되게 좁아요. 교실 면적에 거실이랑 주방이랑 이런 거 다 포함돼서 또 계산을 하고 있고, 이런 것들이 좀 많이 개선이 돼야 된다고 저희는 생각을 했었고."
>
> – 양신영(사교육걱정없는세상)

10대에 접어드는 청소년기에는 특히 사회적 관계가 중요하다. 이 시기는 또래 집단에 소속되려는 욕구가 커지는 때이며, 자율성과

## 4-2. 아동·청소년 자살률 추이(2000~2021년)

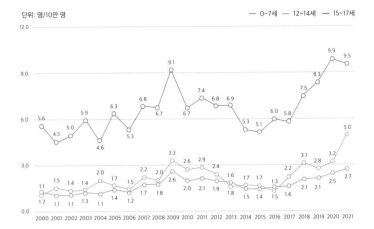

단위: 명/10만 명 ── 0~7세 ── 12~14세 ── 15~17세

*출처: 통계청 통계개발원(2022).[2]

독립성이 발달하는 만큼 활동 반경도 넓어진다. 하지만 코로나19는 외출은 물론 만남의 기회를 차단시켰다. 나가지도 못하고, 친구들도 만나지 못하게 된 청소년들이 느꼈을 갑갑함, 답답함, 외로움도 돌이켜 봐야 한다. 실제로 팬데믹 시기에 청소년의 자살률 증가폭은 급격히 가팔라졌다(2019년 2.1명 → 2020년 2.5명). 연령대가 높은 청소년의 자살률이 더 높게 나타나는 결과는 변함이 없지만, 12~14세 자살률이 이전보다 크게 증가한(2020년 3.2명 → 2021년 5.0명) 변화도 있다.[2]

아동의 놀이, 여가에 무심한 문제도 있지만, 여기에는 우리나라의 경쟁적 교육환경도 한몫하고 있다. 교육환경은 아이들의 삶에 절대

적인 영향을 미친다. 2019년 한국의 아동권리협약 이행 제5·6차 국가보고서를 심의하는 자리에는 아동이 직접 작성한 아동보고서도 4개 제출되었는데, 모두 학교가 배경이었을 정도다. 심지어 아동권리스스로지킴이<sup>child voice</sup>가 작성한 아동보고서 제목은 〈교육으로 인해 고통받는 아동〉이었다. 집필진들은 아동보고서 작성을 위한 준비 과정으로 2015년부터 2017년까지 진행된 3년의 아동권리 옹호 활동에서 학업성적으로 인한 차별 문제가 가장 많이 다루어졌던 점에 주목했다고 밝힌다.

팬데믹은 2019년 9월에 있었던 한국 심의가 끝난 직후에 시작되었다. 슬프게도, 생명의 위기를 최소화하기 위한 국가 방역 지침 아래에서도 아이들이 죽고 싶다고 여길 만큼 고통스러운 학업 문제는 전혀 달라지지 않았다. 죽고 싶다는 생각을 자주 또는 가끔 하는 중·고등학생의 비율은 2020년까지 감소세를 보이다가 2021년에 반등(2019년 30.4%, 2020년 27.0%, 2021년 29.9%)했다. 이들은 학업 문제, 미래에 대한 불안, 가족 간의 갈등 때문에 자살을 생각했다고 답했다.[35] 코로나19가 장기화되면서 기존의 루틴이 깨지고, 그로 인한 학업 스트레스와 불안은 더 커졌다고 볼 수 있다. 집에서 가족과 머물러야 하는 시간은 길어졌는데, 서로 의지하기보다는 다툼이 더 많이 발생한 상황도 드러난다.

하지만 보호자들은 코로나19로 인해 자녀의 미디어 사용이 늘어나고, 자녀의 생활습관이 불규칙해진 상황이 가장 힘들다고 느꼈다.[36] 코로나19 이전에도 어른들이 '요즘 아이들의 문제'라며 지적

우리의 상처가 미래를 바꿀 수 있을까

했던 것과 크게 다르지 않다. 사회적 거리두기 때문에 친구를 만나는 방법, 여가생활을 할 수 있는 유일한 공간이 온라인밖에 남지 않았는데 말이다. 아이들이 느끼는 감정과 행동들은 이해받지 못했고, 이해받지 못한 만큼 존중받지 못했다. 어른들은 그저 자신들의 입장에서만 아이들을 평가하며 한숨을 내쉬었고, 공부와 진로에 대한 부담은 이전과 같은 무게로, 혹은 더욱 커진 무게로 아이들의 어깨를 짓누르고 있었다. 급격히 달라진 환경 속에서 성인보다 더 지쳤던 아이들의 고통은 우선순위가 아니었다. 학벌주의, 능력주의가 팽배한 사회에서 아이들의 행복하지 않았던 삶은 감염병이 창궐하는 국가적 위기 속에 더 불행해졌다. 한국 아동·청소년의 삶의 만족도가 OECD 국가 중 최하위라는 결과는 결코 이상하지 않다.*[37]

---

* 유니세프가 OECD 국가의 15세 청소년을 대상으로 삶의 만족도 측정결과를 발표한 자료에 따르면, 네덜란드(90.0%)와 멕시코(86.0%), 핀란드(84.0%) 등이 차례로 높았으며, 우리나라는 30개 국가 중 27번째로 낮은 결과를 보였다.

# 무책임한 국가,
# 잊힌 아이들

**탈가정청소년들의 위태로운 하루살이**

코로나19는 안 그래도 위태로웠던 탈가정청소년들의 삶을 벼랑 끝으로 내몰았다. 아이라 스탠필Ira stanphill은 자신이 작사·작곡한 곡 〈I don't know about tomorrw〉에서 "내일 일은 난 몰라요, 하루하루 살아요"라고 노래했다. 이 가사의 작사 의도는 현재에 감사하면서 충실히 살아가라는 것이다. 그러나 탈가정청소년들에게 있어서 '내일'은 정말로 알 수 없는 미래였고, 하루하루를 '그저 버텨낼' 수밖에 없었다. 코로나19는 이들에게 미래의 희망마저 기한 없이 유예시켰다.

청소년이 거리에 나오는 이유는 집에 있을 수 없기 때문이다. 집에 있는 것이 고통스럽기 때문이다. 그 고통의 원인을 청소년에게 물어서는 안 된다. 탈가정청소년들 대부분이 '살기 위해' 거리로 나온다. 의식주가 보장되지 않는 생계의 어려움, 범죄에 이용되거나 부당한 대우를 받을 위험이 현저히 커지는 상황에서도 집보다 거리가 더 낫다는 결정의 무게는 결코 가볍지 않다. 국가인권위원회도 청소년의 가출은 학대, 가족 내 갈등, 빈곤 등이 원인이 되는 것으로, 청소년의 '가출'이라는 행위보다는 '가정 밖' 상황에 초점을 두어야 한다고 강조했다.[38]

2011년부터 10년간 탈가정청소년들의 곁을 지켜온 활동단체 엑시트(EXIT)에 따르면, 가정 밖에서 청소년들이 겪는 대표적인 어려움은 '배고픔', '잠잘 곳', '돈이 없어 생기는 고통' 등이다. 생존을 위한 최소한의 욕구가 충족되지 않는 상황에서 범죄의 유혹에 빠지기도 쉽다. 따뜻한 밥 한 끼와 마음을 터놓고 상의할 사람, 쉴 수 있는 공간도 없는 막막한 현실에서, 내일과 그다음 날을 계획하고 꿈꾸기를 기대할 수는 없다. 이들에 대한 적절한 보호와 지원은 청소년의 시각에서 결정되어야 한다.

팬데믹 상황이라고 해서 탈가정청소년의 문제는 달라지지 않는다. 오히려 생존과 생계의 위협은 더 커졌다. 거리두기 속에서 요식업계가 타격을 입으면서 수많은 청소년이 일자리를 잃었다. 어떤 일을 했건 경기침체를 이유로 더 쉽게 해고당했고, 임금을 제대로 못 받는 경우도 있었다. 배달업에 종사하는 청소년들은 늘어났지만, 각종 부당함과 사고의 위험에서 전혀 보호받지 못했다. 돈이 없어 마스크를 구하지 못하고, 병원에 못 갔던 청소년들은 더 많아졌는데, 이들에 대한 지원은 사실상 전무했다. 2020년 공공기관이 운영하던 전국 13개 청소년 아웃리치 버스는 비대면으로 전환했다. 온라인 접근이 가능하고, 찾아올 의사가 있는 청소년들만 만난 셈이다. 정부의 유일한 주거정책이라 볼 수 있는 청소년쉼터는 거리두기 속에 입소조차 쉽지 않았다. 엑시트는 "2020년은 정신건강, 자해 등의 이슈가 두드러졌던 해"라고 기록했다.[39]

성소수자 청소년은 비성소수자 청소년 대비 탈가정 비율이 상대적으로 높은 집단이다. 시카고대학 정책연구센터Chapin Hall는 2017년 한 해 동안 미국의 18세 이상 25세 이하 성소수자 청소년들이 비성소수자 청소년보다 2.2배 이상의 높은 비율로 홈리스 위기를 경험했다고 밝혔다. 성소수자 청소년이 성적 지향이나 성 정체성 공개를 꺼릴 수 있다는 점을 감안하면, 이러한 통계는 실제보다 더 낮은 추정치라 할 수 있다.[40]

청소년성소수자위기지원센터 띵동은 2021년 상담 및 위기지원 사례를 바탕으로 성소수자 청소년의 탈가정 고민과 경험을 보고했는데, 성소수자 청소년의 64.7%가 학대와 폭력(신체적·정서적 폭력, 전환치료(시도), 부모의 방임·무관심, 성폭력 등) 때문에 탈가정을 결정하거나 고민했던 것으로 나타났다. 이들은 부정당하고 외면당하는 시간을 벗어나 스스로를 인정하고, 안전하고 자유롭게 지내기를 바랐다. 성소수자 청소년들의 탈가정은 말 그대로 '생존을 위한' 선택지였던 것이다.

하지만 거리에 나온 성소수자 청소년들이 안전하게 머물 곳은 찾기 어려웠다. 탈가정 성소수자 청소년의 절반 이상(59.7%)이 청소년쉼터를 이용하지 않았는데, '부모에게 연락할 것 같아서(75.7%)', '다른 머물 곳이 있었기 때문에(51.4%)', '위치나 이용 방법을 몰라서(43.2%)', '쉼터에 대한 부정적인 이미지 때문에(40.5%)', '나의 성별 정체성을 존중받을 수 없거나, 원하는 성별의 쉼터에 입소가 불가능해서(29.7%)'가 그 이유였다. 특히 트랜스젠더, 젠더퀴어 성소수자 청소년은 성별 정체성을 존중받지 못할 우려 때문에 청소년쉼터에 가지 않았다는 비율이 47.4%에 이르렀다. 성소수자 청소년이 탈가정 상황에서 주거위기를 겪을 수 있는 더 큰 위험을 가늠할 수 있다. 하물며 청소년쉼터는 코로나19 상황에서 신규입소를 받지 않거나, 입소인원을 제한하는 등으로 이용이 더 어려워진 실정이었다. 어렵게 입소하더라도 외출조차 허용되지 않았던 강화된 방역 지침은 성소수자 청소년들이 쉼터를 찾지 않는 또 다른 요인이 되었다.[41]

> "외국 조사를 통해서도 보면, 탈가정 비율이 성소수자 청소년의 경우에 좀 더 높잖아요. 그러면 갈 곳이 필요한데 한국에서는 공공적인 자원이 쉼터밖에 없으니까. 그런데 팬데믹 상황 속에서 쉼터들도 과밀화를 막기 위해서 평소 수용할 수 있는 인원보다 인원을 제한하기도 했고, (…) 트랜스젠더 청소년 같은 경우는 남녀분리 쉼터에 들어가기 어려운데, 그래도 이전에는 저희가 좀 호의적인 쉼터들하고 이야기해서, 수용 인원이 좀 적을 때에는 한 방을 이 사람만 쓸 수 있도록 해준다거나, 아니면 일시쉼터여

서 낮에는 남녀 다 같이 쓰는데 밤에는 여성 청소년만 잘 수 있는 그런 쉼터면 법적 성별이 남성인 이 트랜스 여성 청소년이 밤에 비는 남성 쉼터를 이용할 수 있게 해준다거나, 이런 융통성이 좀 발휘될 수 있었는데. 코로나가 시작되면서부터는 저희도 요청하기가 어려워지고, 쉼터에서도 되게 난색을 표하고. 이 사람만을 위해서 혼자 이렇게 하기에 어려워진 거죠."

– 송지은(청소년성소수자위기지원센터 띵동)

그렇게 팬데믹은 성소수자 청소년들이 겪는 위기를 더욱 가중시켰고, 이들을 거리로 내몰았다. 거리의 삶은 이전보다 더 냉혹했고, 위험은 더 커졌다. 탈가정 상황에서 아르바이트를 하면서 스스로 생계를 이어오던 성소수자 청소년들이 무급으로 휴직할 수밖에 없는 상황이 되자, 곧바로 금전적 어려움이 찾아왔다. 당장 시급한 주거비는 어떻게든 해결한다고 해도 교통비와 통신비를 확보할 수 없는 경우가 많았고, 이는 곧바로 사회적 관계의 단절로 이어졌다. 탈가정 성소수자 청소년에게 있어서 이러한 고립감과 소외감은 어떤 의미에서 코로나 시기에 가장 큰 위협으로 다가왔다. 이들은 코로나19로 인한 경제위기에 가장 직접적인 영향을 받는 집단 중 하나였으나, 세대주를 중심으로 지급된 재난지원금에서도 배제되는 등 사회의 사각지대에 있었다.

## 이주배경아동에 대한 차별의 교차성

"대한민국은 단일민족으로 구성되어 있기 때문에, 일부 나라에서 문제가 되고 있는 인종차별이나 민족 간의 분쟁 등은 나타나지 않고 있다."[42] 우리나라가 2000년 5월에 유엔 아동권리위원회에 보고한 내용이다. 당시에도 이주노동자는 30만 명에 달했으며, 이들 자녀에 대한 차별대우와 인권침해는 심각한 문제로 지적되고 있었다. 단일민족 신화는 차별을 내재화한 국가적 관점을 적나라하게 보여준다.

이후로 20여 년이 훌쩍 지난 현재, 국내에 체류 중인 외국인 수는 총인구의 4% 이상을 차지한다. OECD는 총인구 대비 5%를 넘으면 다문화국가로 분류하는데, 통계로 집계되지 않는 미등록 이주민까지 고려하면 한국은 이미 다민족/다인종 사회라 할 수 있다. 하지만 법과 제도는 이주민을 우리 사회의 구성원으로 바라보지 않는다. 정책의 좁은 시야는 이주민에 대한 차별과 배제로 나타나고 있다. 국내에서 소수자에 해당하는 이주아동은 국적과 인종, 민족적 특성과 더불어 연령과 성별, 경제적 지위, 계급 등에 따른 다면적인 지배의 국면에서 더 큰 억압에 노출된 존재들이다. 코로나19는 이주아동에게 교차하는 차별을 더욱 적나라하게 드러냈다.*[43]

---

* '교차성intersectionalith'이란 미국의 페미니스트 법학자인 킴벌리 크렌쇼Kimberlé Crenshaw가 1989년 논문을 통해 고안한 개념으로, 한 사람의 사회적 정체성에 작용하는 젠더, 인종, 성적 지향, 계급, 장애, 연령, 종교 등의 다양한 억압이 상호 교차적으로 작용하기 때문에, 이를 복합적으로 분석해야 한다는 이론이다. 크렌쇼는 흑인해방운동의 성차별주의와 백인 여성 중심으로 주도된 미국 페미니즘의 인종주의를 동시에 짚어야, 대다수의 미국 흑인 여성이 처한 이중적 억압을 이해할 수 있다고 보았다.

위기의 결정적인 국면은 온라인 원격 수업 전환에서 파생되었다고 해도 과언이 아니다. 전 세계적인 팬데믹이 선포되며 개학은 한없이 늦어졌고, 결국 전면 비대면 수업이 결정되었다. 그러나 이주민 가정은 경제적 여건상 필요한 기자재를 구비하지 못하거나 온라인 수업을 들을 수 있는 환경을 제공하지 못하는 경우도 있었다. 인터넷망이 구축되어 있어야 하고, 노트북이든 태블릿PC든 자녀 수만큼 전자기기가 있어야 하는 것이다. 서로 다른 연령대의 아이들이 각자 수업에 집중할 수 있는 분리된 공간도 필요했다. 온라인 수업에 필요한 프로그램 설치도 거쳐야 할 관문이 되었다. 자녀의 나이가 어릴수록 보호자의 도움이 필수적인데, 컴퓨터 환경에 익숙하지 않은 고령의 양육자는 물론, 한국어 접근성이 낮고 도움을 받을 수 있는 주변의 자원이 부족한 이주민은 더 큰 혼란에 놓일 수밖에 없었다. 맞벌이를 하거나 한부모가정인 이주아동의 부모는 집에 머물면서 아이들의 학습을 지원할 수 없는 상황이었다. 결국 자녀를 돌보기 위해 일을 그만두기도 했는데, 줄어들거나 중단된 소득은 생계마저 힘겹게 했다. 그 밖에 사회적 거리두기가 계속되면서 직장이 문을 닫고 일자리를 잃은 경우, 경제적 어려움에 기반한 가족 간 갈등이 심화되고 가정폭력과 아동학대의 위험이 커지는 문제도 있었다.

이처럼 코로나19는 자녀를 키우는 이주민 가정의 교육과 돌봄, 생계의 다면적인 측면에서 복합적인 어려움을 가져왔다. 하지만 중앙과 지방정부의 각종 지원금은 대한민국 국적 아동만 대상으로 했다.[44, 45] 이 같은 결정은 이주아동에 대한 차별이라는 문제가 제기되면서, 일부 지자체와 시·도 교육청은 외국 국적 아동에게도 지원금을 지급하기로 했으나, 보건복지부는 끝끝내 입장을 변경하지 않았다.

> "온라인 수업을 해야 하는데 태블릿PC나 노트북, 그런 게 없어요. 그래서 엄마가 출근할 때 핸드폰을 아이들한테 주고 나가는데, 애들은 서너 명이고, 집은 방 하나에 거실 하나고, 이러니까 수업에 집중할 수 있는 환경이 안 되는 거죠. 한국 보호자분들은 아이가 핸드폰으로 딴짓을 할 수 없게 차단하는 앱을 사용한다고 하는데, 여기 이주민 난민 부모님들이 그런 걸 모르시잖아요. 완전 오픈된 상태에서 핸드폰을 줘버리니까 아이들한테 수업을 들으라고 해도 게임만 하고 있다는 거예요. 나중에는 학교에서 태블릿 PC를 대여해 준다고 하기는 했어요. 근데 대여할 때 서명하는 서류에 기기를 고장 낼 경우 배상을 해야 한다는 조항이 있어가지고, 걱정돼서 신청을 못 하시더라고요. 제가 아는 (이주민) 부모님들 중에 (기기) 대여를 한 사람은 한 명도 없었어요."
>
> – 강슬기 (의정부 엑소더스)

이주배경아동은 코로나19 증상이 없음에도 병원 진료에 앞서 선별진료를 강요받기도 했다. 오로지 한국인과 다른 외모를 가지고 있다는 이유 때문이었다. 국가인권위원회는 아동의 보호자가 진정을 제기했던 사례에서 병원의 조치가 외모에 의한 사회적 편견 및 차별적인 인식을 보여준 것으로, 코로나19 상황을 고려하더라도 외국인이라는 이유로 의료 서비스를 제공받기 위해서 반드시 선별 진료를 거치도록 한 것은 합리적인 이유가 없는 부당한 차별행위라고 판단했다.[46]

보건소가 코로나19 대응 업무에 주력하면서 이주배경아동의 의료공백이 더 커진 문제도 있다. 외국인등록번호가 없는 아동은 보건소에서 임시관리번호를 발급받은 뒤 무료접종을 이용할 수 있지만, 일반 위탁의료기관에서는 전액 본인부담으로 접종을 해야 한다. 하지만 팬데믹 이후로 전국의 많은 보건소들은 어린이 국가필수예방접종 사업을 중단했다. 2020년 11월 기준 전국 258곳 보건소 중 149곳에서만 예방접종을 할 수 있었다. 당시 코로나19 확진자가 많았던 서울과 인천에서는 어린이 국가필수예방접종 사업을 하는 보건소가 한 곳도 없었다. 무료 예방접종을 받은 미등록 이주아동은 2019년 3,652명에서 2020년 1,020명, 2021년 상반기 275명으로 크게 줄었다.[47] 어린이를 위한 '필수' 예방접종이라는 이름이 무색할 따름이다. 그 공백은 민간의 이주민 인권·지원단체들이 채웠다.


### 시설보호아동의 감금된 시간

팬데믹 약 3년 동안 사회복지시설에서 생활하던 아동들은 지역별·시기별 사회적 거리두기 단계와 관계없이 사실상 외출·외박 전면 금지, 면회 금지로 꼼짝없이 갇힌 시간을 보냈다.

"아동양육시설은 사실 이게 철저하게 금지가 돼 있거든요, 외부 출입이. 그리고 한 명이라도 외부에서 코로나가 감염이 돼서 들어오면 모든 친구들이 확산이 되잖아요. 그래서 아이들이 외부로 출입하는 걸 굉장히 철저하게 관리를 하기 때문에 아이들이 굉장히 답답해하고 갑갑해하는 게 있죠. 그런데 이 답답함과 갑갑함을 넘어서 이게 어디 교도소에 들어와 있는 것처럼 내가 죄를 저질러서 지금 못 나가나, 왜 내 친구들은 저렇게 잘 놀고 있는데 나는 왜 이렇게 갇혀 있어야 돼, 하는 이제 부정적인 생각으로 계속 넘어가게 되는 거죠, 아이들이. 그러면서 우울증이 오는 경우도 있고 공황장애를 느끼는 친구도 있고. 그런 사례들이 여기 안에서는 굉장히 많이 일어나고 있었어요, 코로나 상황 때."

– 김성민(브라더스키퍼)

"(원칙적 면회, 외출 금지는) 어쩔 수 없었다고 생각해요. 그렇게라도 했기 때문에, 그래도 이런 대형 시설들이 그렇게 크게 터지진 않았어요. '더 크게 번지지 않고 그랬겠지'라는 생각은 들면서도, 그게 너무 우리 아이들한테만 더 씌워졌다는 생각이 들더라고요. 그 코로나 사태에서도 일반 가정 아이들은 학원 다 가고, 심지어 여행도 가고 다 했어요. 저희는 정말 2019년부터 작년까지 아무것도 못 했다고 보시면 되거든요. (중략) 그때 너무 겁이 나고, 너무 '안 된다, 안 된다'라고만 하니까. 지침을 따르느라 그랬죠. 그렇게 몇 년, 정말 아이들은 바깥세상 구경 못 했죠."

- 김윤현(아동양육시설)

사실 아동복지시설, 청소년복지시설이 따라야 하는 코로나19 대응지침은 '원칙적' 면회 제한, 외출·외박 금지를 제시하여, 각 상황에 따라 유연하게 해석·적용할 수도 있었다. 학교와 보육시설은 물론, 마트나 우체국처럼 필요한 시설을 이용해서는 안 된다거나 시설에서 반경 몇 미터 이내로 아동의 이동을 제한하라는 구체적인 지시는 없었다. 하지만 감염에 대한 책임이 시설에 떠맡겨지는 분위기 속에 시설은 방역 지침 이상의 엄격한 수준으로 개인 활동을 규제했다. 시설의 집단감염 사례가 계속 발생하던 시기에는 시설 내에서도 마스크를 쓰고 지내야 했고, 심지어 잘 때도 마스크를 쓰고 잤던 사례가 보고된다. 생활시설의 담장이나 외벽을 나서지 못하는 것뿐만 아니라, 방과 방 사이를 이동하지 못했던 때도 있었다. 다른 방에 있는 언니도, 동생도 만날 수 없었다. 갇힌 일상에서 아동과 종사자 모두 서로 예민해지고 스트레스가 커질 수밖에 없었다. 거주아동들 간에, 그리고 아동과 시설 종사자 사이에 갈등이 커지는 것은 너무도 당연한 결과였다.

방역 지침은 시설보호아동의 원가족 교류도 단절시켰다. 이는 단순히 만나지 않는다는 사실에 그치지 않는다. 삶에 대한 아동의 지지 체계를 약화시키는 중대한 요인이었다. 가족에 대한 아동권

우리의 상처가 미래를 바꿀 수 있을까

리는 세계인권선언을 비롯한 국제인권조약이 거듭 강조한 국가의 중대한 책무다. 해외의 지침과 매뉴얼도 감염병 확산 상황에서 시설보호아동의 원가정 교류 방안을 제안하고 조력했다. 샌프란시스코의 공중보건부는 시설방문을 제한하는 상황에서도, 가족은 필수 방문자로 분류했다. 신체적 접촉은 자제할 것을 권고했으나, 가능하면 가족과 대면으로 만날 수 있도록 전용구역을 만들어야 한다는 내용도 있다.[48] 스코틀랜드 지침에서도 가족과 아동의 교류는 대면을 원칙으로 한다. 자가격리 등으로 대면이 불가능한 상황이라면 예외적으로 정보통신기술을 이용한 창의적인 방법을 강구해야 하며, 아동이 가족과 계속 연락할 수 있도록 하라고 강조했다.[49] 반면, 우리나라는 모든 사회복지시설에 일괄된 지침만이 하달되었다. 아동 최상의 이익에 따른 예외적인 원칙과 실천은 없었다. 김성민 대표는 시설에 갇힌 아이들의 "괜찮아요", "(부모님) 안 만나도 괜찮아요" 하는 소리는 코로나 전이나 후나 똑같다고 말한다. 어쩔 수 없어 그저 견뎌내야 했던 이유가 하나 더 늘어났을 뿐이다. 감염을 막기 위한 방역 지침은 아이들의 마음을 전혀 위로하지 못했다. 삶의 무게를 고스란히 안고 가라는 무언의 강요로만 남았다.

시설의 닫힌 문은 애초에 내부의 감염을 예방하는 것이 목적이었다. 아무도 밖을 드나들면서 감염되지 않아야 안의 사람들이 안전하다는 논리였다. 시설과 외부를 단절하는 방역 지침과 코호트 격리, 과연 시설 안과 밖 모두를 보호하기 위한 최선의 선택이었을까? 단적으로 말해, 종사자들이 출퇴근을 하는 상황에서 시설 안의 완전한 방역은 불가능하다. 근본적으로 다수의 사람들에게 감염병이 쉽게 전파될 수 있는 생활시설의 구조가 문제였고, 따라서 시설 내 집단 발생 가능성을 줄이기 위한 대안이 더 시급히 필요했다. 하지만 확진자 밀접 접촉 상황에서도 다수의 아동이 좁은 공간에 함께 격리되는 등 감염의 가능성을 최소화하는 공적 지원은 없었다. 확진된 종사자들은 대안의 여지 없이 돌봄 업무를 계속해야 했다. 아동생활시설 종사자들은 코로나19 우선 접종 대상도 아니었다. '표적 방역'이라는 명목 아래 시설보호아동들은 닫힌 문 뒤에 남겨져 있었다. 아이들의 일상을 지켜내야 할 종사자들의 인권도 함께 방치되었다.

　노인과 장애인의 탈시설 논의가 어느 정도 진전된 것에 비하여, 아동은 여전히 손쉽게 시설보호가 결정된다. 장애인탈시설 정책 때문에 장애아동이 갈 수 있는 시설을 찾기 어려워졌다는 문제 제기가 있을 정도다. 하지만 주거에 대한 권리, 집에 살 권리는 아동도 다르지 않다. 다수가 함께 살아야 하는 시설은 사생활이 제한될 수밖에 없고, 사람은 누구나 단체생활이 힘들다. 필요한 돌봄이 적절히 제공되는 환경에서, 집이 더 좋다는 것에는 이견의 여지가 있을 수 없다. 아동권리 관점에서 '집'은 가능한 한 자녀를 낳은 부모와 함께 사는 집, 부득이하게 친부모와 함께 살 수 없더라도 가족적 환경이어야 한다. 감염에 취약할 수밖에 없는 집단시설의 구조적 문제를 고스란히 드러냈던 코로나19 상황은 아동을 중심에 둔 보호·지원체계의 패러다임 전환과 실천을 촉구하는 계기가 되어야 한다.

**아픔과 불편함을 밀어내는 세상**

팬데믹 상황에서 만성질환 아동은 "있으나, 보이지 않는 아이들invisible children"과 다름없었다.[50] 2022년 8월 18일까지 보고된 소아·청소년 사망자의 52.3%는 기저질환이 있던 것으로 확인될 정도로, 만성질환 아동의 사망 위험은 성인과 비슷한 수준이다.[51] 그러나 관련된 연구는 대부분 성인 환자에 대한 것으로, 아동의 특수성이나 취약성은 세간의 관심 밖이었다. 만성질환 소아 환자에 대한 고려는 전혀 없었던 방역 지침에 따라 지방 환자를 위한 소아암 쉼터 서비스가 중단되기도 하고, 외래 환자 인원을 제한하기도 했으니, 이들의 낮아진 병원 접근성은 건강 위험도를 한층 더 높였을 것이다.

WHO는 장애 또는 마스크 착용에 어려움을 겪는 건강 상태를 가진 아동에게 마스크가 강요되어서는 안 되며, 보호자와 교사 등 아동과 상호작용하는 성인이 마스크를 착용하고 국가 정책에 따라 코로나19 백신을 접종하는 등 마스크를 견딜 수 없는 아동을 위한 안전한 환경을 조성해야 한다고 강조했다.[16] 하지만 우리나라에서 지적·발달장애 아동들은 병원 문턱을 넘는 것조차 힘겨웠다. 마스크 착용에 집착하는 긴장된 환경은 재활치료에도 부정적 영향을 미칠 수밖에 없었다. 코로나19 이후 어디에서나 볼 수 있게 된 '마스크 미착용자 출입 금지' 표지는 더 취약한 아동에 대한 차별이 되고, 건강 격차를 벌렸다.

"내 아이는 코로나가 터진 이후 바로 이 병원에서 수술을 받은 적이 있고 검사나 외래 진료도 여러 차례 치렀다. 그때마다 마스크를 잘 쓰고 있던 아이였다. 그러나 강압적인 분위기를 느끼자 아이는 완강하게 저항했다. 아이의 몸부림에 일회용 마스크는 찢어졌고 면 마스크는 눈물, 콧물, 침에 잔뜩 젖어버렸다. 손을 자유롭게 쓰게 된 20개월 아이는 마스크를 연신 바닥으로 내동댕이쳤다. 그때마다 치료사와 방역 담당 직원은 마스크를 씌우라고 반복해서 말했다."

– 〈마스크 쓰지 않고 치료받을 권리〉《비마이너》, 2020)[52]

건강이 모든 사람의 인권으로 존중되기 위해서는 다름을 차별과 낙인으로 배척하지 않는 포용적인 분위기, 더 쉽게 위기를 맞닥뜨릴 수 있는 이의 일상 속 불편함을 줄이는 사회안전망, 그리고 더불어 살아가는 환경을 지지하는 연대의 마음가짐이 필수적이다. 하지만 한국 사회에는 아이의 건강상 어려움을 우선시하는 신속한 의료적 처치와 긴급한 돌봄, 그에 따른 가정 지원이 맞물려 돌아가는 시스템이 부재했다. 아파도 병원에 못 가는, 아파도 병원에서 받아주지 않는 경험을 더하며, 아프거나 몸이 불편한 사람을 터부시하는 태도를 정당화하는 경험도 학습하게 했다.

김정은 소아·청소년과 전문의는 코로나19라는 전파력 높은 감염병을 계기로 아픈 사람의 분리를 당연시하는 또 하나의 혐오가 생겨났다고 우려했다. 팬데믹 초기에 우한 폐렴, 대구발 코로나19

우리의 상처가 미래를 바꿀 수 있을까

확진자 같은 표현이 공공연하게 쓰였듯, 감염된 개인이나 특정 집단을 비난하는 분위기가 손쉽게 조성되었다. 공공의 안전을 명목으로 했던 확진자 동선 공개는 감염자에 대한 낙인이 되었다. 가족 환경과 또래문화가 중요한 아동기에 코로나19가 가져왔을 스트레스는 가히 상상하기 어려울 정도다. 이들을 위한 대안과 대책이 거의 없었던 3년의 시간은 정상과 비정상의 경계를 가르는 우리 사회의 어두운 단면을 고스란히 보여주었다.

# 코로나19와 팬데믹,
# 왜 아동 인권인가

아동기는 출생한 때부터 유년기와 취학 전 연령을 거쳐 사춘기에 이르는 지속적인 성장 기간이다. 신체적, 심리적, 정서적, 사회적 부분에서 중요한 발달상의 변화가 일어나며, 이때의 발달 정도는 차후 단계들에 누적되어 영향을 미친다. 따라서 생애과정에서 아동·청소년기의 연령에 따른 적절한 발달은 매우 중요하다.

그러나 팬데믹 상황에서 아동·청소년과 관련된 대응은 돌이킬수 없는 결과 앞에서만 마련되었다. 소아·청소년 의료인력 부족은 감염병에 대한 최소한의 예방적 조치와 대처도 어렵게 했고, 아이들의 건강상 위기는 더 커졌다. 아동·청소년 감염자가 급격히 증가했던 오미크론 변이가 확산되면서 기저질환이 있는 소아 환자의 위·중증 감염 위험과 사망 위험이 더 크다는 사실이 부각되었다. 천

우리의 상처가 미래를 바꿀 수 있을까

안 아동학대 사망 사건, 창녕 아동학대 사건, 그리고 인천 형제의 화재사건 등이 연이어 보도되면서, 대면접촉이 줄어든 세상에서 커진 아동학대의 위험이 알려졌다. 집단생활시설의 구조적 취약성은 주로 장애인거주시설, 노인거주시설, 요양시설을 중심으로 검토되었고, 아동생활시설 종사자는 코로나19 우선접종에서도 배제되었다. 이주아동은 외국인 정책에 의해서만 다루어졌을 뿐, 아동의 권리는 사라졌다.

비장애 내국인 성인을 기준으로 수립된 방역 지침은 별다른 예외규정 없이 아동에게도 그대로 적용되었다. 아동의 연령대와 특성을 고려해 필요한 정보를 제공하려는 노력도 거의 없었다. 코로나19가 장기화되면서 수업방식과 등교 재개 여부를 결정하던 때조차 아동·청소년의 의견은 청취되지 않았다. 더 취약한 상황에 있는 아동·청소년은 사회의 가장자리로 더 쉽게 밀려났다. 팬데믹 상황에서 아동은 감염 가능성과 확진자 숫자로만 떠올려진 것은 아닐지. 아동기의 박탈이 이들의 현재와 미래에 미칠 영향은 분명 뒷전으로 밀려났고, 때로는 완전히 잊히고 말았다. 지난 3년은 방역을 명목으로 그 어느 때보다 아이들의 순응을 강하게 요구했다는 점에서, 아동 인권의 후퇴기라고도 평가할 수 있다.

"가만히 있으라"라는 어른들의 통제는 결코 아동을 위한 것이 아님을 우리는 이미 알고 있다. 하지만 기존 사회의 시스템이 특별히 불편하지 않은 어른들은 자신들의 필요에 집중했을 뿐, 아동의 삶에는 관심을 두지 않았다. 누구도 경험한 적 없었던 감염병 창궐의 시대에 아이들은 더 힘들어지고, 더 아플 수밖에 없었다.

그렇기 때문에 우리 사회가 외면하고 간과했던 아동·청소년의 시간을 분명히 확인하고 추적하는 작업이 필요하다. 언제든 다시 닥칠 수 있는 팬데믹 상황에서도 아동의 권리를 지켜내기 위한 총체적인 관점을 갖추는 준비 작업 말이다. 아동이라서, 그 밖에 국적과 인종, 민족, 성정체성과 성적지향, 장애, 가정환경, 사회적·경제적 지위 등 아동의 갖가지 특성이 가져올 수 있는 위기와 어려움의 가능성을 섬세하게 바라보아야 한다. 재난 상황 속 아동을 위한 컨트롤타워를 구축하고, 아동에 대한 민감성을 갖춘 보건인력을 양성하는 것도 일찍이 준비되어야 한다. 지금의 발달적 특성과 더 특별한 보호가 필요한 아이들의 상황을 입체적으로 고려한 장기계획도 필요하다. 그렇게 지금 놓친 아동의 박탈된 삶을 이해하고 회복하기 위해 노력한다면, 분명 더 큰 사회적 손실을 막아내는 기반이 될 것이다. "어른을 믿지 못하면서도 의지해야 하는 아이의 마음"을 따뜻하게 보듬어 주는 그런 사회 말이다.[53]

재난 상황에서 누구를 가장 먼저 구조해야 하는지, 우리는 모두 알고 있다. 아동, 노인, 여성, 장애인과 같이 상대적으로 약한 이들을 먼저 구하는 것이 더 많은 생명을 살릴 수 있음을. 그러나 코로나19 팬데믹을 마주친 우리 사회에서 이 상식은 작동하지 않았다. 그 대가는 어떠했는가?

본문에서는 방역 지침이 아동을 우선시하지 않았던 현상을 주로 다루었다. 팬데믹으로 침해된 아동권리는 더 많을 것으로 의심되지만, 통계와 경험으로 확인하기 어려운 것들이 대부분이었다. 자료의 미비, 당사자성의 부족으로 코로나19가 아동에게 미친 영향을 더 구체적으로 살펴보지 못했다. 특히 참여, 정보 접근 및 프라이버시에 대한 아동권리가 현저히 후퇴했고, 아동의 시민성 보장을 위한 더 적극적인 변화를 촉구하지 못해 아쉽다.

무엇보다 아동의 삶은 지금뿐만이 아니다. 일생의 가장 초기에 있는 때이며, 이후에 살아갈 날이 무수히 남아 있다. 그러니까 팬데믹에서 아동을 먼저 구조하지 않았던 대가는 계속하여 요구될 것이다. 더 늦기 전에 팬데믹이 아동의 연속적인 삶에 미치는 영향을 광범위하게 추적·조사하는 연구도 제대로 논의되어야 한다. 국가적 관심과 과감한 투자가 필요하다. 아동 인권은 모두의 인권을 포용하는 방향키가 될 수 있다.

# 5장

# 돌봄의
# 최전선에 선
# 사람들

코로나19와 여성

# 한국의 여성들은
# 누구인가

## 인구의 절반, 여성

한국인 약 5,133만 명 중 여성은 약 2,574만 명으로, 전체 인구의 50.2%를 차지한다(2021년 연앙인구 기준). 2023년 1월 1일 기준 질병관리청의 코로나19 발생 현황 보고에 집계된 코로나19 감염자는 약 2,910만 명인데, 이 중 여성은 약 1,560만 명으로 전체 감염자의 53.6%다. 코로나19로 인한 누적 사망자는 약 3만 2,156명이며 이 중 여성은 1만 6,397명으로, 약 51.0%다.[1] 우리가 사는 사회의 절반을 차지하는 이들, 여성이 겪은 코로나19 팬데믹은 어떤 모습이었을까?

2020년 한국의 팬데믹 대응은 강력한 방역으로 '제로 코로나'를 목표로 삼는 적극 대응으로 유명세를 얻었다. 하얀 방호복을 입은 사람들이 미지의 바이러스를 '박멸'하기 위해 코로나와의 '전투'를 벌인다는 서사가 울려 퍼졌다. 병원과 보건소, 집단감염이 발생한 장소를 공개적으로 소독하고 격리했다. 1년 내내 재난영화를 떠올리게 하는 장면들이 '실시간 코로나 확진자 수'를 경쟁적으로 실어나르는 뉴스와 함께 보도되곤 했다. 사람들의 일상에도 커다란 변화가 있었다. 국가가 나서서 국민들이 가급적 서로 만나지 말고 식사하는 동안 마스크를 벗고 서로 대화하지 않기를 권고하고, 국가가 지정하는 임의적 인원 이상 모이지 말 것을 명령하는 상황을 이전에 우리가 상상이나 할 수 있었을까?

하지만 그렇게 만들어진 '거리distance'는 누군가의 온존well-being, 특히 일상적으로 돌봄이 필요한 사람들의 삶을 더 세게 흔들었다. 우리는 모두 세심한 돌봄 없이는 생존할 수 없었던 시기를 거쳐 성인이 되고, 돌봄 속에서 존엄을 지키며 사망하기를 바란다. 모두의 안전을 위해 거리를 유지하고 만남과 접촉을 제한하라는 방역 수칙이 삶의 원칙이라도 되는 마냥 울려 퍼지던 시기에도 이 명제는 변함이 없었다.

가장 강력한 사회적 거리두기가 이루어지던 시기에도 많은 사람은 누군가를 먹이고 돌보는 일을 멈출 수 없었고, 이들 다수는 여성이었다. 방역의 대상이 되었던 그 공간들은 언제나 누군가의 일터이자 집이었고, 방역을 수행하느라 고군분투하던 사람들 또한 우리의 동료 시민이자 가족이었다. '전쟁'으로서의 팬데믹이 아니라, 어떤 상황에서도 서로를 돌봄으로써 모두의 안전을 지켜내고자 했던 여성의 입장에 주목하여 코로나19 유행을 되돌아볼 필요가 있다. 이때 '여성women'은 일정하게 어떤 생물학적 특성을 공유하기에 유사한 필요를 가지는 사람들인 동시에 사회적으로 특정한 역할과 업무를 담당할 것이라는 기대를 받는 위치에 있는 사람들을 의미한다.

젠더gender와 젠더 관계gender relationship는 일상의 관계에, 또 사회를 살아가는 사람들의 삶의 조건에 깊이 관여하며 삶의 기회와 위기에 영향을 미치기에 자연스럽게 건강에도 영향을 미친다. 보건학을 연구하는 사람들은 이를 '건강의 사회적 결정요인social determinants of health으로서의 젠더'라고 부르며 여기에 주목하곤 한다. 새삼 여성에 주목하는 것은 코로나 유행을 계기로 젠더 불평등의 면면이 드러나게 되었기 때문이다. 코로나19 유행 시기 여성들이 겪은 어려움의 원인은 무엇이었고 어떤 방식으로 전개되었는지 살펴보는 것은 건강의 사회적 결정요인인 젠더가 어떻게 건강에 영향을 미치는지를 살펴보기 위한 중요한 사례가 된다.

2020년에 신종 감염병으로 소개되었던 '코로나 바이러스'는, 2023년에 이르러서도 세상에서 사라지기는커녕 앞으로도 오래도록 풍토병endemic으로 곁에 남을 것임이 확실시되고 있다. 여성의 입장에서 팬데믹을 되돌아보는 것은 더 좋은 팬데믹 대응을 위해 필요한 일이다. 예컨대 코로나 유행 첫해, 뉴질랜드의 저신다 아던 총리나 핀란드의 산나 마린 총리, 대만의 차이잉원 총통 등 여성 정치인들은 미국의 도널드 트럼프, 영국의 모리스 존슨, 브라질의 자이르 보우소나루와 비교되곤 했다. 여성 정치인들이 상대적으로 코로나19 대응에 더 적극적인 태도를 보이며 성공적인 팬데믹 대응을 이끌어 냈던 반면, 일부 남성 정치인, 특히 해외에서는 해로운 남성성toxic masculinity이라고 호명되곤 하는 특징을 가지고 있는 정치인들이 코로나19의 위험성을 과소평가하거나 부인하며 적극적인 대응을 하지 않는 가운데 국가적으로 더 많은 피해가 발생했기 때문이다. 이와 관련하여 일각에서는 여성 리더들이 남성 리더에 비해 더 솔직하고 진정성 있는 의사소통 전략을 구사하고, 더 적극적으로 의견을 교환하며, 방역 대응에 관여하는 사람들의 자발적 동기를 이끌어 내고 좋은 관계를 형성함으로써 위기 상황에서 더 잘 대처할 수 있었다고 설명하기도 한다.[2]

이런 가설을 현실에서 확인하려는 시도들도 비슷한 해석을 제시한다. 대통령이나 총리 등 각국 정치적 리더의 성별에 따라 코로나19 감염과 사망 수준에 차이가 있었는지 확인한 연구들은 여성 리더가 방역을 이끌었던 국가에서 코로나19로 인한 피해가 더 적었음을 확인했다.[3, 4] 이에 대해 팬데믹 시기 여성 리더들의 유능함이 빛났다고 설명할 수도 있겠지만, 거꾸로 설명할 수도 있다. 여성이 정치적 리더가 될 수 있는 사회의 저력이 위기 대응에서도 발휘되었다고 말이다. 실제로 성평등한 정치 참여가 가능한 제도를 갖춘 나라들에서는 전반적인 복지지출 수준이 높고, 교육·의료를 비롯한 공공서비스에 대한 투자 수준도 더 높다.[5, 6] 이렇게 팬데믹을 여성 정치인의 지휘하에 겪어낸 국가에서의 우수한 대응은 여성 정치인

개인의 탁월함 이전에, 그런 탁월한 여성 정치인을 키워낸 사회 전반의 역량을 반영하고 있을지 모른다.

한 장면을 떠올려 본다. 2020년 어린이날을 앞두고 중앙방역대책본부의 독특한 브리핑이 진행됐다. 당시 정은경 질병관리청장은 두 명의 여성 전문가와 함께 코로나19 유행과 생활수칙에 대한 질문을 주고받았다. "친구들과 생일 파티를 하면 안 되나요?"같이 어린이들의 삶에 중요한 질문에 직접 하나하나 답하는 정은경 전 청장의 브리핑은 널리 호평을 받았다. 일상을 살아가는 사람들, 그중에서도 어린이들의 입장에서 궁금한 내용에 대한 성실한 응대와 공감이 안정감과 신뢰를 주었을 것이다. 팬데믹 시기 여성의 시좌를 채택하는 것 역시 비슷한 장점을 가질 것이라 판단한다. 일상적으로 곁을 돌보고 홀로 안전할 수 없는 사람들의 몸과 마음을 돌보는 여성들의 현장 지식에서 출발하는 정책이 더 많은 사람들을 안전하게 할 수 있지 않을까? 이런 점에서 한국에서도 여성의 시선에서 코로나19 팬데믹 시기를 기록하고 공중보건재난과 여성에 관한 사회적 지식을 보다 명료하게 만드는 일은 더 좋은 재난 대응을 준비하기 위한 출발점이 될 수 있을 것이다.


**오래 살지만 스스로 건강하다고 느끼지 못하는 사람들**

한국의 기대 여명은 전 세계적으로 높고 증가세도 빠르다. 전 세계 고소득 국가 35개국의 기대 여명을 추계한 연구에 따르면

2030년이 되었을 때 한국 사람들은 전 세계에서 가장 장수하는 사람들이 될 예정이다.[7] 성별에 따라 기대 여명을 구분해 본다면 어떨까? 한국을 포함해 대부분 고소득 국가에서 여성의 기대 여명이 남성보다 더 길다. 2020년 한국에서 태어난 남성의 기대 여명은 80.5년, 여성의 기대 여명은 86.5년으로 6년의 차이가 있다.[8]

　반면 주관적 건강 수준subjective health status은 조금 다른 결과를 보여준다. 주관적 건강 수준은 대체로 "당신은 대체로 자신의 전반적인 건강 상태가 어떻다고 생각합니까?" 같은 질문을 통해 측정한다. 작위적인 질문 같아 보이기도 하지만 주관적 건강 수준은 국제적으로 중요하게 활용되는 건강지표 중 하나다. 주관적 건강 수준이 나쁘다고 응답한 사람의 사망률이 더 높고 심각한 병에 걸릴 위험 또한 더 높다는 사실이 입증되어 있기 때문이다.[9,10,11] 하지만 기대 여명이 이미 길고, 더욱 길어질 한국 사람들 중에는 자신의 건강이 나쁘다고 응답하는 사람이 많다. 2019년 기준 OECD 회원국 총 28개 국가에서 주관적 건강이 나쁘다고 응답한 사람들의 비율은 9.7%인데에 비해 한국에서 주관적 건강이 나쁘다고 응답한 사람은 15.2%였다. 한국의 여성들은 이런 불일치가 더 심하다. 평균 기대 여명이 긴 한국인, 그중에서 더욱 오랜 여명을 누릴 것이라고 여겨지는 여성의 주관적 건강 수준은 일관적으로 남성보다 더 나쁘다. 2019년 한국에서 주관적 건강이 나쁘다고 응답한 남성은 13.1%, 여성은 17.2%였다.[12] 전 세계에서 가장 오래 살 것으로 예상되는 한국 사람들이 대체로 스스로 건강하다고 느끼지 못하고, 여성들의 경우 실제 기대 여명과 주관적 건강의 간극이 더 크게 나타나는 것이다. 이렇게 되는 이유는 무엇일까?

한국의 주관적 건강 수준이 낮은 이유를 설명하는 다양한 가설이 있지만 이 책에서는 한국 사람들이 공통적으로 호소하는 어떤 괴로움, 특히 시간에 주목해 보려 한다. 한국 사람들의 평균 노동 시간은 OECD 회원국 중 두 번째로 길다. 2019년 OECD 회원국의 국민들은 연평균 1,726시간을 일했는데, 한국 사람들 이보다 241시간이 더 많은 연평균 1,967시간을 일하며 보냈다. 반면 국가행복지수는 OECD 회원국 37개국 중 세 번째로 낮고, 노인빈곤률은 가장 높다.[13] 길게 일하고 행복하지 않은데 빈곤한 노년을 맞이하게 될 위험이 큰 나라의 사람들이 대체로 자신의 건강 상태가 나쁘다고 대답하는 건 어쩌면 당연한 일이 아닐까?

여기에 한 가지 더, 한국 여성의 경우 이렇게 '긴 노동 시간'에 더해 추가로 가해지는 부담이 있다. 바로 가사노동이다. 2019년 기준 맞벌이 가구의 가사노동 시간은 여성이 하루 평균 187분, 남성은 54분이었다.[14] 이를 연간 가사노동 시간으로 환산하면 여성이 1,138시간, 남성이 329시간이다. 조금씩 성별 격차가 줄어들고 있더라도 여전히 가사와 돌봄, 친밀을 위한 노력이 주로 여성의 시간을 헐어 유지되고 있다는 의미다. 지금 치료 중인 질병이 없다고 하더라도 가사와 노동의 이중부담에 치이고, 시간 빈곤에 시달리는 여성들이 설문조사에서 산뜻하게 "나는 매우 건강하다"라고 말하기는 어려울 것이다.

우리의 상처가 미래를 바꿀 수 있을까

요약하면 이렇다. 한국 여성은 전 세계에서 가장 오래 살게 될 것으로 예상되지만, 집 안팎에서 길게 일하고 주관적 건강 수준이 상대적으로 나쁜 사람들이다. 또한 한국 여성들은 유례없이 빠른 변화를 겪고 있는 사람들이기도 하다. 한국은 전 세계적으로 손꼽힐 정도로 빠르게 경제 발전과 사회 변화를 겪고 있는데, 그 속도와 범위는 여성에게 더욱 급작스럽게 일어난다. 예를 들어 이런 부분이다. 우리 사회에서 "할아버지나 아버지처럼 살고 싶다"라고 생각하는 아들을 찾는 것은 그리 어려운 일이 아니다. 하지만 "할머니나 어머니처럼 살고 싶다"라고 말하는 딸을 찾기는 상대적으로 어렵다. 그리 멀지 않은 과거까지만 해도 대부분의 한국 여성은 삶의 기회나 사회적 성취에 있어서 남성들과 다른 선택과 수용을 할 수밖에 없었다. 하지만 지금은 상황이 달라졌다. 교육과 사회 참여의 기회는 물론 가족관계나 친밀함에 대한 관점, 출산과 양육에 대한 생각, 더 나아가 스스로가 어떤 삶을 꿈꾸고 기획하는지에 이르기까지 너무 많은 것들이 빠르게 달라지고 있다. 이렇게 빠른 변화 속도가 실제로 이를 겪는 사람들에게 어떤 영향을 미칠까? 더 빠르게 달리는 시간 속을 살아가는 여성들에게 코로나19 팬데믹은 어떤 사건이었는지, 함께 알아보자.

# 가정과 사회를 돌보는
# 여성들의 위기

**팬데믹을 몸으로 막아내다**

신종 감염병이 유행했을 때 가장 먼저 위험해지는 사람은 누구일까? 2020년 초, 코로나19 바이러스의 정체가 명확하지 않았던 시기를 떠올려 보자. 어떻게 전파되는지, 위험과 치명률은 어떤지 아직 알려지지 않은 정체불명의 신종 감염병이 유행할 때에 누가 먼저 위험을 무릅써야 했을까?

먼저 나서서 위험을 견디는 사람들은 대부분 아픈 사람을 치료하는 보건의료인력이다. 코로나 이전의 팬데믹이었던 사스와 메르스, 에볼라 유행에서 보건의료인력은 신종 감염병으로 인한 감염과 사망 위험에 가장 많이 노출된 사람들이었다. WHO와 세계백신면역연합Gavi, the Vaccine Alliance, 유니세프 등 국제기구들은 공통적

우리의 상처가 미래를 바꿀 수 있을까

## 5-1. 보건의료인력 성별 현황과 연간 보수 현황

| 구분 | 의사 | 간호사 | 간호조무사 |
|---|---|---|---|
| 전체 수(명) | 115,185 | 391,493 | 725,356 |
| 요양기관근무 인원 수(명) | 99,492 | 216,408 | 256,382 |
| 요양기관근무자 중 여성(명, 비율) | 25,351(25.5%) | 205,443(94.9%) | 245,671(95.8%) |
| 평균 연봉 (백만 원) | 230.7 | 47.4 | 28.1 |

*출처: 〈보건의료인력 실태조사〉(2022)

으로 일선 여성노동자frontline female workers에 주목했다. 전 세계적으로 팬데믹 정책에서 감염병에 대응하는 일선 노동자 중 70% 이상이 여성이라는 사실을 고려해야 한다는 원칙은 이미 자명했다.[15, 16, 17, 18]

한국에서는 어땠을까? 국내에서도 코로나19 유행이 시작된 2020년 초, 방역과 의료현장 일선에서 보건의료인들의 노고가 널리 보도됐다. 지역별 확진자 수를 경쟁적으로 보도하던 언론에는 종종 마스크 자국과 상처가 남은 안쓰러운 얼굴을 한 의료인들이 등장해 상황을 전하곤 했다. 물론 한국에서도 이들 다수는 여성들이었다. 구체적으로 그 숫자는 어떨까? 〈보건의료인력 실태조사〉[19]에 따르면 한국에는 총 201만여 명의 보건의료인력이 의료기관에서 일하고 있다. 이 중 가장 많은 수를 차지하는 것은 72만 5,000여 명에 달하는 간호조무사로, 전체 보건의료인력의 36.1%를 차지한다. 이어서 많은 수를 차지하는 것은 간호사로, 이들은 39만여 명, 19.5%다. 간호조무사와 간호사를 합하면 전체 보건의료인력의 절반을 훌쩍 넘어선다(약 112만 명, 55.7%).

앞의 표는 2020년 시점에서 한국의 의사와 간호사, 간호조무사의 수와 여성의 비율, 평균 보수를 요약한 표다. 대표적인 남초 직종인 의사와 정반대로, 간호사와 간호조무사에서는 여성이 절대다수를 차지한다. 여성 의사가 늘어나고 있다지만 한국에서 일하는 의사 중 25.5%만이 여성으로, 이는 OECD 평균인 48.5%보다 한참 낮은 비율이다. 의사와 비교했을 때 훨씬 낮은 수준의 보수를 받고 일하는 간호사와 간호조무사는 외국보다 더 뚜렷하게 여성 중심이다. 코로나 이전이나 이후에나 입원한 환자들의 생체징후를 살피며 체액과 배설물을 처리하고 곁을 지키던 이들 절대다수가 여성이었다는 의미다.

보건의료 영역 안에서도 직종에 따른 성별 구분이 명확한 한국에서 팬데믹이 터졌을 때 여성들은 구체적으로 어떤 상황을 겪었을까? 시민건강연구소는 민주노총 공공운수노조 의료연대본부와 함께 2020년 상반기 대구·경북 지역에서 코로나19 환자를 치료했던 보건의료노동자들을 면담한 결과를 연구보고서로 정리해 발간했다.[20]

감염병 유행 시기 병원에서는 감염관리를 위한 업무와 절차들이 추가로 생겼고, 이는 물론 고스란히 일하는 사람들의 몫이 되었다. 전염성 높은 바이러스의 감염을 방지하기 위해 환자의 격리와 통제가 강조되었기에 특히 침상 옆에서 환자의 상황을 살피는 간호사들의 업무가 가중될 수밖에 없었다. 보건의료의 핵심 인력으로 병원의 빈틈을 메워왔던 간호사들의 업무는 팬데믹 시기 더욱 다

우리의 상처가 미래를 바꿀 수 있을까

양하고 복잡해졌고 간호사들은 다방면에서 커진 공백을 메우기 위해 몸을 바삐 움직여야 했다. 음압격리병실에 있는 코로나 환자를 돌보아야 했던 간호사들은 알 수 없는 감염병에 대한 공포에 더해 과거 다른 인력들이 분담해서 하던 일들까지 직접 담당했다. 여기에는 식사 배달과 청소, 위생 관리와 체위 변경과 같은 기존의 병동 업무들도 있었지만 사망한 환자의 사체 수습처럼 심리적 부담을 주는 업무들도 포함됐다.

> "간호사도 (감염관리) 교육을 못 받으니, 청소, 영안실, 인턴까지 아무도 교육 못 받고. 그래서 대부분 일을 간호사가 했어요. 보호자가 없으니, 기저귀부터 시작해서 씻겨드리고 양치 보조까지 전부. 사체처리까지 간호사가 다 했어요. (환자) 이송만 (이송 담당) 선생님들이 오셔서 하고 마지막까지 간호사가 다. 업무량이 너무 많았고, 방진복 입고 무게가 나가는 상태에서 일을 하니까 다녀오면 많이 지쳤어요. (…) 몸이 힘들었는데, 너무 일들이 우리에게 가중되다 보니까, 고통을 분담하면 좋겠는데, 다들 기피하는 거예요."
>
> – 〈보건의료노동자, K-방역을 말하다〉(2020)

분투 중인 보건의료노동자들을 보호하기 위한 자원과 제도는 아쉬웠다. 시간이 지남에 따라 고글과 장갑, 마스크와 방호복을 착용하는 일은 익숙해졌지만 코로나19 병동에 배치되어 일하는 간호사들은 "보호받지 못한다"라고 느꼈다. 제대로 된 감염관리 교육을 받기 어려웠고, 방호복 손상처럼 위험에 노출되어도 확진 검사 없이 일하곤 했다. 보호 가운이 충분하지 않은 시기에는 비닐 우비를 보호복 대신 입고, 소독용 티슈를 임의로 만들어 썼다. 지시에 따라 일회용 장비를 소독하여 재사용하기도 했다.

> "저희는 병원한테 보호받는다는 느낌이 안 들었어요. (…) 환자들은 조금만 노출이 돼도 다 접촉자로 빼요. 마스크를 쓰고 있으면 접촉자가 아니라고 우리보고 말을 하면서. 우리한테는 방호복이 찢어져도 낮은 정도의 위험이기 때문에 너희는 그냥 자가 모니터링하라고 하고 일을 하라고 하면서, 환자들은 마스크 쓰고 있었는데도 코로나 끝날 때까지 검사 나갈 때까지 막 방에다 가둬놓고. 2주 동안 가둬놔요. 저희랑 환자랑 다 똑같은 사람이잖아요. 그런데 그렇게 하는 게 너무 믿음이 가지 않았고, 그리고 보호장비도 들쑥날쑥해서 비닐 가운 대신에 우비를 입기도 하고, 소독 티슈가 없어 가지고 저희가 각 티슈로 뜯어서 손 소독제를 짰거든요."
>
> – 〈보건의료노동자, K-방역을 말하다〉(2020)

2021년 하반기 전면적으로 재택치료 방침을 도입하기 전까지 한국 정부는 코로나 확진자에 대한 엄격한 격리 정책을 고수했다. 코로나19 확진자의 이동 경로를 추적하고, 바이러스가 새어 나가지 않도록 접촉자와 확진자를 길게는 14일 동안 의료기관에 격리 입원시켰다. 아이러니하게도 이렇게 격리된 환자를 치료하는 보건의료 노동자들은 이러한 보호와 격리에서 예외가 되곤 했다. 앞의 글에서 확인되듯 코로나 바이러스의 위험을 높게 평가하며 강력하게 대처하는 방역 정책과는 다른 임의적 기준에 따라 업무가 관리되었고, 이런 괴리 속에서 병원 노동자들의 불안과 불신은 커질 수밖에 없었다. 사회적 거리두기와 감염자·접촉자 격리, 광범위한 역학조사까지 촘촘한 대처가 이루어지는 동안 병원 노동자들의 안전은 팬데믹 초기의 혼란과 자원 부족을 이유로 뒤로 미뤄졌다.

일선 노동자들을 보호하기 위한 정부의 개입이 전혀 없었던 것은 아니었다. 질병관리청은 코로나19에 대한 정보를 확보하는 대로 방역 현장에서 지켜야 할 세세한 지침을 업데이트하여 제시하곤 했다. 하지만 막상 현장에서는 정부 지침이 요구하는 보호 수준이 너무 이상적이어서 의미가 없다는 볼멘소리가 돌아왔다. 인력과 자원이 부족한 병원에서는 노동자 보호를 위한 지침상 최선의 조처가 이루어질 수 없다는 것이다. 이에 관해 코로나 유행 시기 공공병원 관리자는 지침을 결정하고 정책적 조언을 하는 전문가들의 획일적인 배경을 지적했다. 수도권에 몰려 있는 상급종합병원에서 훈련을 받고 일을 해온 의사의 경험과 상상의 범위는 그들이 경험한 병원을 기준으로 할 수밖에 없다. 이들이 결정하는 정책이 더 작은 병원이나 비수도권 지역의 인력난, 더 다양한 업무를 수행하는 사람들의 상황 등을 고려하지 못하고 있다는 이야기였다.

"우리나라의 전문가 풀은 하나같이 다 민간, 대형, 상급 병원이라는 배경이 있다 보니까, 그리고 그분들이, 생각해 보세요. 감염학회 이사장이, 뭐 누가 200병상짜리 공공 병원의 현실을 알 것이며 300, 400병상 이런 병원의 현실을 알겠어요? (누가) 보건인력의 현실을 알 것이며…. 그러니까 이분들이 다 정책 조언을 하니까 어려운 부분이 있어요. (…) 매뉴얼이 없어서, 지침이 없어서. 이런 얘기 저는 아니라고 생각하거든요. 그러니까, '사유하지 않아서'가 대체로 문제의 원인이라고 생각하는데, '현상을 놓고 고민하지 않아서'…. 그냥 제가 해석하기에는 '공부하지 않아서', '토론하지 않아서'라고 생각하는데…."

− 〈보건의료노동자, K-방역을 말하다〉(2020)

이런 점에서 WGH<sup>Women in Global Health</sup>의 제안에 주목할 필요가 있자. WGH의 목표는 국제보건에서 여성의 기여를 가시화하고 여성 인력들의 입장을 의사결정에 반영하는 것이다. WGH는 코로나19 대응 최전선의 보건의료인력 중 70%가 여성이지만 의사결정 공간에는 여성들이 거의 참여하지 못하고 있다는 사실을 거듭 지적하며 성평등한 거버넌스를 주장했다. WGH의 집계에 따르면 트럼프 정부 당시 미국의 코로나19 태스크포스에서 여성 비율은 겨우 10%였고, WHO의 코로나19 긴급대응단위의 여성 비율은 20%였다.[16] 한국의 상황 역시 그리 다르지 않았다. 중앙재난안전대책본부나 보건복지부의 중앙사고수습본부처럼 팬데믹 시기 주요 의사결정을 담당하는 기구에는 주로 고위공무원단이 참여하게 된다. 한국 고위공무원 중 여성 비율은 2022년이 되어서야 10%, 두 자릿수를 겨우 채웠으니[21] 성별 균형은 트럼프 정부의 코로나19 태스크포스와 비슷했을 것이다. 개별 의료기관에서도 방역과 관련한 긴급한 의사결정은 남성 의사가 대다수인 병원장 및 보직자 회의에서 이루어졌다. 내부 의견수렴을 위해 노력하거나, 직군을 넘어서 공동의 학습을 위해 별도의 노력을 기울인 병원은 극소수에 불과했다.

　　의사결정에서 성별 불균형을 바로잡자는 이야기는 단지 기계적 평등을 달성하자는 이야기는 아니다. 좀 더 좋은 팬데믹 대응을 위해 현장의 의견과 요구가 더 많이 드러나고 의사결정에 반영되어야 한다는 주장에 가깝다. 과거 캐나다에서 SARS 유행으로 많은 노동자가 아프고 일을 그만둔 과정을 심층적으로 살펴본 연구자들은 신종 감염병 위기 시에 일선에서 일하는 보건의료노동자들이 위험과 문제에 대해 가장 먼저, 그리고 자세히 알 수 있는 사람들이라고 강조했다. 따라서 혼란이 가중되는 시기일수록 일선 인력들의 의견에 귀를 기울여야 한다고 말한다. 그래야 더 좋은 위기 대응을 할 수 있기 때문이다.[22, 23] 이렇게 일선 인력들의 의견을 반영하는 것은 노동자들의 존엄과 웰빙은 물론, 환자들의 건강에도 도움이 된다. 예를 들면 뉴욕의 노인요양원nursing home에 대한 한 연구에서는 코로나19 유행 시기에 노동조합이 있는 시설에서 일하는 노동자들이 개인보호장비를 더 잘 활용할 수 있었고, 그 결과 해당 시설에 거주하는 환자들의 사망률이 더 낮았음을 확인했다.[24] 평등하고 민주적인 일터, 즉 일선 현장에서 일하는 더 많은 여성이 의사결정에 참여하는 시설에서 환자들의 건강도 더 잘 살필 수 있다는 의미다.

## 가정의 안전과 건강을 지키는 여성들의 고난

코로나19로 인한 돌봄 부담은 가정의 사정에도 영향을 미쳤다. 지난 3년, 여성들은 사회적 거리두기 시기 재택근무와 재택학습을 하는 가족을 위해 더 많은 시간을 할애했다. '세끼 지옥', '돌(아서면)밥 미로' 등 엄마들의 난처함을 조명하는 기사들이 쏟아져 나온 것도 당연했다.

2021년 초, 서울대 국제이주와포용사회센터에서 실시한 설문조사[25]에서 이 내용을 확인할 수 있다. 만 0~12세 자녀를 둔 부모 2,016명이 참여한 이 조사에 따르면 엄마들은 아빠보다 더 높은 비율로 일과 가정 사이에서의 균형 유지와 자녀 돌봄에서 어려움을 겪었다. 자녀가 다니던 교육·보육 기관이 문을 닫았을 때 낮에 누가 아이를 돌봤는지에 관한 질문에 전업주부의 89.2%가 '본인'이라고 답했다. 맞벌이인 경우에도 엄마 32.7%, 아빠 11%가 본인이 아이를 돌봤다고 답했다. 맞벌이 엄마의 주 평균 자녀 돌봄 시간은 팬데믹 이전 주 평균 23시간 40분에서 29시간으로 22.4% 증가했다. 전업주부 엄마의 경우 주 평균 자녀 돌봄 시간은 39시간 58분에서 54시간 35분으로 36.6%가 뛰었다.

직장인 부모 73%는 사회적 거리두기 시기에도 재택근무 없이 직장에 출근했다고 답했다. 반면 자녀의 교육·보육 기관은 코로나 확진자가 나올 때마다 수시로 운영을 중단하곤 했다. 맞벌이 부부들의 일정 테트리스는 더욱 촘촘해졌고, 아이를 돌보는 엄마들은 휴직과 퇴사를 고민했다. 한국노총 중앙연구원이 진행한 한 연구는 중학교를 졸업하지 않은 자녀를 둔 노조 조합원들을 조사했는데, 코로나19 시기 자녀 돌봄 문제로 퇴사를 고려해 본 경험이 있다고 응답한 사람은 남성과 여성에서 각각 14.2%와 49.0%였다.[26]

그렇다면 팬데믹 시기 아이를 돌보는 여성들은 어떤 시간들을 견뎌야 했을까? 결혼한 아이가 있는 여성들의 상황을 파악한 서울시 청년허브의 공모 연구를 살펴보자.[27] 이 연구는 2020년 7월부터 9월 사이 코로나19 이전과 이후에 돌봄 노동 경험이 어떻게 달라졌는지에 대한 면담을 진행했다.

결혼을 하고 아이를 낳는 여성들은 이전까지의 '나'로서의 삶과는 전혀 다른 삶이 펼쳐지는 경험을 하게 되곤 한다 말한다. 핵심 변화 중 하나는 학업이나 업무를 통해 연결되어 있던 기존의 사회적 연결망과 거리가 멀어지는 것이다. 코로나19는 2020년과 2021년 사람들의 사회 활동을 위축시켰고 이는 결혼하여 가정을 돌보는 여성들이 이미 겪고 있던 관계를 싹둑 잘라냈다. 바깥은 위험하니 집에서 머물며 거리를 두라는 방역 수칙은 대체로 생계를 위한 '노동'을 위해 출근하는 사람들의 발걸음을 막지 못했다(앞서 언급한 서울대 국제이주와포용사회센터의 조사에 따르면 직장인 부모의 73%는 재택근무를 하지 않았다). 하지만 아이를 키우는 여성들의 일상적인 사회 활동은 강하게 제한됐다. 공적 돌봄이 중단되며 가정에서의 업무가 늘어나기도 했지만 가족의 안전을 최우선으로 생각하는 여성들은 자발적으로 안전을 위한 고립을 자처하기도 했다. 그 결과 여성들은 수시로 각자의 필요를 요구하며 엄마의 시간을 침범하는 가족과 함께 보내는 시간 동안 자신의 시간과 공간을 상실하며, '내가 없어지는 느낌'에 시달렸다. 긍정적으로 생각하면 사랑하는 가족들과 집에서 지내는 시간이 늘어나는 일이기는 했다. 사랑과 고통이 서로 상쇄되지 않는 돌봄의 굴레 속에서, '안전하게 집에 있기'는 모든 부담을 기꺼이 스스로 감당하는 일이었다. 이전까지 사회적 관계 속에서 이루어지던 교육과 돌봄, 끼니 해결과 놀이가 모두 가정 내에서 이루어져야 했고, 아이를 키우는 엄마들은 이와 같은 상황이 아동의 학습 기회와 발달에 미칠 영향을 고민하며 자기 돌봄과 활동을 뒤로 미뤘다.

팬데믹 때문에 생긴 새로운 일도 있었다. 바로 가족의 안전을 지키기 위해 정보를 수집하고 방역물품들을 구매하며 물건을 소독하고 안부를 챙기는 일이다. 미국에서는 가족의 건강을 지키기 위한 위생 관리가 가정 과학domestic science이라는 이름으로 널리 알려져 있으며, 한국에서도 가정의 관리와 위생, 돌봄 노동의 조직과 관리는 미국 못지않게 여성의 중요한 업무로 여겨지고 있다. 세제와 청소기 등 가정의 위생을 위해 일상적으로 사용하는 상품 광고에 등장하는 얼굴이 누구인지를 생각해 보자. 소독약과 마스크를 구하고, 안전 수칙을 지키도록 당부하고, 백신 접종과 관련한 정보를 수집

우리의 상처가 미래를 바꿀 수 있을까

해 공유하고, 연로한 부모님과 자녀들의 백신 접종 관련 절차를 챙기는 등의 일을 담당하는 것은 자연스럽게 여성의 일이 되곤 했다.

> "일단은 깨끗하게 소독하는 것. 소독약 사가지고 엄청 뿌려대고… 더럽지 않게 하려고 엄청 했던 것 같아요."

> "가족에 대한 걱정들, 부모님들 다 따로 계시니까 챙겨야 되고, 그런 안부전화 해야 되고, 괜찮으신지 확인해야 되고, 이런 것들이 더 연락이 더 잦아진 것 같아요. 예전보다… 전화 연락, 괜찮으신지 '뭐 어떻다고 해요. 그러니까 조심하셔야 해요.' (하는 이런) 연락을 옛날에는 1주일에 한 번 할 거 두세 번으로 더 한다거나, 이런 식으로 가족에 대한 안부에 대한 연락들을 더 많이 하게 된 것 같아요."
>
> – 〈코로나19 시대 기혼여성의 돌봄 노동 경험에 관한 연구〉(2021)[27]

여기서 끝이 아니다. 가족을 대신해 백신 접종 예약을 하고 돌봄이 필요한 가족과 함께 보호자로서 병원에 동행하며, 격리된 가족을 위해 끼니와 안부를 챙긴 사람은 누구였을까? 자녀가 코로나19에 확진되었을 때 생활치료센터에 동반 입소를 했던 사람은? 국가의 방역 수칙에 맞추어 우리의 일상을 조정하고 가족을 돌보는 일은 전형적인 '비공식 무급 돌봄 노동'이었다. 이런 노동에는 임금이 지급되지 않지만, 이 사랑의 노동은 모두의 안전을 보장하는 데 있어 가장 중요한 일 중 하나다. 한국, 더 나아가 전 세계적으로 코로나 유행 시기의 많은 여성은 이 돌봄을 기꺼이 담당했다. 가정의 안전과 건강, 따라서 이 사회의 안전과 건강을 지키고 팬데믹을 큰 탈없이 견딜 수 있게끔 틈새를 메우는 노동의 많은 부분이 여성의 무급 노동을 통해 이루어졌다는 이야기다. 사회적 위기가 발생했을 때 여성들이 사회의 충격 완충 장치shock absorber 역할을 하게 된다는 페미니스트 경제학자들의 말처럼, 코로나19 팬데믹 시기에도 이는 예외가 아니었다.[28, 29]

### 여성의 얼굴을 한 경제위기

사회와 가정에서 모두의 안전을 위해 여성들이 고군분투하는 사이, 팬데믹이 멈춘 사회의 위기는 여성 고용에 더 큰 영향을 미쳤다. 이를 일컫는 단어가 여성들의 경제위기, 쉬세션she+cession이다. 지금까지 국제적으로 경제위기는 주로 남성 고용에 더 큰 영향을 미치곤 했다. 한국에서도 1997년 외환위기와 2009년 금융위기 시기 고용 타격에서는 남성이 차지하는 비중이 더 컸다. 이는 경제위기의 영향을 받은 산업 특성과 관련이 있다. IMF 외환위기 때에는 주로 남성 노동자를 고용하는 제조업과 건설업 등 경기 침체의 영향을 받는 영역에서 고용 타격이 발생했다. 이에 비해 신종 감염병 유행으로 거리와 상점가를 비워야 했던 2020년의 양상은 달랐다. 가장 큰 타격을 입은 산업은 도소매업, 숙박·요식업, 교육서비스 등

## 5-2. IMF 외환위기와 코로나19 위기시 혼인상태별·성별 고용률 변동

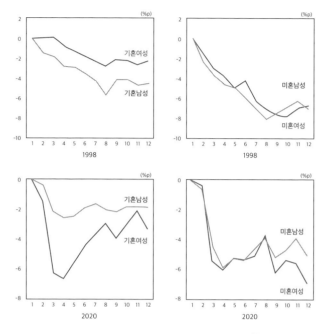

*출처: 〈코로나19 고용충격의 성별 격차와 시사점〉(2021)[31]

주로 여성들이 많이 일하는 영역이었다.

국제노동기구(ILO)는 여성고용 후퇴에 대한 각국 정부의 적극적인 대처를 요구하며 2021년 10월, 「불평등하고 젠더차별적인 코로나19 회복」이라는 보고서를 출판했다.[30] 이 보고서에서는 전 세계적으로 코로나19가 유례가 없는 규모의 대량 실업을 일으켰고, 특히 여성들이 일하는 영역에 영향이 컸으며, 젊은 여성들의 실업이 많았다는 사실을 밝혔다. 특히 주목해야 할 사실은 이렇게 일을 중단한 여성 상당수가 팬데믹 시기 가중된 돌봄 책임에 붙들려 비취업 상태를 유지하고 있고, 이것이 장기화될 수 있다는 점이다.

여성의 얼굴을 한 경제위기, 쉬세션은 한국에서도 확인된다. 코로나19 유행 시기 고용 충격을 성별에 따라 나누어 분석해 보면 과거의 경제위기들과 달리 여성의 고용이 상대적으로 더 많은 타격을 받았고, 이는 특히 기혼여성의 고용률 하락과 관련이 있었다.

성별에 따른 고용충격의 차이를 공급 측 요인(해고, 산업 침체 등 고용 측 요인)과 수요 측 요인(취업 포기, 창업 등 노동측 요인)으로 나누어 분석한 결과는 여성의 고용위기를 좀 더 자세히 보여준다. 기혼여성이 취업 상태에서 실업 상태로 이행할 확률은 코로나19 직전에는 약 0.7%였지만 1차 확산시기에 1.4%로 약 0.7%p가 상승한 반면, 기혼 남성이 취업 상태에서 실업 상태로 이행할 확률은 0.7%에서 0.8%로 약 0.1%p 상승했다. 비경제 활동 상태(구직을 위한 취업 활동을 하지 않는 상태를 의미)로 이행에서 성별 격차는 더 뚜렷했다. 기혼여성이 취업 상태에서 비경제 활동 상태로 이행할 확률은 코로나19 위기 직전 3.1%에서 이후 5.1%로 2%p 상승했지만 같은 시기 기혼 남성에서는 05.%p 상승했다. 여성들의 상대적으로 높은 실업은 성별에 따른 일자리의 특성이 거의 대부분을 설명했다. 그러나 일자리 특성은 비경제 활동 상태로의 이행에서 관찰되는 성별 차이의 절반 정도밖에 설명하지 못했다. 요약하면, 코로나19 팬데믹으로 인해 발생한 고용위기는 주로 여성들이 많이 종사하는 일자리에 더 큰 영향을 줌으로써 여성 고용에 더 큰 타격을 주었다. 그러나 이렇게 실업한 여성들이 재취업을 하지 않고 경제 활동을 중단하게 된데에는 일자리 특성 외에도 노동 수요측 요인, 즉 여성들의 재취업 의사 감소가 관련되어 있었다.[31]

한국개발연구원은 이 부분을 좀 더 자세히 들여다보기 위해 기혼여성의 고용시장 후퇴가 학교 폐쇄 등으로 인한 가정 내 돌봄 부담의 증가와 관련이 있을 수 있다는 가설을 세우고 연령별 분석을 실시했다. 그 결과 초등학생 연령대 자녀를 두었을 것으로 추정되는 집단(39~44세)에서 성별 격차가 가장 크게 나타났다. 초등학교 연령대 자녀를 둔 집단에서 코로나 시기 실업과 비경제 활동 이행의 성별 격차가 가장 크다는 의미다. 진짜 양육 전쟁은 아이가 초등학교에 들어가면서부터 시작된다는 속설대로인 걸까? 정책적으로 따져보면 중학생 이상 청소년 자녀는 상대적으로 부모의 손길이 덜 필요할 수 있다. 영유아 자녀를 둔 가정의 경우 긴급돌봄지원과 아동돌봄수당 등 정부의 자원이 집중되어 있다. 반면 초등학생 자녀의 경우 본격적으로 부모의 시간이 많이 필요하기에 일과 가정의 양립이 어렵다. 여기에 더해 팬데믹으로 인한 학교 폐쇄와 돌봄 공백은 이미 한계 상황에 있는 여성들이 커리어를 놓아버리게 만들었을지 모른다.

이런 상황을 표현하는 신조어도 유행했다. 2021년 12월 OECD는 코로나19로 인한 경제위기가 쉬세션을 넘어 맘세션[mom+recession], 즉 아이를 키우는 여성들의 위기라고 발표했다.[32] 여기에서는 25개 OECD 회원국에서 코로나 시기 공식 고용에서 가장 많이 후퇴하고 비공식 돌봄 노동의 부담을 제일 많이 진 사람들이 12세 미만 아이가 있는 여성들이었다는 사실을 확인해 준다. 한국뿐 아니라 전 세계적으로 돌봄과 교육, 끼니의 공백을 채우느라 엄마들이 커리어에 영향을 받았다는 이야기다. 따라서 OECD는 각국 정부가 양질의 아동 돌봄과 교육, 학교 밖 활동에 대한 지원을 확대하고 가정 내에서 남성의 돌봄 기여를 늘리기 위한 적극적인 역할을 해야 한다고 권고했다. 이는 앞서 인용한 ILO의 제안과도 포개진다. 전 세계적으로 성별에 따른 고용격차를 줄이기 위해 기울여 왔던 오랜 노력의 성과가 코로나19 유행으로 인해 후퇴하도록 내버려 두어서는 안 된다는 호소다.

우리의 상처가 미래를 바꿀 수 있을까

# 팬데믹 시기
# 여성 건강의 결핍과 공백

## 팬데믹 시기의 성·재생산 건강

　팬데믹 초기, 세계보건기구와 유엔인구기금(UNFPA), 유니세프처럼 모성과 아동의 건강을 중요하게 다루어 온 국제기구들은 코로나19 유행으로 인한 보건의료 체계의 업무 부하 과중overload이 모성건강서비스 중단으로 이어져서는 안 된다고 강력하게 권고했다.[33, 34, 35] 국제적으로 여러 신종 감염병 위기를 겪으며 필수의료인 모성 건강과 성·재생산 건강 문제가 생겼던 경험 때문이었다.

　임신과 출산은 통상 '질병'이라기보다는 여성의 재생산 선택에 따른 생애 과정으로 여겨진다는 점에서 다른 질병들과 구분된다. 이미 임신이 진행되고 있다면 이와 관련한 의료서비스 이용을 주변 사정에 따라 늦추거나 건너뛰는 것이 곤란하다는 점에서 모성

건강은 '시간에 예민한time sensitive' 특성을 가진다. 단기적으로 의료기관 방문을 미루는 것이 큰 문제가 되지 않는 질환들과 달리, 임신이나 출산 같은 의료가 필요한 여성들은 의료 이용을 멈추거나 지연하기 어렵다는 의미다. 임신 외에도 피임이나 난임 치료, 임신중절, 트랜스젠더의 호르몬 치료 등 성·재생산 건강 영역의 의료 필요들이 대체로 비슷하다.

게다가 임산부들은 비임신 여성에 비해 코로나19 감염 시 중증 질환으로 진행되거나 사망할 위험이 더 높다. 2020년 여름 미국산부인과학회지에 실린 「코로나19 팬데믹과 임신」이라는 제목의 종설 연구에서 설명하는 바를 요약하면 다음과 같다. 임신한 여성과 태아는 다른 인구 집단에 비해 코로나19로 인한 건강 위험이 더 크다. 임신으로 인해 이미 순환기와 호흡기계에 대한 부담이 있는 여성이 코로나19에 감염되면 임신하지 않은 다른 여성에 비해 중증의 코로나19 감염으로 진행될 위험이 더 높다. 임신 시기 여성의 면역계 적응은 태아의 보호 면역 효과를 높이지만, 여성 자신의 면역 기능은 약해진다는 것도 약점이다.[36] 전 세계 18개국의 임산부를 대상으로 진행한 다국가 코호트 연구의 결과도 비슷한 결론을 내린다. 코로나19에 감염된 여성은 비감염 여성에 비해 모성사망률이 더 높고, 코로나19에 확진된 여성에서 태어난 신생아도 코로나19 감염이 없는 모성으로부터 태어난 신생아에 비해 사망률이 높다.[37] 코로나19 유행 시기 임산부 여성을 보다 적극적으로 보호할 필요가 있다는 의미다.

## 5-3. 한국의 모성사망비, 모성사망자 수, 영아사망률(2019~2021년)

|  | 모성사망비(10만 명당) | 모성사망자(명) | 영아사망률(1,000명당) |
|---|---|---|---|
| 2019년 | 9.9 | 30 | 2.7 |
| 2020년 | 11.8 | 32 | 2.5 |
| 2021년 | 8.8 | 23 | 2.4 |

*출처: 〈2021년 사망원인통계〉(2022)[38]

　그렇다면 팬데믹 시기 한국에서 모성건강 상황은 어땠을까? 다행스럽게도 제시한 표에서 확인할 수 있는 사망 지표만 보면 팬데믹이 모성건강에 특별히 나쁜 영향을 미치지는 않은 것으로 보인다. 하지만 이걸로 충분한 걸까?

　죽거나 사는 것이 건강의 전부를 설명하지 못하는 것처럼, 임신과 출산의 과정에도 관심을 기울일 필요가 있다. 신종 감염병의 유행은 한국의 임신과 출산에도 상당한 영향을 미쳤다. 먼저, 정부는 '임산부'를 고위험군으로 분류하며 사람이 많은 곳에 가지 말 것을, 방역 수칙을 더 꼼꼼히 지키며 외출을 자제할 것을 권고했다. 이렇게 임산부와 영아를 '보호'하자는 취지는 아이를 낳는 여성들을 꼭꼭 숨기고 가둬놓는 방향으로 흘러갔다. 출산을 위해 입원한 병원과 산후조리원에서는 코로나19 확산 억제를 이유로 보호자의 출입을 통제했다. 산모들은 가족과 친구의 방문이 허용되지 않는 병원에서 홀로 아이와 시간을 보낼 수밖에 없었다. 한국의 병원과 산후조리 시설들은 독특하게도 코로나19 감염 산모가 아닌 경우에도 보호자 일괄적으로 출입을 제한하는 경우가 많았다. 보호자 1인의 출입만을 허용하거나, 보호자 출입 전에 코로나19 PCR검사 음성 확인서를 요구하기도 했다. 남편을 포함해 모든 보호자의 출입을 금지하는 사례도 있었다.

코로나19 확진 상태로 아이를 낳는 여성의 상황은 더 심각했다. 많은 여성이 아이를 평생 단 한 번만 낳는 한국에서, 일생일대의 사건이라고 할 수 있는 분만을 홀로 겪는다는 것은 예상하기 힘든 일이었다. 게다가 2020년부터 2021년 초까지 코로나19 확진자 산모들은 거의 전원 제왕절개 분만으로 아이를 낳을 수밖에 없었다. 자연분만 중에 산모로부터 신생아에게 코로나 바이러스가 전파될 수 있다는 우려 때문이었다. 코로나19 확진 산모의 분만에 대한 신문기사를 찾아보면 2020년 3월 대구 파티마병원 분만 소식부터 레벨D 방호복을 입은 채 확진 산모 약 80명을 대상으로 제왕절개 수술을 계속해 왔다는 국민건강보험 일산병원의 미담성 기사까지, 온통 응급 제왕절개 분만을 했다는 이야기 일색이다.

과연 그럴 수밖에 없었을까? 코로나19 확진 산모 분만은 반드시 제왕절개를 통해 음압격리 공간에서 진행해야 한다는 당시 한국의 통념과 달리, 국제사회의 전문가들은 조금 다른 이야기를 하고 있었다. 예를 들어 영국 왕립산부인과학회는 2020년 여름부터 코로나19에 감염된 산모 역시 자신이 원하는 방식으로 파트너와 함께 아이를 낳을 수 있어야 한다고 목소리를 높여왔다. 팬데믹 대응으로 자원이 부족한 병원에서도 분만을 위한 적절한 환경을 갖추어야 한다고 공식 권고도 나왔다.[39] 학계에서는 2020년 하반기부터 확진자 산모로부터 태아에게 코로나19 바이러스가 전파되는 경우가 흔치 않은 것 같다는 연구들이 발표되었다. 2021년 초 출판된 체계적 문헌고찰에서는 2020년 출판된 68개 논문을 종합해 분만 방법에 따라 신생아 코로나 감염과 모성 및 신생아 사망에 차이가 없다는 사실이 알려지기도 했다.[40] 의학적으로 판단했을 때 반드시 혼자서 아이를 낳을 필요도, 제왕절개 분만을 해야 할 필요도 없다는 이야기다.

하지만 한국에서 분만한 코로나19 확진 여성들은 대부분 출산 방법을 선택할 권리를 행사하기 어려웠다. 수도권의 한 공공병원에서 코로나19 확진 산모를 치료했던 의료진은 두 가지 이유를 꼽았다. 첫째, 코로나19 확진 산모가 입원할 수 있는 병원이 절대적으로 부족했다. 2020년부터 2022년 초까지 서울과 경기 지역을 통틀어 코로나19 산모가 입원하거나 분만을 할 수 있는 병원은 고작 서너 곳 남짓이었다. 이런 가운데 방역 정책은 무엇보다도 코로나19 바이러스의 확산 방지를 가장 중요하게 생각했고, 주로 공공병원이었던 이 병원들에는 여성의 재생산 선택을 보장할 자원이 부족했다. 예를 들어 그가 근무하던 병원에는 보호자가 함께 분만에 참여할 수 있는 가족분만실이 하나밖에 없었고, 이 공간을 몇 시간이 걸릴지 모르는 확진 산모의 자연분만을 위해 내어주고 격리하기는 어려웠다는 것이다. 상황은 느리게 변했다. 지역사회 감염이 빠르게 확산하며 확진자가 폭증하던 2022년 초, 정부는 코로나19 확진 산모 진료에 대해 한시적으로 300%의 가산 수가를 지급하겠다고 발표했다. 그 이후 면담 참여자가 '로컬local'이라고 언급한 민간 병원들이 코로나 확진 산모의 분만을 담당하기 시작했고, 이후 코로나 확진 산모들도 별도의 격리 공간을 여러 개 마련할 수 있는 병원들에서 자연분만으로 아이를 낳을 수 있었다.

> "음압 수술실밖에 없는 병원이어서. 네, 그 당시는 전원이 다 100% 제왕절개만 하던 시절이고 국내 자연분만을 받아주는 병원은 없었어요. 지금 얘기했던 한참 피크, 올해 피크였던 3~4월에 이제 (의료) 수가를 새로 만들면서 로컬(병원)이 들어왔다고 그랬잖아요. 그 로컬들이 이제 (자연) 분만을 받아주는 데가 생기기 시작한 거죠."
>
> – 의사 B(공공병원)

열이 나는 산모들이 분만 병원을 찾지 못하는 의료공백은 더 심각한 문제였다. 2022년 초 오미크론 유행 시기, 코로나19 확진 산모들이 분만 병원을 찾는 데에 어려움을 겪은 사례들이 보도되었다. 경기도 평택의 임신부가 재택 치료를 하다가 분만을 수용하는 병원이 없어 헬기를 타고 경남 창원까지 가서 아이를 낳고, 광명에 살던 임산부는 충남 홍성까지 가서 출산했다. 청주에 살던 한 임산부는 권역 내에 임신부를 받아준다는 병원이 없어서 수소문하던 사이 집에서 아이를 낳았다.[41] 하지만 정부의 대책은 늦었다. 안타까운 보도가 반복되고, 입원 가능한 병원을 찾지 못해 길게 헤매고 결국 사산을 한 산모의 보호자가 국민청원게시판에 대책을 요구하는 글을 올리는 등 소동이 발생한 이후에서나 정부의 본격적인 정책이 발표되었기 때문이다.

사실 아이를 낳을 병원이 없어 여성들이 길바닥을 전전하는 사태는 팬데믹이 시작되었을 때 이미 예상된 일이었다. 한국의 전문가들은 2020년 3월부터 코로나 확진자의 의료접근성을 보장하기 위해 임산부나 투석 환자처럼 긴급한 환자들을 위해 전담병원을 마련하자고 말했었다.[42] 강력한 방역으로 바이러스 확산을 틀어막고 있다고 하더라도 신종 감염병의 특성상 유행이 커지는 것은 불가피하고, 영유아, 산모, 혈액투석자처럼 특수한 필요가 있는 환자들은 언제나 존재하기에 대안을 마련해야 한다고 말이다. 하지만 2022년 오미크론 변이가 확산되기까지 준비는 없었고, 예비된 혼란은 누군가들에게 악몽 같은 기억으로 남았다.

> "요즘도 격리 기간 동안에 분만을 해야 되는 분들은 혼자 하셔야 되니까 그게 이제 그들에게는 우리가 그냥 환자분들한테 진짜 이거는 재앙이라고 얘기해 드리는데 왜냐하면 혼자 아기를 낳아야 되니까. (…) 분만을 하면 이제 남편도 있고 축하도 받고 아기도 어쨌든 보고 하는데, 격리 딱 되면 그 순간부터는 아기 낳고 태어날 때까지 완전히 아무도 못 보고 아기도 저희가 유선상이나 이런 사진으로 보여드리지, 엄마가 직접 못 만나잖아요. 아기

한테 옮을 수 있으니까. 그러니까 이제 완전히 어떻게 보면 재앙이죠."

– 의사 B(공공병원)

그렇기에 지금이라도 우리는 진지하게 물어야 한다. 새로운 신종 감염병이 유행할 때, 임신과 출산은 다시 재앙이 될 수밖에 없을까? 앞으로도 한국 사회의 누군가는 임신을 하고 아이를 낳을 것이고, 이들의 출산은 그들의 인생에서 몇 번 없을 특별한 경험일 가능성이 크다. 그렇다면 우리는 이들의 출산을 어떻게 더 인간적이고 안전하게 보호할 수 있을지, 고민을 이어 나가야 한다. 우선은 코로나19로부터의 안전을 강조하던 방역 정책이 누구의 관점에서 무엇을 지키기 위한 것이었는지를 묻는 데에서부터 시작해야 하지 않을까? 위기의 확산을 줄이기 위한 노력은 물론 중요하다. 그렇지만 위기 한가운데에서 누군가는 아이를 낳고 새로운 삶을 준비할 것이라는 사실을 잊어서는 안 된다.

### 위기 시기 여성에 대한 폭력

2020년 코로나19 팬데믹이 시작되고 국제적인 공중보건위기의 영향이 심각하다는 인식이 확산되던 시기, 모성건강 만큼이나 사전대응이 필요한 중대한 문제로 지적되었던 사안 중 하나가 여성에 대한 폭력violence against women이다. 유엔 여성폭력철폐선언UN

Declaration on the Elimination of Violence against Women의 규정에 따르면 여성에 대한 폭력은 여성에게 신체적·성적·심리적 피해와 고통을 가하거나 가할 가능성이 있는 모든 종류의 젠더기반폭력gender-based violence을 의미한다.[43] 이때 '젠더기반폭력'은 생물학적 성sex과 성별 정체성gender identity에 기반하여 발생하는 폭력을 지칭한다. 이는 폭력을 개별적인 가해자·피해자 사이의 특수한 사건으로 사사화privatize하는 시각을 지양하고 젠더화된 폭력의 원인과 결과를 좀 더 정확하게 표현하기 위해 만들어진 용어로 젠더기반폭력의 피해자가 반드시 생물학적 여성으로 국한되지 않음을 의미하기도 한다.[44, 45] 여성에 대한 폭력이 나타나는 양상은 매우 다양하다. 구체적으로 성폭력, 가정폭력, 성매매, 친밀한 관계 폭력, 디지털성범죄, 트랜스 혐오 폭력 등이 모두 여성에 대한 폭력의 일종이라고 볼 수 있다.

"집 밖은 위험하니 각자 자신의 집에서 가족과 함께 머무르라"라는 권고는 여성과 아동의 안전을 고민하던 사람들에게 즉각적인 우려를 불러일으켰다. 집이 안전하지 않은 이들, 함께 사는 가족에 의한 폭력에서 자유롭지 못한 이들에게 있어서 "집에서 안전하게"라는 권고는 더 큰 위험을 감수하라는 제안이 될 수 있기 때문이다. 이동제한과 재택 격리는 가정 내에서 지속되는 위험을 회피하기 위한 각자의 요령과 선택지들을 차단하는 조치이기도 했다. 팬데믹 시기의 경제적 어려움과 스트레스 역시 폭력의 위험을 높이는 방향으로 작동할 것이었다. 폭력 피해자를 지원하던 공공 서비스가 중단되거나 약화되는 조건도 폭력의 피해를 더 심각하게 할 가능성이 있었다.

실제로 이런 우려를 현실에서 확인해 주는 소식들도 속속 들려왔다. 2020년 3월 코로나19로 인해 봉쇄 조치를 취한 프랑스에서 가정폭력 신고율이 30% 이상 증가했다는 보도를 시작해 영국, 캐나다, 독일, 스페인, 미국 등에서도 가정폭력 발생 증가 조짐이 보고됐다. 이에 전문가들은 젠더기반폭력이라는 그림자 팬데믹shadow pandemic에 대처할 것을 촉구했다.[46, 47] 코로나19 팬데믹이 여성에 대한 폭력과 차별이라는 두 번째 팬데믹으로 이어지지 않도록 정부가 앞장서야 한다는 이야기였다. 피해 신고가 원활하게 이루어질 수 있도록 제도를 정비하고 가정폭력 피해자들의 쉼터를 확보하라는 등의 구체적인 제안도 빠뜨리지 않았다.

이런 제안에 발맞춰 움직인 나라들도 있었다. 예를 들면 프랑스에서는 정부가 전국약사협회와 협력해 마스크와 소독제 등을 구매하기 위해 약국에 방문한 폭력 피해자들이 피해 사실을 가해자 몰래 알릴 수 있도록 했다. 피해자가 가해자와 함께 약국을 찾은 경우 "마스크19"라는 암호를 말하면 약사는 긴급신고 버튼을 눌러 수사기관에 사건을 신고하도록 했다. 약 100만 유로의 예산을 들여 폭력 피해자들이 묵을 수 있는 숙박시설을 마련하기도 했다.[48, 49] 일본에서도 2020년 4월, 전년도 동월에 비해 가정폭력 피해 상담건수가 1.3배 증가했다. 일본 정부는 일본여성쉼터네트워크의 요청에 따라 350만 달러 수준의 예산을 들여 코로나19 시기 가정폭력 상담을 위한 24시간 지원 체계를 강화하고 폭력 피해자 쉼터 운영과 생

## 5-4. 성폭력 피해자 통합지원센터(해바라기 센터) 운영 통계 추이

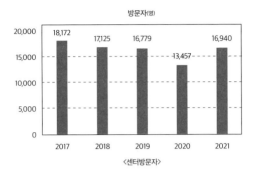

방문자(명)

〈센터방문자〉

지원조치(건)

〈지원조치 건수〉

*출처: 〈2021 사회적 약자 보호 치안백서〉(2022)[51]


계를 위한 지원금을 마련했다.[50]

한국에서는 조금 다른 상황이 펼쳐졌다. 사회적 거리두기와 봉쇄를 겪는 동안 가정폭력 피해 신고가 늘어났던 다른 나라들과 달리 한국에서 2020년 가정폭력 피해 신고는 전년 대비 1.4% 감소했다. 상담, 의료, 법률, 수사 지원을 제공하는 성폭력 피해자 통합지원센터에 방문한 사람의 수와 이들에 대한 지원조치 건수 역시 2020년 눈에 띄게 감소했다.[51]

이를 두고 일각에서는 정부의 젠더기반폭력에 대응 정책이 강화되고, 사회적 거리두기로 인해 상황이 실제로 좋아졌다고 해석했다. 가정 내 불화를 야기하던 회식 등 음주 문화가 약화되고 노동시간이 줄어들면서 여성에 대한 폭력이 줄어들었을 수 있다는 식이다. 하지만 다수의 전문가들은 한국에서 실제 폭력이 감소했다기보다 피해자들이 가정 내에 고립되면서 가해자들의 지속적인 감시로 신고를 하기 어려워졌거나, 여성 실직·휴직자가 늘어나면서 배우자에 대한 경제적 의존이 높아져 폭력을 문제 삼기 어려워졌을 가능성이 크다고 말한다. 여성폭력 피해에 대한 대면 상담을 진행해오던 여러 시설이 문을 닫거나 운영 시간을 제한했고, 방역을 이유로 피해자들이 긴급 보호시설에 입소하기 어려워진 상황 역시 가정폭력 피해 신고를 낮추는 방향으로 작동하였을 거라고 예상되었다.

많은 여성에게 폭력 경험을 밝히고 지원을 요청하는 일은 무척 어려운 일이다. 하물며 도움을 받을 수 있는 가족과 친구가 적은 이주 여성들이 한국에서 폭력을 고발하고 피해를 인정받는 것은 더욱 어렵다. 통역과 체류자격에 대한 법적 지원에 이르기까지 실제 필요한 자원도 더 많다. 그러나 한국 사회는 팬데믹으로 달라진 상황에서 여성에 대한 폭력에 어떻게 다르게 대처할지 대안을 내어놓지 못했고, 이는 이주여성들에게도 마찬가지였다. 결국 본국과의 연결 통로조차 잃은 이주여성들은 폭력 속에서 피난처를 잃고 조용히 숨죽이며 이 기간을 버텨냈다.

"여가부(여성가족부) 지원으로 운영되는 폭력피해 이주여성 쉼터가 전국에 28개거든요. 기존 입소자들은 거기 있을 수 있는데, 신규 입소자를 받지 못하게 했어요. 서울 다누리콜센터, 1577-1366에 방 한 칸짜리 긴급 보호시설이 있어요. 폭력으로 나오면 일선 쉼 터들은 비공개 시설이니까 당장 갈 수가 없어요. 그러면 거기 긴 급 피난처에서 최대 15일까지 있을 수 있고, 보통 2~3일 있다가 쉼터로 들어가거나 이렇게 되는데 거기도 폐쇄한 거예요. 그러니 까 폭력 피해를 당한 이주여성들이 갈 데가 없어진 거죠. 그래서 쉼터들에서 여가부에 계속 얘기를 했거든요. 어쨌든 통로를 열어 놔야 한다, 그게 경찰이 됐건 어디 주민센터가 됐건 LH 주택 하 나를 내놓건 뭔가를 하고 나서 폐쇄를 해라, 안 그러면 이 상황에 서 집에서 폭력을 경험하는 여성들은 그냥 맞아 죽으란 말이다, 그런 얘기를 되게 많이 했었어요."

– 허오영숙(한국이주여성인권센터)

## 2030 여성들의 정신건강 위기, 수면 위로 드러난 오래된 고통

코로나로 인한 전 국민의 정신건강이 우려된다는 말들을 주 고받던 시기, 특히 청년 여성들의 정신건강이 악화되고 있음을 보여 주는 자료가 공개되었다. 2020년 전국 응급의료기관을 내원한 20대 여성 자살시도자는 4,607명으로 전체 자살시도자 2만 2,572명 중 20.4%였다. 남녀 모든 연령대에서 가장 높은 비율이다. 증가폭으로 보면 상황은 더욱 심각하다. 응급실 내원 전체 자살시도자 중 20대 여성의 비율은 2016년 전체의 9.8%에서 2020년 20.4%로 가파르게 증가했다.[52]

우울증을 진단받은 청년 여성의 수 역시 빠르게 증가하고 있다. 국민건강보험공단이 남인순 의원실에 제출한 자료에 따르면, 2021년 상반기 우울증 진료를 받은 25~29세 여성은 3만 9,850명으로 모든 성별·연령별 집단 중 가장 많았다.[53] 자살로 인한 사망 역시 비슷한 경향을 보인다. 통계청 사망원인통계를 살펴보면 2020년 20대 여성의 자살률은 2019년에 비해 16.3% 늘었다.[38]

청년 여성에서 정신건강 의료 수요가 가파르게 증가하는 현상은 무엇을 의미할까? 20대 여성을 연구하는 서울대학교 인류학과 이현정 교수의 설명에 따르면 코로나19는 원인이라기보다 가득 찬 잔에 떨어진 물 한 방울에 가깝다. 한국의 청년 여성들이 사회문화적 변동과 성별과 계층, 세대에 따른 고립을 경험하며 만성적인 우울을 호소하고 있는 가운데 코로나19 팬데믹이 닥쳐왔다는 이야기다. 이렇게 청년, 특히 청년 여성들이 겪고 있는 정신건강 위기는 코로나19로 인해 새롭게 발생한 현상이라기보다는 팬데믹 시기의 충격으로 인해 수면 위로 떠오른 사건으로 해석되어야 한다.[54]

공론장에서 청년 여성의 정신건강과 자살이 주목받기 시작한 것은 사실 그리 오래된 일은 아니다. 한국의 자살 정책은 자살 위험이 가장 높은 집단, 그러니까 노년층, 그중에서도 남성의 자살에 주목해 왔다. 정책 역시 이를 중심으로 구성되었다. 그러다가 최근 일군

우리의 상처가 미래를 바꿀 수 있을까

의 전문가들이 청년층의 자살, 특히 국제적으로 비교했을 때 순위가 더 높은 것으로 나타나는 2030 여성의 자살률에 주목하기 시작했다.

2020년부터 청년 여성 당사자들이 스스로 자신들의 정신 건강 문제를 논의하고 어떤 정책이 필요한지를 모색해 온 시스터즈키퍼스Sisters Keepers* 사업 담당자는 코로나19 유행 시기 청년 여성의 정신 건강 악화를 사회적·경제적 박탈과 연결해서 이해할 필요가 있다고 말한다. 예컨대 수도권에는 원가족과 독립해 혼자 살면서 스스로 부양하는 여성들이 많은데 코로나19 유행 시기 주로 서비스직 등에 종사하는 이런 여성들이 일자리를 잃는 경우가 많았고, 생계가 곤란해진 이들이 기댈 곳이 너무 없었다는 것이다. 시스터즈키퍼스에서는 한국 청년 여성이 유난히 약하고 취약한 존재라고 생각하기보다는 지금 사회의 여러 조건이 이 여성들을 고난에 빠뜨리고 있다는 점에 주목해야 한다고 설명한다. 같은 직장 안에서도 사회적 거리두기 강화의 여파로 먼저 해고되고 일자리를 잃은 젊은 여성들이 어떤 사회적 지지도 기대할 수 없을 때 극단적인 선택을 할 가능성도 커질 수 있지 않겠냐는 설명은 매우 설득력 있다.

---

* 안타까운 일이지만 2023년 기준 서울시 자살예방센터를 포함해 국가 자살예방 정책은 '청년 여성'의 특수성을 고려해 여성들의 네트워킹을 지지하고 숨통을 틔워주는 사업을 운영하지 않고 있다. 일부 누리 꾼들이 여성에게 주목하는 자살예방 지원 사업이 남성에 대한 역차별이라며, 서울시의 시스터즈키퍼스 사업을 비난하며 사이버 불링을 가했고 2기를 마지막으로 운영이 종료되었다. 현재 서울시는 성별화된 접근을 중단하고, 연령 기반의 청년 자살예방 서포터스를 운영하고 있다.[55]

"1인 가구 중에서는 고졸이거나 비정규직에 있는 여성 청년들이 많았는데 여성 청년들이 코로나로 인해서 일자리를 잃다 보니 생계의 위험을 받고 있는데 그게 정말 식생활일 뿐만이 아니라 정말 잘 수 있는 의식주와 너무 직결이 되다 보니 설 수 있는 곳이 없고, 그거를 뒷받침할 수 있는 사회적인 지지 체계가 너무 없고 자원들이 없는 것이 문제다, 이런 것들을 (문제로 설정을) 했었는데 그래서 청년수당이라든지 아니면 청년들이 정신건강 서비스를 받을 수 있는 이런 서비스들도 청년에게 너무 없구나…. (이런 이야 기들을) 좀 같이 했었고"

– 자살예방사업 실무자 C

2020년 9월 국회에서 열린 '청년 자살예방을 위한 간담회'에서도 이와 유사한 진단을 확인할 수 있다. 김현수 서울시자살예방센터장은 20대 여성들을 면담한 연구를 토대로 이들이 자살을 생각하게 되는 세 가지 요인으로 첫째, 취업 및 일자리를 포함한 경제적 요건이 매우 열악하고, 둘째, 한국 사회에서 여성들이 안전하게 살아가기 위해 필요한 비용이 너무 높으며, 셋째, 희망이 보이지 않는 상황이 지속되고 있다는 점을 꼽았다. 무척이나 빠르게 변화하는 사회에서 여성들이 지지받고 기댈 기반이 흔들리고 있다는 설명도 덧붙였다. 2020년대를 살아가는 청년 여성들에게 결혼은 희망도 안전도 될 수 없으며, '취집'이나 '82년생 김지영'이 아닌 다른 삶의 모델이 필요하다고 말이다.[56]

우리의 상처가 미래를 바꿀 수 있을까

청년 여성의 정신 건강을 고민하는 사람들이 늘어나고, 청년 여성 당사자들이 참여하는 시스터즈키퍼스 같은 공간이 운영되었던 건 매우 소중한 시도였다. 안전하게 대화하고 도움을 요청할 수 있는 공간에서 여성들은 공통으로 겪고 있는 어려움을 자신의 개인적 고난이 아니라 사회적 경험으로 재해석할 수 있게 된다. 지금 내가 겪는 어려움과 고통을 개인이 오롯이 감당해야 할 실패가 아니라 구조적 장벽과 제약으로 파악할 수 있게 되는 것이다. 그러는 동안 만난 동료들과 함께 공적인 방식으로 대안을 모색하는 일은 고립되었던 개인이 사회의 구성원으로서의 정체성을 얻고 비슷한 고통을 받는 사람들과 연대의 가능성을 넓혀나가는 과정이기도 하다.

# 미래를 위한
# 오래된 이야기

　이 장에서 설명한 '여성들의 위기'는 사실 그리 새로운 이야기가 아닐지 모르겠다. 왜냐하면 여기에서 다룬 곤란들이 모두 한국 여성들이 이미 처해 있던 사회적·경제적 조건에서 시작되었기 때문이다. 보건의료인력 다수가 여성으로 구성되어 있었으니 코로나19 환자를 진료하는 일선 현장에서 여성이 다수를 차지했고, 가정과 시설에서 사람들을 돌보고 건강을 보호하는 필수노동이 이미 여성들에게 맡겨져 있었기에 여성들은 이번에도 새로 발생한 돌봄 필요에 응답했다. 여성들은 병원을 비롯해 사회를 구성하는 다수 조직에서 관리자이기보다 일선 실무자 노릇을 더 많이 맡아왔고, 의사결정에 대한 발언권을 가지기 어렵다. 그러니 코로나19 대응에서도 마찬가지로 묵묵히 주어지는 일을 해낼 따름이었다. 중의

　　　　　　　　　우리의 상처가 미래를 바꿀 수 있을까

적으로 여성들의 양보she-cession라고도 해석되는 여성들의 경제위기 shecession는 많은 여성이 자신의 역량을 발휘하던 일자리를 내어놓고 가정으로 돌아갔음을 의미하는데, 이는 본디 여성이 마땅히 있어야 할 곳이 가정이라는 고식적인 젠더 규범이 위기 속에서 작동했다는 뜻으로도 해석할 수 있다.

한국의 돌봄 없는 의료도 여전했다. 출산을 앞두고 열이 나는 산모들은 병원을 찾아 각자 요령껏 헤맸고, 여성들이 더 많이 이용하고 혜택을 누리던 보건기관들은 코로나19 대응을 이유로 업무를 멈췄다. 가정폭력 피해 여성들을 여러 공공 서비스도 다른 모든 영역과 비슷하게 멈추고 또 축소되었고, 그로 인해 사람들이 겪었을 어려움은 각자의 몫으로 흩어졌다.

건강의 사회적 결정요인이라는 렌즈는 이렇게 흩어져 버리는 고통들을 모아 그 이유와 원인을 호명할 수 있게 해준다는 점에서 미래를 준비하는 귀중한 도구다. 그 도구를 사용해 지난 3년 동안 여성들이 겪었던 시간을 되돌아보며 질문을 던져보았으면 좋겠다. 코로나 유행 시기 여성들이 겪었던 어려움은 일정하게 예상할 수 있었고, 따라서 더 잘 대응할 수 있었던 고통이 아니었을까? 그렇다면 우리는 왜 지난 3년 사이 이런 불평등과 격차가 지속되는 상황을 바라볼 수밖에 없었을까?

단번에 구조적 불평등과 차별을 사라지게 만드는 마법 같은 일이 일어나기를 기대하기는 어렵다. 하지만 적어도 다음을 위한 실마리는 모색할 수 있다. 그렇다면 코로나19 시기 여성들의 곤란에서 우리는 어떤 교훈을 얻어야 할까? 무엇보다도 여성들의 자리에서 사회를 바라보는 연습이 앞으로도 계속해서 더 많이 필요하다 믿는다. 곁의 사람들을 돌보며 더 낮은 자리에서 더 바삐 움직이는 사람들의 입장에서 위기를 파악하고 대응한다면, 우리 사회는 약한 사람들을 더 잘 보호하는 세상을 만들 수 있을 것이기 때문이다.

정희진은 "'아이 돈 케어' don't care'의 세계"를 문제 삼으며 말했다. 돌봄은 젠더 이슈gender issue가 아니라고, 맞는 말이다. 보살피고 돌보는 노동과 관계는 성별 제도와 무관하게 가치를 재평가받아야 한다.

하지만 코로나19 팬데믹에서 여성의 상황을 관통하는 키워드는 어쩔 수 없이 '돌봄'일 수밖에 없었다. 협력하며 곁을 돌보는 일은 어디서든 삶을 지탱하는 필수 조건인데, 티는 안 나면서 품만 많이 드는 이 일이 전적으로 여성에게 맡겨져 있기 때문이다. 전 세계적으로 그리 다르지 않은 이 상황을 우리는 '성별 분업'이라고 부른다.

이렇게 성별 제도와 분리돼야 마땅할 돌봄을 여성의 분투와 고난으로 다루고 말다니, 이 글은 극복해야 마땅할 성 역할을 승인해버리는 걸까? 위기를 겪는 사회에서 충격 완충 장치 역할을 하는 여성, 일터에서 물러나는 여성들의 양보she-cession라는 고정관념을 확인하고, 구조적 불평등에 대한 패배를 기록한 데에 그치는 건 아닐까?

여전히 고민스럽지만, 성별과 무관하게 안전하고 존엄하기 위해서는 필연적이지 않은 차이와 필수적이지 않은 구분에 대해 집요하게 생각하고 성실하게 말해야 한다고 믿는다. 손 씻기부터 위험 인식까지 성별에 따라 차이가 나지 않는 것이 없는 세상에서 건강을 말하려면 더욱 그렇다.

마지막으로 한 가지 더. 집에서, 일터에서, 보건의료현장에서 여성들이 감당했던 시간들을 엮어 하나의 이야기로 만드는 일은 기껏해야 들리고 말해진 목소리들을 모아내는 일이기도 했다. 결국 누구나 쉽게 상상하는 '보통의' 가족과 관계들을 상정하며 엮어낸 이야기라는 한계를 인정하지 않을 수 없다. 여기서 미처 담아내지 못한 이야기들이 이어질 공간과 시간을 만들기 위해, 다시 한번 같이 힘을 내자고 말하고 싶다.

# 코로나19와 기억의 경쟁

동티모르와 인도네시아에서 발생한 학살을 연구하는 역사
학자와 이야기를 나누고 있었다. 학살이 발생하고 수십 년이 지난
지금까지도 사건을 어떻게 바라볼 것인가를 두고 연구자들 사이에
서 논쟁이 진행 중이라고 했다. 수많은 사람의 목숨을 앗아 간 그
비극을 누가 어떻게 기록해야 하고 어떤 방식으로 애도해야 하는
지에 대해 다양한 입장이 경합하고 있다며, 이 상황을 두고 그는 '기
억의 경쟁'이라고 표현했다.

그제야 이 책을 기획하고 연구자들을 모아 함께 공부하고 글을
쓰는 내내 마음속에 품었던 고민에 이름을 붙일 수 있었다. 기억의
경쟁. 우리는 코로나19 팬데믹을 어떻게 기억해야 하는가?

미국의 존스홉킨스 의과대학은 팬데믹에 영향을 크게 받은 국가

우리의 상처가 미래를 바꿀 수 있을까

20개를 선정해, 국가별 코로나19 관련 지표를 비교하는 작업을 꾸준히 해왔다.[1] 2023년 3월 10일에 업데이트된 가장 최근 자료에 따르면 이 20개 국가 중 코로나19 사망률이 가장 높은 국가는 페루로 10만 명당 665.8명에 달한다. 그 다음은 미국으로 10만 명당 341.1명이다. 프랑스는 10만 명당 254.7명, 캐나다는 10만 명당 135.2명인데, 한국은 10만 명당 66.5명이다. 페루는 물론이고, 미국, 프랑스, 캐나다와 비교해도 한국의 코로나19 사망률은 압도적으로 낮다.

또한 연구팀은 감염된 사람 100명 중 사망자가 몇 명인지 계산한 치명률을 함께 제시한다. 치명률은 확진 검사의 용이성과 확진자에 대한 의료적·사회적 지원 등을 반영하는데, 이 지표에서는 한국의 약진이 더욱 두드러진다. 치명률이 가장 높은 나라 역시 페루로 4.9%에 달했다. 그다음은 멕시코로 4.5%였으며 미국은 1.1%, 프랑스는 0.4%다. 한국은 0.1%로, 연구팀이 선정한 20개 국가 중 가장 낮은 수치를 보인다.

이 성과를 함부로 폄하할 수는 없다. 한국은 이 재난을 겪는 내내, 특히 치료약도 백신도 없던 팬데믹 초기부터 적극적으로 대응했고, 그로 인해 더 많은 사람이 살아남을 수 있었다. 수많은 불확실성과 제한된 자원 속에서 정부와 의료진과 시민들이 함께했기에 가능한 일이었다.

그렇다면 우리는 지난 3년을 K-방역이라는 이름으로, 온 '국민'이 힘을 합쳐 이뤄낸 성공으로 기억해도 되는가. 과연 한국의 팬데믹 대응은 "부는 상층에 축적되지만, 위험은 하층에 축적된다"라는 울리히 벡Ulrich Beck의 통찰로부터 얼마만큼 자유로웠는가.[2] 책을 모두 읽고 이 페이지에 도달한 독자라면 이 질문에 조금 더 명확하게, 자신의 언어로 답할 수 있으리라 믿는다.

인터뷰에 응했던 한 활동가는 말했다.

> "그러면 사실 이제 재난 자체는 극복이 됐다고 하더라도 나쁜 사례를 남기는 거 아닙니까. 가장 밑바닥에 있는 노동자들의 입을 틀어막아서 재난을 극복했다. 그러면 밑바닥에 있는 노동자들은 우리만 희생될 수밖에 없다. 이런 교훈을 얻게 되는 것이고."

연구팀의 능력 부족으로 다루지 못한 내용들이 있다. 한국 사회에서 팬데믹 시기 낙인과 혐오로 어려운 시간을 보냈던 성소수자나 백신 부작용으로 인해 고통받았던 이들과 그 가족들의 이야기도 포함하지 못했다. 코로나19 바이러스에 가장 취약했던 노인의 경험도 다루지 못했다. 특히 퇴직 후에도 노동하지 않으면 먹고살 길이 보이지 않는, OECD 국가 중 가장 노인빈곤율이 높은 나라에서 팬데믹 시기 그들의 경험은 참혹했다. 거주지역에 따른 의료 서비스를 포함한 사회적 자원 불평등이 심각한 한국 사회에서, 시골 지역의 사람들이 겪어야 했던 소외감과 고통 역시 논의하지 못했다. 이주민, 장애인, 아동, 비정규직, 여성의 삶을 중심에 두고 코로나19 팬데믹을 바라본 이 책의 시도가 코로나19 팬데믹의 경험을 다양한 관점에서 바라보는 또 다른 연구로 이어지길 바란다.

이 책의 모태가 된 「코로나19 취약계층의 건강불평등 연구」를 진행하고 그 경험을 다시 정리해 책으로 출판하는 일을 응원하고 지지해 준 서울시 공공보건의료재단의 김창보, 양민희, 임희영 선생님께 감사드린다. 덕분에 코로나19 팬데믹을 확진자 숫자만으로 바라보는 의료적 관점을 넘어서, 사회적 약자의 삶을 중심에 두고 팬데믹의 시간을 재구성하는 프로젝트를 시작할 수 있었다. 프로젝트를 진행하는 내내 실무를 맡아 진행해 준 서울대 박사과정 이가린 선생님에게도 감사함을 전한다.

책의 초고를 쓰고 난 2023년 1월, 연구팀은 우리가 글에서 놓치고 있는 부분은 무엇이고 어떤 지점을 보완해야 하는지 알기 위해 서울대 보건대학원 주최로 〈재난의 비용을 치르는 이는 누구인가: 코로나19와 사회적 약자의 삶과 건강〉이라는 제목의 집담회를 진행했다. 집담회를 주최할 수 있도록 도와주신 서울대 보건대학원의 정효지 원장님과 최경호 교수님께 감사드린다. 집담회 진행의 실무를 맡아준 서울대 석사과정 이하영 선생님과 연구팀의 원고를 꼼꼼히 읽고 날카롭고도 따뜻한 토론을 진행해 준 김철효, 정병수, 홍혜은, 전근배, 박고은 선생님께 깊은 감사의 마음을 전한다. 연구팀의 역량이 부족해, 나눠주신 귀한 이야기를 모두 책에 반영하지 못해 죄송할 따름이다.

이 책은 인터뷰에 응해준 이주, 장애, 아동, 비정규직, 여성 분야의 활동가 37분께 크게 빚졌다. 오랜 시간을 현장에서 당사자들과 함께 살아가며 활동했기에 가능했던 그들의 통찰과 감염병 재난의 시간을 함께 아파하며 겪은 그들의 경험이 없었다면 이 책은 시작조차 할 수 없었을 것이다. 그들이 들려준 이야기를 나침반 삼아 막막한 여정을 헤쳐나갈 수 있었다. 더 이상 문자로 쓰인 고통과 상처에 대한 이야기가 주목받거나 환영받지 못하는 시대에, 기꺼이 마음을 내어준 동아시아 출판사와 글을 쓰는 과정 내내 섬세하면서도 통찰력 있는 코멘트를 해주었던 최창문 편집자에게 감사를 전한다.

영장류 연구자인 제인 구달Jane Morris Goodall은 인간과 침팬지의 가장 중요한 차이는 다름 아닌 정교한 언어라고 이야기한다. 인간은 자신이 경험한 세계는 물론이고 직접 경험하지 않은 이야기까지도 세밀하고 통찰력 있는 언어의 형태로 기록하고 공유할 수 있는 유일한 동물이기 때문이다. 그리고 제인 구달은 그 언어로 무엇을 할 것인가에 따라 인간의 미래가 달라질 것이라 말한다. 우리는 무엇을 어떻게 기록하고 기억해야 하는가.

코로나19 팬데믹이 지나간 자리에서, 우리에게 필요한 언어는 무엇일까. 지난 3년의 시간을 확진자와 사망자 숫자에 집중하여 '성공적인 방역'이라고만 기억하는 일은 위험하다. 그러한 방식의 기억은 지난 3년 동안 각자의 사회적 자리에서 팬데믹을 차별적으로 경험했다는 사실을 잊게 만들고, 밑에서부터 차오르는 위험을 가장 먼저 자신의 몸으로 감당했던 사람들의 목소리를 지우는 일이기 때문이다. 그리고 무엇보다 그들의 경험으로부터 한국 사회가 배우고 변화해야 하는 기회를 잃어버리는 일이기도 하다.

우리의 상처가 미래를 바꿀 수 있을까

코로나19 팬데믹을 둘러싼 '기억의 경쟁'에서 비명조차 지르지 못하고 죽어갔던, 아프다는 말조차 하지 못하고 견뎌야 했던 이들의 시간을 기억하는 데 이 책이 도움이 되길 간절히 바란다.

2023년 6월

저자들을 대표하여, 김승섭 씀

# 주

## 들어가며

1. 김인회, 〈질병에는 국경이 없다〉, 《시사IN》 제652호, 2020.03.17.

2. VanHoose, B., *Gov. Andrew Cuomo Reacts to Brother Chris' Coronavirus Diagnosis: Virus 'Is the Great Equalizer'.* People Magazine, 2020.03.31.

3. Patel, J.A., et al., *Poverty, inequality and COVID-19: the forgotten vulnerable.* Public Health, 2020. 183: p.110-111.

4. Waltz, L., *The price of cheap meat? Raided slaughterhouses and upended communities.* The Washington Post, 2018.04.11.

5. *South Dakota meatpacking plant becomes nation's top coronavirus hotspot as governor shuns stay-at-home order.* CBS News, 2020.

6. Dyal, J.W., et al., *COVID-19 Among Workers in Meat and Poultry Processing Facilities - 19 States, April 2020.* MMWR Morb Mortal Wkly Rep, 2020. 69(18).

7. Taylor Telford, Kimberly Kindy, and J. Bogage, *Trump orders meat plants to stay open in pandemic.* The Washington Post, 2020.04.29.

8. Waltenburg, M.A., et al., *Update: COVID-19 Among Workers in Meat and Poultry Processing Facilities - United States, April-May 2020.* MMWR Morb Mortal Wkly Rep, 2020. 69(27): p.887-892.

9. Linh Ta, *NYT: Meat plants recorded Iowa's biggest COVID-19 clusters.* IOWA CAPTIAL DISPATCH, 2020.09.09.

10. Ben Hubbard and L. Donovan, *Laid Off and Locked Up: Virus Traps Domestic Workers in Arab States.* The New York Times, 2020.07.07.

11. Redfern, C., *'I want to go home': Filipina domestic workers face exploitative conditions.* The

우리의 상처가 미래를 바꿀 수 있을까

Guardian, 2021.01.27.

12. Carl Zimmer, Jonathan Corum, and S.-L. Wee, *Coronavirus Vaccine Tracker (Updated at 08/31/2022)*. The New York Times.

13. Health, T.L.G., *Decolonising COVID-19*. The Lancet Global Health, 2020. 8(5): p.e612.

14. Warren, R.C., et al., *Trustworthiness before Trust — Covid-19 Vaccine Trials and the Black Community*. New England Journal of Medicine, 2020. 383(22): p.e121.

15. Freimuth, V.S., et al., *African Americans' views on research and the Tuskegee Syphilis Study*. Soc Sci Med, 2001. 52(5): p.797-808.

16. Park, J., *Mortality among First Nations people, 2006 to 2016*. Health Rep, 2021. 32(10): p.3-13.

17. National Advisory Committee on Immunization, *Guidance on the prioritization of initial doses of COVID-19 vaccine*. Government of Canada, 2020.

18. Last, J., *Indigenous northerners less likely to be vaccinated, more likely to be hesitant*. CBC News, 2021.06.08.

19. Mosby, I., *Administering colonial science: Nutrition research and human biomedical experimentation in Aboriginal communities and residential schools, 1942–1952*. Histoire sociale/Social history, 2013. 46(1): p.145-172.

20. Ian, M. and S. Jaris, *Medical experimentation and the roots of COVID-19 vaccine hesitancy among Indigenous Peoples in Canada*. Canadian Medical Association Journal, 2021. 193(11): p.E381.

21. Galanaud, P., et al., *Mortality and demographic recovery in early post-black death epidemics: Role of recent emigrants in medieval Dijon*. PLOS ONE, 2020. 15(1): p.e0226420.

22. Taubenberger, J.K. and D.M. Morens, *1918 Influenza: the mother of all pandemics*. Emerg Infect Dis, 2006. 12(1): p.15-22.

23. Mamelund, S.E., *A socially neutral disease? Individual social class, household wealth and mortality from Spanish influenza in two socially contrasting parishes in Kristiania 1918-19*. Social Science and Medicine, 2006. 62(4): p.923-940.

24. 2022/10/10), C.A.a., *Risk for COVID-19 Infection, Hospitalization, and Death By Race/Ethnicity*.

25. Arceo-Gomez, E.O., et al., *The income gradient in COVID-19 mortality and hospitalisation: An observational study with social security administrative records in Mexico*. The Lancet Regional Health – Americas, 2022. 6.

26. 김사강 외, 「최저보다 낮은: 2018 이주노동자의 노동조건과 주거환경 실태조사」, 이주와인권연구소, 2018.

# 1장. 감염보다 추방이 두려운 사람들

1. 〈'중국인 입국금지' 청원 76만 명으로 종료, 실효성은?〉, 《프레시안》, 2020.02.23.

2. 〈[성명] 우리는 모두 연결되어 있다. 우리는 서로의 사회안전망이다. 이주민 혐오가 아닌 연대와 협력으로 이겨내야 한다〉, 이주민센터 친구, 2020.01.31.

3. 〈상인들 "손님들 불안할까 마스크 안써요… 복불복이죠 뭐"〉, 《헤럴드경제》, 2020.01.29.

4. 〈'대림동 르포', 대림동에서만 보이는 풍경이었나〉, 《미디어오늘》, 2020.02.05.

5. 〈길 가던 다문화가정 2세에 "야, 코로나!"한 남성들, 벌금 100만원〉, 《JTBC》, 2021.08.11.

6. 〈한국인 등 동양 학생 전원 출석 금지'… 伊 음악학교 대응 논란〉, 《연합뉴스》, 2020.01.30.

7. 〈"신종 코로나에 동양인 혐오 확산…" 나는 바이러스가 아닙니다,〉, 《한겨레》, 2020.01.30.

8. 〈동양인 혐오로 번지는 신종 코로나바이러스〉, 《KBS》, 2020.02.04.

9. 김지혜, 「코로나19 이후 이주민의 사회경제적 배제와 차별 경험 조사결과」, 『코로나19와 이주민 인권 모니터링 결과보고』, 국가인권위원회, 2020.

10. 김철효 외, 『2020~2021 이주민의 코로나-19 대유행 경험 실태조사』, 한국이주여성인권센터, 2022.

11. 〈코로나 바이러스 확산 방지를 위한 동포 체류기간 만료예정자에 대한 안내문〉, 법무부 체류관리과, 2020.02.03.

12. 〈중국 간병인 비자연장 위해 안 가도 된다〉, 《의협신문》, 2020.02.12.

13. 〈출국만기 외국인근로자 체류기간 연장 지원〉, 법무부 보도자료, 2020.02.21.

14. 〈고용허가제 국내 체류 외국인 근로자 취업활동기간 50일 일괄 연장 조치〉, 고용노동부 보도자료, 2020.04.13.

15. 〈코로나19로 출국이 어려운 외국인근로자를 위한 계절근로 취업 기회 부여 및 생계비 대출 실시〉, 고용노동부 보도참고자료, 2020.08.23.

16. 〈코로나19 대응, 현장에서 필요한 외국인력 안전하고 유연하게 도입·운영해 나가겠습니다〉, 국무조정실 보도자료, 2020.12.23.

17. 〈외국인근로자, 체류 및 취업활동 기간 1년 연장〉, 관계부처합동 보도자료, 2021.04.13.

18. 〈내년 1.1.~4.12. 출국해야 하는 외국인근로자 체류 및 취업활동 기간 연장 추진〉, 관계부처합동 보도참고자료, 2021.12.17.

19. 〈외국인근로자의 체류 및 취업 활동 기간 연장〉, 관계부처합동 보도자료, 2022.03.28.

20. *Portugal Grants Citizens' Rights to Migrants During Pandemic. teleSUR*, 2020.03.29.

21. *Thailand offers work permits to undocumented migrants to curb COVID-19.* REUTERS, 2020.12.29.

22. 이한숙 외, 『이주민 건강권 실태와 의료보장제도 개선방안 연구』, 국가인권위원회, 2020.

우리의 상처가 미래를 바꿀 수 있을까

23. 오경석 외, 『경기도 외국인주민 코로나19 인식 및 대응실태 모니터링 보고서』, 경기도외국인인권지원센터, 2020.

24. 설재인 외, 「코로나19 지원 정책 및 현황」, 『이슈브리프: 코로나19와 한국의 이주민』., 서울대학교 국제이주와포용사회센터, 2020.

25. 〈모든 입국 외국인에 대해 「활동범위 제한」 조치 시행〉, 법무부 보도자료, 2020.04.03.

26. 〈격리위반 베트남 유학생 추방 절차〉, 《전라일보》, 2020.04.04.

27. 〈'12분 외출' 중국인 유학생, 격리지 이탈로 강제 출국 위기〉, 《연합뉴스》, 2020.04.12.

28. 〈자가격리 지침 위반한 외국인 유학생 잇따라 적발〉, 《한겨레》, 2020.05.27.

29. 〈국내 체류 미얀마인 대상 인도적 특별체류조치 시행〉, 법무부 보도자료, 2021.03.15.

30. 〈대구에서 49년 살았는데 외국인은 마스크 못준다니…〉, 《오마이뉴스》, 2020.03.03.

31. 〈코로나가 드러내는 인종차별의 민낯 증언대회〉, 외국인이주·노동운동협의회, 이주인권연대, 이주공동행동, 2020.03.20.

32. 〈마스크 수급 안정화 대책 발표문〉, 기획재정부·산업통상자원부·보건복지부·식품의약품안전처·조달청·대한약사회, 2020.03.05.

33. 〈서울시, 공적마스크 소외된 외국인에 마스크 10만장 지원〉, 《한겨레》, 2020.03.31.

34. 김준헌 외, 「주요국의 재난지원금 지급사례와 분석」, 『NARS 현안분석』 제214호, 국회입법조사처, 2021.

35. 〈일본, 자국 거주 외국인도 1인당 10만엔 지급 방침〉, 《매일경제》, 2020.04.18.

36. 〈미 캘리포니아, 불법 이민자에도 '코로나 극복' 현금 지원 약속〉, 《조선비즈》, 2020.04.17.

37. 〈서울시와 경기도 등의 코로나 재난지원정책, 이주민을 배제하지 말아야 한다!〉, 이주인권단체 공동성명서, 2020.03.26.

38. 〈이주민 차별·배제하는 재난지원금 정책 국가인권위 진정 공동기자회견〉, 이주인권단체 공동기자회견, 2020.04.02.

39. 〈긴급재난지원금 대상자 선정기준 원칙 마련〉, 관계부처 합동 보도자료, 2020.04.03.

40. 〈고액자산가 제외 기준 등 긴급재난지원금 세부기준 발표〉, 관계부처 합동 보도자료, 2020.04.16.

41. 〈경기도 결혼이민자·영주권자도 경기도 재난기본소득 지급키로. 5월 중 예정〉, 경기도 보도자료, 2020.04.20.

42. "서울시 재난 긴급생활비 지원사업 주요 Q&A", 서울복지포털, 2023.05.24. 확인, https://wis.seoul.go.kr/faq-pop.htm.

43. 「20진정0234400 코로나19 관련 지자체의 재난긴급 소득지원 시 이주민 배제 사건' 결정문」, 국가인권위원회, 2020.05.31.

44. 〈서울시, 외국인 주민도 '재난 긴급생활비' 지원… 31일(월)부터 접수〉, 서울시 보도자료, 2020.08.27.

45. 〈경기도, 2차 재난기본소득 지급… 도민 1인당 10만원〉, 경기도 경기뉴스광장, 2021.01.20.

46. 〈재난지원금 외국인 지급, 인권위 지자체엔 "배제 말라" 정부엔 "안 줘도 된다"〉,《한겨레》, 2020.11.12.

47. 〈이주인권단체 "정부 재난지원금 외국인 제외는 차별"〉,《연합뉴스》, 2022.02.04.

48. 〈「아동 특별돌봄·비대면 학습 지원」으로 양육 부담을 덜어 드립니다〉, 관계부처합동 보도자료, (2020.09.25.

49. 〈돌봄지원비 외국국적 학생은 제외, 교육당국 '내 권한 아냐'〉,《교육희망》, 2020.09.25.

50. 〈외국 국적 학생, '아동 특별돌봄 지원비' 동일 지급 추진〉, 서울교육소식 보도자료, 2020.09.29.

51. 〈외국 국적 학생, 돌봄지원 차별 한시적 해소〉,《노동과 세계》, 2020.10.27.

52. 「'20진정0685301 등 41건 병합 코로나-19 관련 긴급재난지원금 지급 시 이주아동 배제 사건' 결정문」, 국가인권위원회, 2021.05.24.

53. 〈'방역 모범국' 싱가포르, 이주노동자 집단감염 속출에 최대 위기〉,《연합뉴스》, 2020.04.10.

54. 〈이주노동자 등에 '코로나 표본검사'〉,《경향신문》, 2020.04.21.

55. 〈코로나19 중앙재난안전대책본부 회의 결과〉, 국무조정실·국무총리비서실 보도자료, 2020.05.01.

56. 〈코로나19 내외국인 월별 확진자 현황(2020년 1월~2022년 7월)〉, 질병관리청, 강선우 의원실 제출자료, 2022

57. 〈육가공업체 네 곳서 111명 집단감염 왜.. "밀폐된 환경, 공동숙소"〉,《중앙일보》, 2021.02.04.

58. 〈"외국인 근로자 한방에 5명씩"… 남양주 공장 집단감염, 터질게 터졌다〉,《머니투데이》, 2021.02.18.

59. 〈제한적으로 시행 중인 재택치료 확대 방안 마련〉, 보건복지부 보도참고자료, 2021.10.08.

60. 〈오미크론 특성을 고려한 방역·재택치료 체계 구축〉, 보건복지부 보도참고자료, 2022.02.07.

61. 〈신종 코로나바이러스감염증 중앙사고수습본부 정례 브리핑〉, 보건복지부, 2020.02.08.

62. 〈동두천시, 외국인 근로자 코로나19 진단검사 행정명령 시행〉, 동두천시 보도자료, 2021.03.03.

63. 〈경기도, 외국인노동자·외국인 고용 사업주 대상 코로나19 검사 실시 행정명령〉, 경기도 보도자료, 2021.03.08.

64. 〈경기도의 이주노동자 코로나 검사 행정명령, 낙인과 차별이 되어서는 안 된다〉, 이주노동자 평등연대, 2021.03.09.

65. 〈경기도 이주노동자 대상 코로나19 검사 실시 행정명령에 유감을 표한다!〉, 외국인이주·노동운동협의회 성명서, 2021.03.10.

66. 〈외국인 전수검사가 쏘아 올린 뜨거운 공〉,《시사IN》제707호, 2021.04.07.

67. 〈경기도, 코로나19 검사받은 외국인만 채용 행정명령 검토〉,《연합뉴스》, 2021.03.17.

68. 〈영국, 서울·경기 외국인노동자 코로나 검사 의무화에 항의〉,《연합뉴스》, 2021.03.18.

69. 〈"외국인 코로나 검사 의무화는 차별" 주한 EU 대사들 집단 반발〉,《조선일보》, 2021.03.18.

70. 〈"외국인 노동자 강제검사는 중대 차별"… 서울대, 서울시에 철회 요구〉,《서울신문》, 2021.03.19.

71. 〈서울특별시 「코로나-19 확산 방지를 위한 외국인 노동자 진단건사 행정명령」에 대한 서울특별시 인권위원회의 권고〉, 서울특별시 인권위원회, 2021.03.18.

72. 〈이주민을 분리·구별하는 정책, 인종차별 인식을 강화시킬 수 있어〉, 국가인권위원회 보도자료, 2021.03.19.

73. 〈중수본, 서울시 외국인 진단검사 행정명령 개선 요청〉, 중앙사고수습본부 보도참고자료, 2021.03.19.

74. 〈"결국 물러난 서울시… '고위험 사업장' 한해 외국인노동자 검사 권고"〉,《서울신문》, 2021.03.19.

75. 〈도, '진단검사 받은 외국인만 채용' 행정명령, 추진 않기로〉, 경기도 보도자료, 2021.03.18.

76. 〈밀치락달치락 외국인 검사 '난리통'… "뒤늦게 기간 연장 검토"〉,《YTN》, 2021.03.14.

77. 〈도, 외국인 전수검사 행정명령 이후 확진자 감소〉, 경기도 보도자료, 2021.03.23.

78. 〈도, 외국인 진단검사 행정명령 동안 최소 8개 집단감염(10명 이상) 발견, 감염 확산 조기 차단〉, 경기도 보도자료, 2021.03.25.

79. 최홍조, 〈'외국인노동자' 코로나19 검사 행정명령, 문제는 사라졌는가〉,《긴급점검! 코로나19와 인종차별 토론회》, 더불어 민주당 이상민 의원실, 정의당 장혜영 의원실, 외국인이주·노동운동협의회 주최, 2021.04.02.

80. 〈코로나19 백신접종 2월부터 예약 시작·증명서도 발급〉,《연합뉴스》, 2021.01.18.

81. 〈코로나바이러스감염증-19 국내 발생 현황〉, 질병관리청 정책 브리핑, 2021.01.28.

82. 〈국내 체류 외국인도 코로나 백신 맞는다〉,《연합뉴스》, 2021.02.01.

83. 「코로나바이러스-19 예방접종사업 지침-지자체용 1판」, 코로나19 예방접종 대응 추진단, 2021.03.02.

84. *"COVID-19 vaccines translated information"*. Austrian Government Department of Health and Aged Care, Accessed May 24,2023, https://www.health.gov.au/initiatives-and-

programs/covid-19-vaccines/translations

85. *"CDC Resources in Languages Other than English"*. Center for Disease Control and Prevention, Accessed May 24,2023, https://wwwn.cdc.gov/pubs/other-languages?Sort =Lang%3A%3Aasc

86. 〈코로나19 예방접종 내외국인 분기별 누적 접종 현황(2021년 1분기~2022년 2분기)〉, 질병관리청, 강선우 의원실 제출자료, 2022.

87. 〈추석 연휴 외국인 방역 및 예방접종 대책 추진〉, 보건복지부 보도자료, 2021.09.15.

88. 박은자 외,『2019년 한국의료패널 기초분석보고서(II)』, 한국보건사회연구원, 2021.

89. 「'20진정0732400 체류자격 변경 외국인에 대한 건강보험 가입 불허 사건' 결정문」, 국가인권위원회, 2021.03.12.

90. 〈체류자격 변경 외국인의 건강보험 가입자격 유지 권고, 보건복지부·국민건강보험공단 불수용〉, 국가인권위원회 보도자료, 2022.05.31.

91. 권영실, 〈이주민 건강권 보장의 측면에서 살펴본 현행 건강보험제도의 문제점〉,《이주민 건강보험제도 개선방안 마련 토론회》국가인권위원회, 2021.12.08.

92. 김창훈 외,『부산시 소외계층의 의료안정망 실태 및 개선방안: 노숙인·이주민을 중심으로』부산광역시 공공보건의료지원단, 2017.

93. 전진성 외,『포스트 코로나 시대 부산지역 안전취약계층 인권보호를 위한 정책연구』부산광역시의회, 2021.

## 2장. 스스로 살아남아야만 했다

1. 〈청도대남병원 첫 신종 코로나 사망자의 몸무게는 42kg밖에 되지 않았다〉,《허프포스트》, 2020.02.27.

2. 〈코로나19 국내 첫 사망자 발생 63세 남성 사후 확진〉,《연합뉴스》, 2020.02.20.

3. 〈코로나19 사망자 집중된 청도대남병원에 관해 알려진 사실 4가지〉,《BBC NEWS 코리아》, 2020.02.26.

4. 〈포천 군부대 코로나19 집단감염 발생 '비상'…감염경로 불분명〉,《연합뉴스》, 2020.10.04.

5. 〈'구로 콜센터' 2차감염 확산… 어제 115명 이후 추가확진 잇따라〉,《연합뉴스》, 2020.03.14.

6. 〈정세균, 종교시설 집단 감염에 "제2 신천지 우려…신속 대처"〉,《한겨레》, 2021.01.25

7. 〈코로나 사망자 10명 중 4명은 정신질환자… "정신의료체계 개편해야"〉,《더인디고》, 2020.10.08.

8. 〈대규모 장애인거주시설 장애인 2명 중 1명, 코로나 확진… 전체 인구 확진율보다

10%↑〉,《경향신문》, 2022.05.15.

9. 〈100명 이상 시설 장애인 2명 중 1명 '코로나 확진'〉,《경향신문》, 2022.05.15.

10. 유기훈, 〈폐쇄병동 코로나19 집단 감염, 감추어진 질문들〉,《비마이너》, 2020.02.23.

11. 〈참혹한 병원에 코로나가 앉다〉,《한겨레》, 2020.02.28.

12. 〈코호트격리 중 사망… 뼛가루만 받은 유가족, 국가상대 소송〉,《한겨레》, 2021.12.01.

13. "동일집단격리(코호트 격리)이란 무엇입니까?". 질병관리청, 2023.05.24. 확인, https://ncov.kdca.go.kr/shBoardView.do?brdId=3&brdGubun=38&ncvContSeq=3517.

14. 〈"우리는 코호트 격리를 잘못 알고 있다"〉,《헬스타파》, 2021.01.19.

15. 〈청도 대남병원서 의료진 집단감염…첫 '코호트 격리' 시행되나〉,《연합뉴스》, 2020.02.21.

16. 〈지금까지 '진짜' 코호트 격리는 없었다〉,《민중의소리》, 2021.01.08.

17. 손현진, 〈감염재생산수와 코호트 격리〉,《국제신문》, 2021.01.19.

18. 옥시후·유수정,「국내 요양병원과 노인요양시설에 대한 코호트 격리의 문제점과 개선방안」,『법학연구』62(3), 2021, p.261-290.

19. 〈"코로나 '코호트 격리' 법적 근거 희박한데도… 2년간 개선없이 답보"〉,《법조신문》, 2022.05.18.

20. 〈보건복지부장관과 질병관리청장에게 감염병예방법 개정 권고〉, 국가인권위원회 보도자료, 2022.11.07.

21. 백옥선,「팬데믹 상황에서 감염병 취약계층 보호를 위한 법제방안-장애인 보호 문제를 중심으로」,『사회복지법제연구』, 11(2), 2020, p.3-38.

22. Johnson, M. M., & Rhodes, R., *Institutionalization: a theory of human behavior and the social environment.* Advances in Social Work, 2007, 8(1), p.219-236.

23. "코로나가 퍼지면서 드러난 격리시설 안의 장애인 차별", 닷페이스, 2020.03.24. 게시, 2023.05.25. 확인, https://www.youtube.com/watch?v=NWSFlvGBfrI.

24. 어유경 외,『코로나19 관련 노인요양시설 인권상황 실태조사』, 국가인권위원회, 2021.

25. 오승환,「사회복지시설의 예방적 코호트 격리정책 평가」,『사회복지법제연구』, 11(3), 2020, p.17-48.

26. 정제형,「'코호트 격리'및 '예방적 코호트 격리'의 위법성과 사회안전망의 문제점에 대한 검토:'(예방적) 코호트 격리'의 피해 현황을 중심으로」,『공익과인권』, 21, 2021, p.209-247.

27. 신지영,「중첩된 재난과 팬데믹 연대—한일 장애 활동가 및 간호사 구술을 중심으로」,『역사비평』, 2020, p.121-164.

28. 랑시에르, 진태원 옮김,『불화(Mésentente)』, 도서출판 길, 2015.

29. 김보영. 「코로나 19의 시대, 사회서비스의 정책적 과제와 비전에 대한 탐색」, 『비판사회정책』, (70), 2021, p.43-71.

30. 〈해외 코로나19 사망자 절반이 시설거주인… "긴급 탈시설이 답"〉, 《비마이너》, 2020.12.03.

31. Bertilsdotter Rosqvist, H., Brownlow, C., & O'Dell, L, 'An Association for All'—Notions of the Meaning of Autistic Self-Advocacy Politics within a Parent-Dominated Autistic Movement, Journal of Community & Applied Social Psychology, 2015, 25(3), p.219-231.

32. Langan, M. Parental voices and controversies in autism, Disability & Society, 2011, 26(2), p.193-205.

33. Raghavan. A., Demircioglu. M. A., & Orazgaliyev. S., COVID-19 and the new normal of organizations and employees: an overview. Sustainability, 2021, 13(21), 11942.

34. 서홍란 외, 「COVID-19 시대 전환기 발달장애 청소년이 경험한 어려움과 삶의 변화」, 『발달장애연구』, 26(3), 2022, p.497-517.

35. The Benefits And Challenges Of Employee Remote Work. Forbes, 2021.03.04.

36. "Formal Definitions of Challenging Behaviour". The Challenging Behaviour Foundation, Accessed May 24,2023, https://www.challengingbehaviour.org.uk/wp-content/uploads/2021/02/Formal-definitions.pdf.

37. Emerson, E., Challenging Behaviour: Analysis and intervention in people with learning disabilities, Cambridge Unviersity Press, 1995.

38. "2020 발달장애인 어려운행동 컨퍼런스 교육자료", 서울특별시 장애인권익옹호기관, 2020.12.09. 게시, 2023.05.24. 확인, http://saapd.or.kr/bbs/board.php?bo_table=B42&wr_id=130.

39. "Importance of Routines". PediaPlex, Accessed May 24,2023, https://www.pediaplex.net/blog/importance-of-routines.

40. 〈2021년 발달장애인 실태조사〉, 보건복지부, 2022.

41. Dorn, E., Hancock, B., Sarakatsannis, J., & Viruleg, E., COVID-19 and student learning in the United States: The hurt could last a lifetime. McKinsey & Company, 2020.06.01.

42. Goudeau, S., Sanrey, C., Stanczak, A., Manstead, A., & Darnon, C., Why lockdown and distance learning during the COVID-19 pandemic are likely to increase the social class achievement gap. Nature Human Behaviour, 2021, 5(10), p.1273-1281.

43. 〈코로나19 장애인 정책요구 인식 조사〉, 제21대 국회의원 연구단체 '약자의 눈', 2020.

44. 〈학습꾸러미만 오고 끝… 발달장애인 교육 공백 심각〉, 《오마이뉴스》, 2021.03.11.

45. 〈코로나가 환기시킨 공교육의 존재 의미… 학교가 준 건 지식 그 이상이었다〉, 《경향

우리의 상처가 미래를 바꿀 수 있을까

신문》, 2020.07.02.

46. 김현지 외, 『2022 장애통계연보』, 한국장애인개발원, 2022.

47. 김성연 외, 『코로나19 상황에서 장애인 인권 피해사례 조사』, 국가인권위원회, 2020.

48. Sochas, L., et al., *Counting indirect crisis-related deaths in the context of a low-resilience health system: the case of maternal and neonatal health during the Ebola epidemic in Sierra Leone.* Health policy and planning, 2017. 32(suppl_3), iii32-iii39.

49. 〈2021년 4/4분기 및 연간(지출) 가계동향조사〉, 통계청, 2022.

50. 김현승·이의정, 『고위험 장애인가족 지원방안 연구결과 발표』, 서울복지재단, 2022.04.26

51. 〈담양 일가족 3명 사망… 장애아·노모 부양에 버거운 삶〉, 《서울신문》, 2021.11.15.

52. 〈또 발달장애 자녀와 부모 사망… "국가는 없었다"〉, 《비마이너》, 2022.05.27.

53. 〈"절망의 도가니에 빠진 것 같다"… 발달장애인 가족의 외로운 분투〉, 《세계일보》, 2022.06.19.

54. 〈"발달장애인 24시간 돌봄 지원을" 청와대 앞 555명 삭발식〉, 《조선일보》, 2022.04.20.

55. 〈한부모가정 절반 이상 학교 차별 경험… 교사 연수 '0'〉, 《EBS》, 2022.10.21.

56. 김민아 외, 「코로나바이러스감염증-19 대유행 상황에서 성인 지적장애인을 돌보는 부모의 서비스 욕구」, 『한국가족복지학』, 2020, 67(4), p.129-165.

57. 김은정·박재연, 「코로나 19 시대를 살아가는 성인기 발달장애 자녀를 둔 주 양육자의 돌봄 경험에 대한 질적 연구」, 『특수교육 저널: 이론과 실천』, 2022, 23(1), p.1-32.

58. 김고은·김정인, 「코로나 19 대유행 상황에서 장애인복지관 종사자의 발달장애인 대상 서비스 지원 경험」, 『미래사회복지연구』, 2021, 12(1), p.161-195.

59. 공정원·박종엽, 「COVID-19 위기의 장애인 지역사회 재활복지 서비스 영향과 대응에 관한 질적사례연구」, 『한국사회복지행정학』, 2021 23(1), p.207-228.

60. 김자혜·정지인·한혜빈·최현정, 「대구 지역 지원자의 경험으로 배우는 Post-COVID-19 장애인 포괄 공동체 회복력 탐색」, 『Korean Journal of Clinical Psychology』, 2020, 39(4), p.382-395.

61. 곽정란·이기상·조정환·이준우·정점희, 「코로나 19 상황 속에서의 농인의 경험」, 『한국장애인복지학』, 2021, 51(51), p.265-297.

62. 유지영·오충원, 「재난약자로서 시각장애인의 코로나 19 경험에 관한 연구」, 『시각장애연구』, 2020, 36(3), p.1-22.

63. 김경란·조수현, 「코로나 19 발생 이후 근육장애인이 경험한 삶의 변화와 지원요구 탐색에 관한 연구」, 『사회복지정책』, 2021, 48(3), p.265-293.

64. Pineda, V. S., & Corburn, J., *Disability, urban health equity, and the coronavirus pandemic: promoting cities for all.* Journal of Urban Health, 2020, 97(3), p.336-341.

65. *"Disability considerations during the COVID-19 outbreak"*, WHO, Updated March 26,2020., Accesed May 24,2023, https://www.who.int/publications/i/item/WHO-2019-ncov-Disability-2020-1.

66. Sabatello, M., Landes, S. D., & McDonald, K. E., *People with disabilities in COVID-19: fixing our priorities.* The American Journal of Bioethics, 2020, 20(7), p.187-190.

67. Turk, M. A., Landes, S. D., Formica, M. K., & Goss, K. D., *Intellectual and developmental disability and COVID-19 case-fatality trends: TriNetX analysis.* Disability and health journal, 2020, 13(3), 100942.

68. 〈장애인 코로나 사망률, 비장애인의 23배… "고위험군으로 관리해야"〉, 《조선비즈》, 2022.03.29.

69. Jeon, W. H., Oh, I. H., Seon, J. Y., Kim, J. N., & Park, S. Y., *Exposure to COVID-19 infection and mortality rates among people with disabilities in South Korea.* International Journal of Health Policy and Management, 2022, 11(12), p.3052-3059.

70. Shakespeare, T., Ndagire, F., & Seketi, Q. E.,*Triple jeopardy: disabled people and the COVID-19 pandemic.* The Lancet, 2021, 397(10282), p.1331-1333.

71. 〈매일 괴성 지르는 아들에게 '아빌리파이'밖에 줄 수 없었다〉, 《서울신문》, 2020.10.11.

72. 〈코로나 3년, 격리장애인 돌봄 책임은… 10명 중 8명은 '가족'〉, 《더인디고》, 2022.10.06.

73. Gleason, Jonathan, Wendy Ross, Alexander Fossi, Heather Blonsky, Jane Tobias, and Mary Stephens., *The devastating impact of Covid-19 on individuals with intellectual disabilities in the United States.* NEJM Catalyst Innovations in Care Delivery 2, 2021, no. 2.

74. "제40회 장애인의 날 기념 메시지", 행정안전부 대통령기록관, 2020.04.20. 게시, 2023.05.24. 확인, https://www.pa.go.kr/research/contents/speech/index.jsp

75. 김지혜 외, 「코로나 19 팬데믹(Pandemic) 상황에서 시각장애인의 경험과 서비스 욕구에 대한 질적연구」, 『사회복지정책과실천』, 2021, 7(1), p.177-210.

76. 이송희·이병화(2020), 「코로나 19 발생에 따른 장애인 지원 현황과 정책 과제」, 『보건과 복지』, 2020, 22(3), p.7-34.

77. 전근배, 「국가의 거리: 코로나 19와 장애인의 삶, 그 현황과 대책」, 『비판사회정책』, 2020, (68), p.173-207.

## 3장. 밀려난 사람들, 떠넘겨진 위험

1. Buchan, S.A., et al., *Incidence of outbreak-associated COVID-19 cases by industry in Ontario, Canada, 1 April 2020–31 March 2021.* Occupational and environmental medicine, 2022.

79(6): p.403-411.

2. *South Dakota meatpacking plant becomes nation's top coronavirus hotspot as governor shuns stay-at-home order*, CBS News. 2020.04.15.

3. International Labour, O., *ILO Monitor: COVID-19 and the World of Work. Seventh edition.* International Labour Organization, 2021.

4. Reich, R., *Covid-19 pandemic shines a light on a new kind of class divide and its inequalities.* The Guardian, 2020.04.26.

5. 선대식, 『실명의 이유』, 북콤마, 2018.

6. 김승섭, 〈700원 때문에 그들은 눈을 잃었다〉, 《시사IN》, 2019.01.08.

7. 〈기계에 끼어 사망한 24살 비정규직 노동자 4시간 방치〉, 《한겨레》, 2018.12.11.

8. 〈중대본 "오늘 아침 현재 부천 쿠팡물류센터 관련 확진자 69명"〉, 《연합뉴스》, 2020.05.28.

9. 〈박능후 "부천 물류센터 확진자 69명…방역수칙 미준수"〉, 《뉴스핌》, 2020.05.28.

10. 〈'쿠팡발' 확산이 국민 탓?… "아프면 쉬기 안 지켰다" 박능후 '황당' 발언〉, 《뉴데일리》, 2020.05.29.

11. 〈구로 콜센터 집단감염 상담사 실태조사 "유급휴가 줘놓고 집으로 노트북 보내"〉, 《한겨레》, 2021.09.09.

12. 〈"수시로 손 씻기는커녕 화장실 가기도 힘든 실정"〉, 《한국일보》, 2020.03.12.

13. 〈"30분 만에 마스크 침으로 젖어" 콜센터 직원들의 '처절한' 호소〉, 《한국일보》, 2020.03.11.

14. OECD, *Health Status : Absence from work due to illness.* 2020.

15. ILOSTAT, *Occupational fatalities per 100'000 workers.* 2020.

16. 〈'아프면 쉴 권리' 한국형 상병수당 도입 첫발〉, 《경향신문》, 2021.04.15.

17. 〈'5인 미만' 12.9% - '1000인 이상' 96.7%…'병가'도 회사 규모가 좌우〉, 《한겨레》, 2022.04.10.

18. Kim, J.Y., et al., *Who is working while sick? Nonstandard employment and its association with absenteeism and presenteeism in South Korea.* International Archives of Occupational and Environmental Health, 2016. 89(7): p.1095-1101.

19. 〈방과후교사들의 호소…"우리 입장도 들어주세요"〉, 《김해뉴스》, 2021.01.26.

20. 〈마스크도 신분 따라 '차별 지급'…'씁쓸한 대한민국' 현실 투영〉, 《뉴스1》, 2020.03.05.

21. 〈코로나19로 위태로운 필수노동자 만난 김동명 위원장〉, 《매일노동뉴스》. 2020.10.23.

22. 〈코로나 6개월 사투의 또다른 주인공…묵묵히 일하는 청소노동자〉, 《연합뉴스》, 2020.07.19.

23. 이혜정, 〈세브란스병원 청소노동자 순애 씨의 이야기〉, 《프레시안》, 2022.05.12.

24. 〈병원 청소노동자 "좁은 휴게실서 90명 쉬어야…집단 감염 우려"〉, 《TBS》, 2021.11.16.

25. 〈나는 코로나 시대 '투명인간' 청소노동자입니다〉, 《시사저널》, 2021.08.03.

26. 남우근 외, 『가구방문 노동자 인권상황 실태조사』, 국가인권위원회, 2020.

27. 서울서부비정규노동센터, 『감염병 시대의 여성 노동자』, 자상한시간, 2022.

28. 〈확진 직원 나와도 '방문 점검' 압박하는 서울도시가스〉, 《세계일보》, 2021.10.05.

29. 김명희·이주연, 〈코로나 19 대응과 노동자 건강권 보장〉. 사회공공연구원·시민건강 연구소, 2020.

30. Dean, A., A. Venkataramani, and S. Kimmel, *Mortality rates from COVID-19 are lower in unionized nursing homes: study examines mortality rates in New York nursing homes.* Health Affairs, 2020. 39(11): p.1993-2001.

31. 국민건강보험공단, 『2021 노인장기요양보험통계연보』, 국민건강보험공단, 2022.

32. 〈코로나19 산재 승인 보건의료인 574명…간호사 248명 가장 많아〉, 《라포르시안》, 2022.09.19.

33. 〈코로나19 산업재해 1581명 승인…보건의료인이 36%〉, 《연합뉴스》, 2022.09.19.

34. 강은나 외, 「2019년도 장기요양 실태조사」, 보건사회연구원, 2019.

35. 전지현, 「코로나19 온몸으로 방어해 온 노인돌봄」, 『2022년 노동자 건강권 포럼 자료집』, 2022노동자건강권포럼공동기획위원회, 2022.

36. 어유경 외, 『코로나19 관련 노인요양시설 인권상황 실태조사』, 국가인권위원회, 2021.

37. 〈깨일같이 써내야 하는 '이동 동선'·자가격리에도 '연차 쓰라'…요양보호사에 가혹한 2021년〉, 《경향신문》, 2021.07.19.

38. 〈재가요양보호사 10명 중 8명 "마스크·소독제 지원 못 받아"〉, 《한겨레》, 2020.03.11.

39. 〈재가 요양보호사 "마스크·손세정제 지원 필요"〉, 《매일노동뉴스》, 2020.03.05.

40. 〈대통령이 약속했지만… 아직 마스크도 못 받는 요양보호사들〉, 《뉴스1》, 2021.01.10.

41. 〈코로나19 중앙재난안전대책본부 정례 브리핑〉, 보건복지부, 2022.03.30.

42. 〈요양원 인력난에 '요양보호사 격리 3일'이 답인가요…"코로나보다 일에 치여 죽을까 겁난다"〉, 《경향신문》, 2022.04.03.

43. 〈[코로나 백신] ②요양병원들 "고령인데 우선접종 괜찮나?"〉, 《연합뉴스》, 2021.02.01.

44. 〈"코로나19 잠잠해질 때까지 나오지 마라" 일자리 잃는 방문 요양보호사〉, 《매일노동뉴스》, 2020.03.10.

45. 남궁은하 외, 『노인돌봄인력 인권침해 실태와 보호방안에 관한 연구』, 한국보건사회연구원, 2021.

46. 〈"집단감염으로 1명이 24명 케어" 요양보호사 인력부족 호소〉, 《매일노동뉴스》,

우리의 상처가 미래를 바꿀 수 있을까

2022.03.25.

47. 〈요양시설 코로나19 감염 번지는데, 요양보호사 보호대책은 '구멍'〉, 《매일노동뉴스》, 2020.12.16.

48. 〈'코호트 격리' 요양보호사 "추가 확진 두려워…매순간 위험천만"〉, 《뉴스1》, 2020.10.24.

49. 〈'코호트 격리 수당' 690억, 요양보호사 아니면 누구에게? "전수 조사해야"〉, 《경향신문》, 2022.10.20.

50. 석재은, 「코로나 19 국면에서 재조명된 장기요양 돌봄노동자의 취약성과 사회적 과제」, 『한국사회복지학』. 2020. 72(4): p.125-149.

51. 박고은, 「재난이 드러낸 새로운, 그러나 오래된 위험 : 코로나19 감염병과 돌봄 노동자의 건강 위험」, 『비정규 노동』, 2021. 148(-): p.16-19.

52. 김승섭·이승윤, 〈코로나-19 재난의 대가는 누가 치르는가: 불안정 노동자의 삶과 건강〉, 직장갑질119 발표회, 2020.06.22.

53. 황선웅, 「코로나 19와 실직: 정규직과 비정규직 간 비교」, 『산업노동연구』, 2022, 28(1), p.7-31

54. 〈2020년 1/4분기 가계동향조사〉, 통계청, 2020.05.21.

55. 「2022년 2분기 코로나19와 직장생활 변화 보고서」, 직장갑질119, 2022.

## 4장. 보이지 않는 아이들의 박탈당한 시간

1. 〈작고 여린 몸을 따라 움직이는 의사〉, 《시사IN》 제776호, 2022.08.04.

2. 통계청, 「아동·청소년 삶의 질 2022」, 통계청, 2022.

3. "소아 재택치료 증상별 대응요령", 질병관리청, 2022.03.10. 게시, 2023.05.24. 확인, https://www.kdca.go.kr/board/board.es?mid=a20507020000&bid=0019

4. "손소독제 사용 중 눈에 튀는 사고 주의해야", 한국소비자원, 2021.03.30. 게시, 2023.05.24. 확인, https://www.kca.go.kr/home/sub.do?menukey=4006&mode=view&no=1003110542.

5. 조숙인·송하나·김연수·김주련·김문정, 『감염병 재난 극복을 위한 영유아 심리방역 매뉴얼』, 육아정책연구소, 2020.

6. "소중한 아이들의 건강과 일상생활을 지키기 위해 백신 접종을 부탁드립니다", 교육TV, 2021.12.22. 게시, 2023.05.24. 확인, https://youtu.be/nkYSnCDYYHo.

7. 〈유·초·중·고·특수학교 등교수업 방안 발표〉, 교육부 보도자료, 2020.05.04.

8. 〈2021년 아동학대 주요통계〉, 보건복지부, 2022.08.31.

9. 김세원, 「코로나19와 아동학대」, 『한국사회복지학회 학술대회 자료집』, 2020, p.337-347.

10. "2020 인구총조사: 연령별/보육상태별 아동인구(12세이하, 일반가구)-시도", 통계청, 2023.05.24. 확인, https://kosis.kr/statHtml/statHtml.do?orgId=101&tblId=DT_1PF2017&conn_path=I2.

11. Michael Marmot, Jessica Allen, Peter Goldblatt, Eleanor Herd, Joana Morrison, *Build Back Fairer: The COVID-19 Marmot Review. The Pandemic, Socioeconomic and Health Inequalities in England.* London: Institute of Health Equity, 2020.

12. *The Committee on the Rights of the Child warns of the grave physical, emotional and psychological effect of the COVID-19 pandemic on children and calls on States to protect the rights of children*, CRC, 2020.04.08.

13. 〈'자녀 살해후 극단 선택'… 이런 부모 매년 20명씩 있다〉, 《복지타임즈》, 2022.10.05.

14. 울산지방법원 2020.05.29. 2019고합142 판결.

15. "[회견보도] 어린이집 교사 71.6%, '코로나19, 아동의 발달 기회 차단' 호소, 정부의 대책 마련 시급해", 사교육걱정없는세상, 2021.05.24. 게시, 2023.05.24. 확인, https://noworry.kr/policyarchive/?q=YToyOntzOjEyOiJrZXl3b3JkX3R5cGUiO3M6MzoiYWxsIjtzOjQ6InBhZ2UiO2k6Mjt9&bmode=view&idx=6753923&t=board&category=726p36918L.

16. 〈코로나 스트레스가 아기 발달 늦추나…장기 영향 주목〉, 《한겨레》, 한겨레, 2022.01.19.

17. 김선숙·김시아·김세원·최려나·이나영, 「코로나19와 아동실태 심층분석 시리즈1. 코로나19 시기, 영유아의 삶」, 아동권리보장원, 2021.

18. *"Coronavirus disease (COVID-19): Children and masks"*, WHO, Updated March 7,2020., Accesed May 24,2023, https://www.who.int/news-room/questions-and-answers/item/q-a-children-and-masks-related-to-covid-19.

19. 이정연·박미희·소미영·안수현, 「코로나19와 교육: 학교구성원의 생활과 인식을 중심으로」, 경기도교육연구원, 2020.

20. Emma Dorn, Bryan Hancock, Jimmy Sarakatsannis, & Ellen Viruleg, *COVID-19 and learning loss—disparities grow and students need help.* Mckinsey & Company, 2020.12.08.

21. 〈"원격도 방문도 힘든 특수학교… 학습권 침해 더 심각"〉, 《한국일보》, 2020.10.06.

22. "2020 국정감사 교육위원회 회의록", 대한민국 국회, 2020.10.07. 게시, 2023.05.24. 확인, https://likms.assembly.go.kr/record/mhs-40-010.do?classCode=2&daeNum=21&commCode=AM&outConn=Y#none,

23. *General Comment No. 1: The Aims of Education(CRC/C/GC/1)*, CRC, 2001.04.17.

24. *Education at a Glance 2020: OECD Indicators.* OECD Publishing, 2020.

우리의 상처가 미래를 바꿀 수 있을까

25. *Schools serve more than 20 million free lunches every day. If they close, where will children eat?*. The Washington Post, 2020.03.16.

26. 이봉주·이화조·선우진희·장희선, 「2021 코로나19와 아동의 일상회복: 아동 재난대응 실태조사 Ⅱ」, 굿네이버스, 2021.

27. 김선숙·김세원·박호준·김성희·문영은, 「코로나19와 아동의 삶 설문조사 보고서」, 아동권리보장원, 2021.

28. 질병관리청, 「우리 국민의 식생활 현황」, 『주간 건강과 질병』, 2022, 제15권 23호, 2022.06.09.

29. "최근 5년(2017~2021년) 영양결핍 및 비만 진료현황 분석", 건강보험심사평가원, 2022.04.21. 게시, 2023.05.24. 확인.

30. *General Comment No. 17 (2013) on the right of the child to rest, leisure, play, recreational activities, cultural life and the arts(art. 31)(CRC/C/GC/17)*, CRC, 2013.04.17.

31. 황옥경·김형모·이영애·정선영·노은선·이서현·조영실, 「코로나19 등 재난 상황에서의 아동인권 보장 실태조사」, 국가인권위원회, 2021.

32. *Using play to support children during the Coronavirus (COVID-19) pandemic.* EMERGING MINDS, accesed May 24,2023, https://emergingminds.com.au/resources/using-play-to-support-children-during-covid-19/.

33. 〈감염 걱정 덜어주는 '비대면 놀이터'〉, 《한겨레》, 2022.06.11.

34. 〈교육분야 단계적 일상회복 추진방안〉, 교육부 보도자료, 2021.10.29.

35. 김영지·유설희·최홍일·이민희·김진호, 「2021 아동·청소년 권리에 관한 국제협약 이행연구 – 한국 아동·청소년 인권실태: 총괄보고서(연구보고 20-R10)」, 한국청소년정책연구원, 2021.

36. 「청소년상담 이슈페이퍼: 코로나19로 바뀐 일상, '청소년, 보호자 체감도 조사 및 대응방안'」, 한국청소년상담복지개발원, 2020.05.06.

37. UNICEF Innocenti, *Worlds of Influence: Understanding what shapes child well-being in rich countries,* Innocenti Report Card, 2020.

38. 〈인권위 가정 밖 청소년 인권보호정책 개선 권고〉, 국가인권위원회 보도자료, 2017.01.24.

39. 〈'거리 청소년' 위한 단 하나의 천막, 설에도 쉬지 않는다〉, 《한겨레》, 2021.02.06.

40. Morton, M. H., Samuels, G. M., Dworsky, A., & Patel, S., *Missed opportunities: LGBTQ youth homelessness in America.* Chapin Hall at the University of Chicago, 2018.

41. 청소년성소수자위기지원센터, 『청소년 성소수자의 탈가정 고민과 경험 기초조사 결과보고회 자료집』, 청소년성소수자위기지원센터 띵동, 2021.

42. Periodic reports of States parties due in 1998(CRC/C/70/Add.14), CRC, 2020.

43. 정현주, 「다문화경계인으로서 이주여성들의 위치성에 대한 이론적 탐색: '경계지대,' 억압의 '교차성,''변위'개념에 대한 검토 및 적용」, 『대한지리학회지』, 2015, 50(3), p,289-303.

44. 〈인권위, "지자체 재난긴급지원금 정책에서 외국인주민을 배제하는 것은 평등권 침해"〉, 국가인권위원회 보도자료, 2020.06.11.

45. 〈코로나19 관련 아동지원정책 마련 시 외국국적 미취학 아동의 평등권 보장해야〉, 국가인권위원회 보도자료, 2021.07.08.

46. 국가인권위원회, 『국가인권위원회 아동청소년인권 결정례집(2016~2022.3.)』, 국가인권위원회, 2022.

47. 〈코로나19로 끊긴 '미등록 이주민 아동' 필수 예방접종 재개〉, 《한겨레》, 2022.01.21.

48. *Interim Guidance: Prevention and Management of COVID-19 in Residential Treatment Settings for Adults, Children, and Youth.* San Francisco Department of Public Health, 2020.07.02.

49. *Coronavirus (COVID-19): residential and secure childcare.* Scottish Goverment, 2020.10.02.

50. 최권호, 「보이지 않는 아이들(Invisible Children)의 권리 : 코로나19와 만성질환 아동의 건강권」, 『한국사회복지학회 학술대회 자료집』, 2020, p.349-357.

51. 〈소아·청소년 코로나 사망 누적 44명…52.3%는 기저질환자〉, 대한민국 정책 브리핑, 2022.08.18.

52. 〈마스크 쓰지 않고 치료받을 권리〉, 《비마이너》, 2020.11.03.

53. 야누시 코르차크, 노영희 옮김, 『야누시 코르차크의 아이들』, 양철북, 2020.

## 5장. 돌봄의 최전선에 선 사람들

1. 〈코로나19 주간 확진자 전주 대비 2.6% 감소〉, 질병관리청 보도참고자료, 2023.01.24.

2. Zenger, J. and J. Folkman, *Research: Women are better leaders during a crisis.* Harvard Business Review, 2020. 30: p.1645-1671.

3. Abras, A., A.C.P.e. Fava, and M.Y. Kuwahara, *Women Heads of State and Covid-19 Policy Responses.* Feminist Economics, 2021. 27(1-2): p.380-400.

4. Garikipati, S. and U. Kambhampati, *Leading the Fight Against the Pandemic: Does Gender Really Matter?* Feminist Economics, 2021. 27(1-2): p.401-418.

5. Lott, Jr JR, Kenny LW. *Did women's suffrage change the size and scope of government?.* Journal of political Economy. 1999 Dec;107(6):1163-98.

6. Aidt TS, Dutta J, Loukoianova E. *Democracy comes to Europe: franchise extension and fiscal outcomes 1830–1938*. European Economic Review. 2006 Feb 1;50(2):249-83.

7. Kontis, V., et al., *Future life expectancy in 35 industrialised countries: projections with a Bayesian model ensemble*. The Lancet, 2017. 389(10076): p.1323-1335.

8. 〈2020년 생명표(전국 및 시도)〉, 통계청 보도자료, 2021.

9. Idler, E.L. and Y. Benyamini, *Self-rated health and mortality: a review of twenty-seven community studies*. Journal of health and social behavior, 1997: p.21-37.

10. Heistaro, S., et al., *Self rated health and mortality: a long term prospective study in eastern Finland*. Journal of Epidemiology & Community Health, 2001. 55(4): p.227-232.

11. Benyamini, Y., et al., *Gender differences in the self-rated health–mortality association: Is it poor self-rated health that predicts mortality or excellent self-rated health that predicts survival?* The gerontologist, 2003. 43(3): p.396-405.

12. *"Health Status - Perceived health status"*. OECD, Accessed May 24,2023, https://stats.oecd.org/Index.aspx?DataSetCode=HEALTH_STAT

13. 〈세계 10위 경제대국 한국, 국민 삶의 만족도는 OECD 최하위권〉, 《나라경제》 2021년 05월호, 2021.

14. 〈혼인상태별 및 맞벌이상태별 가사노동시간〉, 통계청, 2019.

15. *Why a gender lens is needed for the COVID-19 response*. GAVI, 2020.04.16.

16. *The Five Asks for Gender-Responsive Global Health Security*. WGH, 2020.

17. *The female frontline - How women and girls are leading the COVID-19 response*. UNICEF, 2022.02.11.

18. *Gender and COVID-19: advocacy brief*. WHO, 2020.05.14.

19. 신영석 외, 「보건의료인력 실태조사」, 보건사회연구원, 2022.

20. 김명희 외, 「보건의료노동자, K-방역을 말하다」, 시민건강연구소, 2020.

21. 〈여성 고위직 공무원 10%… 아직도 '가뭄'〉, 《여성신문》, 2022.03.23.

22. Commission to Investigate the, I., S. Spread of Severe Acute Respiratory, and A. Campbell, *Spring of fear: The SARS Commission final report*. 2006: SARS Commission.

23. *Position statement on COVID-19*. CFNU, 2021.

24. Dean, A., A. Venkataramani, and S. Kimmel, *Mortality rates from COVID-19 are lower in unionized nursing homes: study examines mortality rates in New York nursing homes*. Health Affairs, 2020. 39(11): p.1993-2001.

25. 〈'돌밥돌밥' 미로에 갇힌 엄마… 전업주부 육아 하루 8→11시간 급증〉, 《동아일보》, 2021.05.10.

26. 장진희, 「코로나19로 인한 돌봄공백과 여성노동위기 대응과제」, 한국노총중앙연구

원, 2021, p.1-12.

27. 이정란, 「코로나19 시대 기혼여성의 돌봄노동 경험에 관한 연구」, 서울특별시 청년 허브, 2020.

28. Grose, J., *Mothers Are the 'Shock Absorbers' of Our Society*. New York Times, 2020.10.14.

29. 신경아, 「팬데믹 시대 여성노동의 위기에 관한 페미니즘적 성찰」, 『페미니즘 연구』, 2021. 21(2): p.3-38.

30. *Employment, Labour Markets and Youth Branch. An uneven and gender-unequal COVID-19 recovery: update on gender and employment trends*, ILO, 2021.

31. 김지연, 「코로나19 고용충격의 성별 격차와 시사점」, 한국개발연구원, 2021.

32. *Caregiving in crisis: Gender inequality in paid and unpaid work during COVID-19. OECD policy responses to coronavirus (COVID-19)*. OECD 2021.12.13.

33. *Mitigating the impacts of COVID-19 on maternal and child health services: Copenhagen, Denmark, 8 February 2021: meeting report*. WHO, 2021.02.08.

34. Irfan, O., et al., *Do no harm: Maternal, newborn and infant care during COVID-19*. UNICEF, 2021.06.11.

35. Hall, K.S., et al., *Centring sexual and reproductive health and justice in the global COVID-19 response*. The lancet, 2020. 395(10231): p.1175-1177.

36. Dashraath, P., et al., *Coronavirus disease 2019 (COVID-19) pandemic and pregnancy*. American journal of obstetrics and gynecology, 2020. 222(6): p.521-531.

37. Villar, J., et al., *Maternal and neonatal morbidity and mortality among pregnant women with and without COVID-19 infection: the INTERCOVID multinational cohort study*. JAMA pediatrics, 2021. 175(8): p.817-826.

38. 〈2021년 사망원인통계〉, 통계청, 2022.

39. *"Coronavirus (COVID-19), infection and pregnancy FAQs"*. Royal College of obstetricians & Gynaecologists, accesed May 24,2023, https://www.rcog.org.uk/guidance/coronavirus-covid-19-pregnancy-and-women-s-health/coronavirus-covid-19-infection-in-pregnancy/coronavirus-covid-19-infection-and-pregnancy-faqs/#A10

40. Cai, J., et al., *Cesarean section or vaginal delivery to prevent possible vertical transmission from a pregnant mother confirmed with COVID-19 to a neonate: a systematic review*. Frontiers in medicine, 2021. 8: p.634949.

41. 〈코로나 산모 병상 찾다 길거리 출산···분만 병상 빨간불〉, 《메디컬타임즈》, 2022.03.16.

42. 〈산모, 영유아, 혈액투석자 등 특수 환자 전담 병원 필요하다〉, 《시사IN》 제651호, 2020.03.04.

43. *Declaration on the Elimination of Violence against Women, in UN General Assembly*.

OHCHR, 1993.12.20.

44. 김양희, 「[젠더] 이슈리포트 2호: 젠더기반폭력에 대한 이해」, 한국국제협력단, 2013.

45. 장미혜, 「여성폭력이란 무엇인가?: 개념과 유형」, 『이화젠더법학』, 2021. 13(3): p.65-103.

46. *Issue brief: COVID-19 and ending violence against women and girls*. UN women, 2020.

47. 김효정, 「코로나19와 가정폭력: 팬데믹의 젠더화된 효과」, 『여성연구』, 2020. 107(4): p.5-29.

48. 김진리, 「코로나 19 이동 제한 시기에 급증한 가정폭력 문제와 프랑스의 정책 대응」, 『국제사회보장리뷰』, 2020. 2020(가을): p.119-123.

49. GODIN, M., *French Government to House Domestic Abuse Victims in Hotels as Cases Rise During Coronavirus Lockdown*, Time. 2020.03.31.

50. Suga, T., *Protecting women: new domestic violence countermeasures for COVID-19 in Japan.* Sexual and reproductive health matters, 2021. 29(1): p.464-466.

51. 경찰청, 『2021 사회적 약자 보호 치안백서』, 경찰청, 2022.

52. 〈응급실서 확인한 '조용한 학살'···20대 여성 자살 시도 34% 늘었다〉, 《한겨레》, 2021.05.03.

53. 〈"올해 우울증 환자, '20대 중후반 여성' 최다"〉, 《한겨레》, 2021.09.26.

54. 이현정 외, 『가장 외로운 선택』, 북하우스, 2022.

55. 〈'시스터즈 키퍼스' 중단사태가 한국사회에 던진 질문〉, 《뉴스로드》, 2021.04.26.

56. 김현수, 〈코로나 상황에서의 청년 자살 및 20대 여성의 자살 및 자살시도 실태〉, 청년자살예방을 위한 간담회, 2022.

## 나가며

1. *Johns Hopkins Univeristy Coronavirus Resource Center MORTALITY ANALYSES (Update of 03/10/2023).* Accessed May 24, 2023. https://coronavirus.jhu.edu/data/mortality

2. 울리히 벡, 홍성태 옮김, 『위험사회』, 새물결, 1997.

# 우리의 상처가 미래를 바꿀 수 있을까

코로나19 팬데믹, 재난이 차별을 만났을 때

ⓒ김승섭·김사강·김새롬·김지환·김희진·변재원, 2023. Printed in Seoul, Korea

| | |
|---|---|
| **초판 1쇄 찍은날** | 2023년 6월 28일 |
| **초판 1쇄 펴낸날** | 2023년 7월 7일 |
| **지은이** | 김승섭·김사강·김새롬·김지환·김희진·변재원 |
| **펴낸이** | 한성봉 |
| **편집** | 최창문·이종석·조연주·오시경·이동현·김선형·전유경 |
| **콘텐츠제작** | 안상준 |
| **디자인** | 권선우·최세정 |
| **마케팅** | 박신용·오주형·강은혜·박민지·이예지 |
| **경영지원** | 국지연·강지선 |
| **펴낸곳** | 도서출판 동아시아 |
| **등록** | 1998년 3월 5일 제1998-000243호 |
| **주소** | 서울시 중구 퇴계로30길 15-8 [필동1가 26] 무석빌딩 2층 |
| **페이스북** | www.facebook.com/dongasiabooks |
| **전자우편** | dongasiabook@naver.com |
| **블로그** | blog.naver.com/dongasiabook |
| **인스타그램** | www.instargram.com/dongasiabook |
| **전화** | 02) 757-9724, 5 |
| **팩스** | 02) 757-9726 |

| | |
|---|---|
| ISBN | 978-89-6262-499-1  03330 |

※ 잘못된 책은 구입하신 서점에서 바꿔드립니다.

**만든 사람들**

| | |
|---|---|
| **책임편집** | 최창문 |
| **디자인** | 핑구르르 |
| **크로스교열** | 안상준 |